FICTIONS FÉMININES

MME DE STAËL
ET LES VOIX DE LA SIBYLLE

STANFORD
FRENCH AND ITALIAN
STUDIES

volume XLIX

DEPARTMENT OF FRENCH AND ITALIAN
STANFORD UNIVERSITY

FICTIONS FÉMININES

MME DE STAËL
ET LES VOIX DE LA SIBYLLE

MARIE-CLAIRE VALLOIS

1987

ANMA LIBRI

Stanford French and Italian Studies is a collection of scholarly publications devoted to the study of French and Italian literature and language, culture and civilization. Occasionally it will allow itself excursions into related Romance areas.

Stanford French and Italian Studies will publish books, monographs, and collections of articles centering around a common theme, and is open also to scholars associated with academic institutions other than Stanford.

The collection is published for the Department of French and Italian, Stanford University by Anma Libri.

©1987 by ANMA Libri & Co.
P.O. Box 876, Saratoga, Calif. 95071
All rights reserved.
LC 86-71856
ISBN 0-915838-65-6
Printed in the United States of America

Je tiens à remercier tous ceux qui m'ont apporté leur soutien intellectuel et amical pendant la rédaction de ce travail: Basil Guy, Marie-Hélène Huet, Carol Beane et Tony Geist (University of California, Berkeley); Ronald Rosbottom et Judith Mayne (The Ohio State University); Nat Wing, Betsy Wing, Peggy Kamuf, Jane Gallop et Jim Creech (Miami University). Je suis reconnaissante à Miami University pour son soutien financier. Mes remerciements aussi aux amis et plus spécialement à ma famille: en particulier à ma mère Suzanne Vallois et à ma fille Julia, à qui j'ai souvent pensé en écrivant ce livre. Enfin et surtout, je voudrais remercier Mitchell Greenberg pour sa générosité, son humour et sa confiance.

Pour Mitchell et Julia

A mes parents

PRÉFACE

Commentant le roman de Mme de Staël, *Delphine*, Talleyrand aurait fait ce mot d'esprit devenu désormais célèbre en faisant observer que dans son roman, Mme Staël "avait déguisé en femmes et lui et elle-même"[1]. Cette boutade envenimée d'un ex-amant blessé a le mérite d'évoquer en quelques mots toute la mentalité de l'époque durant laquelle écrivait Mme de Staël. Elle en souligne du même coup dramatiquement les préjugés. Talleyrand se venge d'avoir été féminisé en accusant la femme de lettres d'être en vérité homme. Ces paroles constituent ainsi une des premières accusations d'un crime dont Mme de Staël sera souvent stigmatisée: le gynandrisme. Feuilleter les archives de la critique littéraire staëlienne revient à relire le même blâme, un blâme qui fut tout d'abord énoncé par un autre ennemi passionné, l'empereur Napoléon pour qui la monstruosité staëlienne revenait à exister comme "idéologue femelle"[2]. Mme de Staël incarne alors une combinaison sémantique de termes qui devaient, selon le nouveau Code Civil, être naturellement contraires. Dans la nouvelle société qui est en train de s'ériger, Mme de Staël joue, en tant que femme, un peu trop impunément avec les mots, brouille un peu trop les lettres en s'imposant, et elle en rit, comme "auteur femelle".

Germaine de Staël conviendra elle-même, dans la préface à l'écrit qui l'entraîna, "malgré elle", dans la carrière littéraire — *Les Lettres sur Rousseau* — qu'elle aurait souhaité "qu'un autre eût peint ce que [elle]

[1] Voir Christopher Herold, *Mistress to an Age* (New York: Bobbs Merrill, 1958), p. 93.
[2] Voir S. Balayé, "Mme de Staël, Napoléon et la mission de l'écrivain", *Europe* (avril-mai 1969), p. 125.

éprouve". Elle ne cache pourtant pas la jouissance que ce plaisir de transgression d'un interdit lui procure: "mais j'ai goûté quelque plaisir en me retraçant à moi-même le souvenir et l'impression de mon enthousiasme"[3]. Cette double déclaration du déni et de l'affirmation de son talent d'écrivain se fait par l'inscription contradictoire de l'interdit d'écrire. La démonstration dramatique du double jeu de l'écriture fait aussi songer, de façon analogique, au symptôme hystérique identifiable dans le geste de cette malade de Freud qui "retenant (en tant que femme) sa robe serrée contre son corps, s'efforce, de l'autre de l'arracher (en tant qu'homme)"[4]. Dans ce spectacle provocateur la femme exhibe ce qu'il est bienséant de cacher, le jeu de son altérité bisexuelle.

La critique, il faut l'admettre, fut loin d'être toujours aussi hostile au phénomène staëlien. La réévaluation de Mme de Staël, dès la fin du dix-neuvième siècle, doit évidemment être comprise dans le contexte de la réhabilitation plus générale des romantiques. Le cas Staël, dans ce contexte, ne laisse pourtant pas de frapper par son excentricité même. Les nombreuses biographies staëliennes qui paraissent à cette époque marquent un renouvellement d'intérêt mais dénoncent aussi un déplacement dont il faut évaluer les conséquences pour une "femme" de lettres: celui où la notion d'auteur se transforme en notion de "voix". On ne peut qu'être frappé à la lecture des biographies de Mme de Staël, de l'insistance que mettent tous ces critiques à témoigner de l'impression persistante qu'ils ont, non seulement de la revoir, mais surtout de l'entendre. Sainte-Beuve est le premier à lancer le signal de ces expéditions archéologiques à la recherche d'une "voix", à la poursuite de ce qui est mort, à jamais perdu, et dont les écrits ne sont que les faibles échos[5]. Ainsi en conclusion à son ouvrage biographique Kohler note: "elle a mis le meilleur de son esprit et de son art dans ses paroles envolées. Ecrivant, elle causait encore..."[6].

Dans le courant de la critique traditionnelle classifiée aujourd'hui sous la rubrique "La vie et l'oeuvre", ce genre de réflexion en vient à démarquer et par là à re-marquer encore une fois, quoique de façon

---

[3] *Lettres sur les écrits de J.J. Rousseau*, in *Oeuvres complètes*, I (Paris: Firmin Didot, 1836), 1.

[4] S. Freud, "Hysterical Phantasies and the Relation to Bisexuality," *Standard Edition* (London: The Hogarth Press, 1959), IX.159.

[5] Sainte-Beuve, "Portraits de femmes, Mme de Staël", *OC* (Paris: Pléiade, 1956), p. 1061.

[6] P. Kohler, *Mme de Staël et la Suisse* (Paris: Payot, 1916), p. 53.

plus discrète, la différence des sexes. Une femme n'écrit pas, elle converse, elle bavarde. Cette attitude partisane et réductrice de la critique montre pourtant une insistance qui est troublante. Pourquoi semble-t-il plus important pour Mme de Staël que pour d'autres écrivains de remonter à la "source vive", à l'origine du texte, de ce texte qui n'apparaît que comme la dépouille inerte d'une voix dont le charme étrange semble survivre à l'épreuve du tombeau? Car enfin c'est bien là ce que tous ces explorateurs nous disent rapporter de leur voyage dans la "Neck-Romancie" littéraire. Cette expédition semble pourtant vouée par avance à l'échec puisqu'on sait que Mme de Staël a rarement usé du "Je" de l'autobiographie. Dans *De l'Allemagne*, elle explique ce retrait de la "voix" personnelle lorsqu'elle écrit: "Les femmes cherchent à s'arranger *comme un roman*, et les hommes comme une histoire" (*De l'Allemagne*, "De la disp. rom." 216). La fatalité de cette ségrégation sexuelle des genres ne saurait pourtant occulter, chez "l'auteur femelle", le processus de répression qu'il implique. Composant une deuxième préface à son premier écrit — *Les Lettres sur Rousseau* —, Mme de Staël réfléchit vingt-six ans plus tard, sur la condition extraordinaire de la femme de lettres. Elle se console alors des inconvénients de ses talents à la pensée que personne ne peut blâmer le ciel d'avoir reçu "une faculté de plus"[7]. Car c'est bien d'un "en plus" dont jouit la femme auteur. Pour Mme de Staël, l'écriture sourdrait d'un excès, d'un "supplément" d'expérience, comme elle le dit à propos du roman[8]. Cette logique personnelle du supplément informera bientôt sa théorie littéraire d'une façon originale.

Pour les femmes donc, il convient de "s'arranger", mais faut-il entendre ici "s'arranger" dans le sens où elles s'arrangent de robes et de parures pour couvrir ce qu'elles n'ont pas, ou est-ce pour couvrir dans le sens de dé-rober cet "en plus" monstrueux que seul pourrait couvrir et en-rober, raconter, la fiction? Fiction et femme, dans ce sens, iraient de pair, non selon l'économie restreinte de l'institution littéraire, mais selon celle de la dépense, de l'excès; économie qui dépenserait la traditionnelle hiérarchie sexuelle des Lettres. L'hystérique n'est pas la créature d'un sexe mais de deux. Elle pose alors d'emblée le mystère féminin d'une identité problématique. Ce mystère ne pourrait s'écrire que comme un roman.

Il n'est peut-être pas indifférent de noter ici que l'exemple des fantasmes de l'hystérie est le premier sur lequel s'appuie Freud dans sa

[7] Cf. *Lettres sur les écrits*, p. 1.
[8] "Essai sur les Fictions", *OC*, p. 71.

genèse du roman familial[9]. C'est dans cette relation problématique entre l'hystérisme et le roman familial que peut se comprendre, peut-être, la réticence que Mme de Staël n'a cessé de montrer à l'égard de l'autobiographie. Contrairement à ces contemporains masculins, Goethe, Chateaubriand, ou Stendhal, Mme de Staël, on l'a dit, ne racontera jamais son "histoire", ni celle de ses héroïnes, en se réflétant dans le miroir de la première personne. Ses mémoires, non autobiographiques, *Dix Années d'exil*, sont restées fragmentaires et inachevées, comme l'avait été son journal intime de jeunesse qu'elle a déchiré. On a pu parler ainsi du rejet du projet intimiste et autobiographique[10]. Il semble en effet qu'il soit difficile à Mme de Staël de s'adonner au rituel de l'identification judiciaire du "Je, soussignée, Louise, Germaine de Staël, ...parle en mon nom". Nous verrons qu'on a affaire en fait à une résistance au discours confidentiel dont la gêne serait bien moins liée aux "sentiments réels" qu'à leur inscription. La faute est déplacée et fixée non au niveau du sentiment mais au niveau du langage qui l'exprime. La mutilation et l'interruption brusque du journal intime acquièrent de cette manière valeur de symbole.

L'écriture autobiographique enregistre ainsi une scission entre le "Je" écrivant et le Moi récepteur-lecteur. Scission, ou phénomène de "conscience double", que Freud identifierait comme "états hypnoïdes", caractéristiques de l'hystérie[11]. Ce n'est donc pas un hasard, si les noms des deux héroïnes staëliennes—Delphine et Corinne, la Sibylle—évoquent, par leurs connotations mythologiques, l'image d'une femme inspirée, possédée, d'autres diraient "hystériques"[12]. Ces femmes oracles, réceptacles de "voix" divines, ou habitées par des "voix" extérieures se font les allégories du roman féminocentrique staëlien. La femme auteur ne peut pas plus parler en son nom que Delphine ou Corinne ne peuvent raconter leur histoire.

Et pourtant elle parle, mais sans jamais se mettre en situation d'être interpelée en tant que "sujet féminin" exclusivement, en tant que le sujet assujetti de l'idéologie des genres[13]. Mme de Staël échappe ainsi

[9] S. Freud, "Family Romances", *Standard Edition*, IX.237.

[10] A. Girard, *Le Journal intime* (Paris: PUF, 1963), p. 74. Le *Journal de jeunesse* de Mme de Staël est publié dans *Occident* (1931-1932), pp. 235 et suiv.

[11] S. Freud and J. Breuer, "The Mechanism of Hysterical Phenomena", *Standard Edition*, II.13.

[12] Diderot, "Sur les Femmes", *OC* II, Assezat, p 255.

[13] Nous entendons ici la détermination idéologique du sujet dans le sens de L. Althusser; cf. "Idéologie et appareils idéologiques d'état", *Positions* (Paris: Editions Sociales, 1970).

au piège de l'autobiographie féminine, au rituel confidentiel et péni-
tentière d'un "Je", qui l'enfermerait une fois pour toutes, d'un "Je"
anatomique qui ne pourrait que répéter, comme le souhaitait Napoléon, que le même destin[14].

[14] Mot de Napoléon, repris par Freud et commenté par S. Kofman, *L'Enigme de
la femme* (Paris: Galilée, 1980), p. 146.

TABLE DES MATIÈRES

PREMIÈRE PARTIE

GENÈSE DE L'ÉCRITURE ROMANESQUE

Ma chère Maman

J'ai besoin de vous écrire. Mon coeur est resserré, je suis triste, et dans cette vaste maison qui renfermait il y a si peu de temps tout ce qui m'était cher, où se bornait mon univers et mon avenir, je ne vois plus qu'un désert. Je me suis aperçu pour la première fois que cet espace était trop grand pour moi, et j'ai couru dans ma petite chambre pour que ma vue pût contenir au moins le vide qui m'environnait. Cette absence momentanée m'a fait trembler sur ma destinée.

Lettres de jeunesse, tome 1 (fin 1776-début 1777)

LA NAISSANCE DU ROMANESQUE*

1. L'âge d'or de la parole littéraire

L'impression que laisse la lecture des écrits de jeunesse de Mme de Staël, alors Louise Necker, est plutôt celle d'une facilité et d'une verve littéraire qui se révèle être à la fois la marque d'une époque aussi bien que celle d'une personnalité. Elevée dans les salons de la fin du dix-huitième siècle, entre Paris et Genève, Mme de Staël a vécu cet âge d'or où la littérature, privilège d'une élite, en est le moyen d'expression et l'activité favorite. Dès son plus jeune âge, Louise s'était adonnée, avec succès, à tous les exercices littéraires à la mode dans les salons. Dans un des premiers portraits littéraires qui ait été fait de la jeune-fille se trouve fixé pour la posterité ce qui deviendra le "charme" ou plutôt le "sortilège" staëlien. Décrivant la fille du célèbre ministre, un ami de la famille et habitué du Salon de Mme Necker la présente comme l'idole de cette petite société qui eut un moment le bonheur de réunir pacifiquement en son cercle, à la veille de la tourmente révolutionnaire, nobles et bourgeois, philosophes et politiciens, gens de finances et gens de lettres:

> Zulmé n'a que vingt ans, et elle est la prêtresse la plus célèbre d'Apollon; elle est la favorite du Dieu; elle est celle dont... *les hymnes* lui sont les plus chers... que de nuances dans les accents de *sa voix*! quel *accord parfait entre la pensée et l'expression.* Elle parle, et si ses paroles n'arrivent

---

* Les références aux ouvrages de Mme de Staël sont indiquées dans le corps du texte par l'initiale; elles se rapportent, sauf indication contraire, à l'édition des *Oeuvres complètes* de 1836 à Paris, chez Treuttel et Wurtz.

pas jusqu'à moi, ses *inflexions*, son *geste*, son regard me suffisent pour la comprendre.[1]

Dans cette atmosphère, l'écriture apparaît comme le prolongement direct et naturel de la parole. La communication épistolaire de chambre à chambre, courante au dix-huitième siècle, semble être portée chez les Necker, à la valeur d'une idiosyncrasie familiale. On s'écrit au lever, on s'écrit au coucher; le commerce de la "petite poste", fonctionne parallèlement à la poste publique[2]. La lettre, instrument de la nouvelle ou de la confidence, précède, continue ou double enfin la conversation. Mais du même coup, il est difficile de distinguer les limites existant entre la simple communication des sentiments et leur expression "littéraire", l'émotion vécue et l'expérience esthétique. En lisant les lettres de jeunesse — les premiers écrits de Mme de Staël — on a l'impression qu'elle ne sait où se situe la frontière qui sépare la réalité de la fiction. Les personnages de romans, les personnages historiques ou familiaux lui donnaient les mêmes battements de coeur; elle avouera elle-même plus tard que "l'enlèvement de Clarisse avait été un des événements de [sa] jeunesse"[3].

Lecture, vie, écriture se renforcent et se confondent comme des modes d'existence équivalents et complémentaires. Une des premières lettres de l'enfant à sa mère, augure de cette caractéristique spécifique de l'écriture lyrique staëlienne qui paraît surgir au moment où il s'agit de combler un vide, une absence de réalité par la présence fictive de l'écriture:

> Ma chère maman. *J'ai besoin de vous écrire.* Mon coeur est resserré, je suis triste, et dans cette vaste maison qui renfermait il y a si peu de temps tout ce qui m'était cher, où se bornait mon univers et mon avenir, je ne vois plus qu'un désert. Je me suis aperçu pour la première fois que cet espace était trop grand pour moi, et j'ai couru dans ma petite chambre pour que ma vue pût contenir au moins le vide qui m'environnait. Cette absence momentanée m'a fait trembler sur *ma destinée*[4].

[1] Cité par Mme Necker de Saussure, *Notice sur le caractère et les écrits de Mme de Staël*, IV.8. Nous reviendrons sur la fréquence des descriptions de Mme de Staël ou de ses héroïnes qui sont faites à partir de modèles *mythologiques* et qui frappent par le talent singulier de *la voix*.

[2] Cf. B. d'Andlau, *La Jeunesse de Mme de Staël* (Genève: Droz, 1970); C. Herold, *Germaine Necker de Staël* (trad. Paris: Plon, 1961), p. 43; G. d'Haussonville, *Mme de Staël et M. Necker* (Lévy, 1882), p. 198; et enfin *Dix années d'exil*, *OC* II.1.

[3] Cité par D. Larg, *La Vie dans l'oeuvre, 1766-1800* (Paris: Champion, 1924), p. 19.

[4] B. Jasinski, *Correspondance générale*, éd. Jasinski (Paris: Pauvert, 1960), I, 17.

Cette propension à l'éloquence pathétique, à la dramatisation, ce trop plein de sensibilité vibrante, nous intéresse par son caractère originellement littéraire: celui de réfracter en plus beau, en plus vrai, en plus émouvant les événements et les sentiments quotidiens. Un autre exemple de l'interrelation entre la vie et la littérature est celui de la lecture publique des oeuvres littéraires. Bernardin de Saint-Pierre et Mme de Genlis avaient, par exemple, présenté leurs romans dans le Salon Necker devant un public où la jeune Mlle Necker est de loin la plus touchée. Les manifestations sentimentales de la jeune fille outrepassent d'ailleurs les bienséances selon Mme de Genlis qui ne sait que faire d'une auditrice qui "pleurait, faisait des exclamations à chaque page, [lui] baisait les mains à toutes les minutes"[5].

La difficulté de délimiter nettement la consommation de l'art de la pratique artistique se retrouve enfin en matière de théâtre. Aux représentations théâtrales auxquelles Louise assistait s'ajoutent en effet les expériences théâtrales auxquelles elle s'adonnait. Dès 1778, elle joua elle-même sa première pièce devant les familiers du Salon. Meister la trouve assez intéressante pour en faire l'éloge dans la *Correspondance littéraire* de cette même année:

> Elle vient d'en faire une [une pièce] en deux actes intitulée *Les Inconvénients de La Vie de Paris*, qui n'est pas seulement fort étonnante pour son âge, mais qui a paru fort supérieure à tous ses modèles. C'est une mère qui a deux filles, l'une élevée dans la simplicité de la campagne, l'autre dans tous les grands airs de la capitale.[6]

Larg, qui rapporte l'anecdote, fait remarquer que ce n'est là qu'une réponse "littéraire" à la pénitence maternelle qui venait de l'exiler à la campagne. Nous retiendrons que dans ce procès l'écriture dramatique apparaît à la fois pour combler le vide de la séparation et formuler le conflit interne naïvement illustré ici dans le dédoublement de l'enfant. On peut ainsi dire que Mlle Necker, durant cet âge d'or de l'enfance, fait l'expérience particulière d'un langage où la parole se distingue mal de l'écriture, et la littérature de la vie. Vivre, parler, jouer la comédie, écrire ne font qu'un. La chose écrite ou jouée même est objet d'échange, de communication, maintenant et perpétuant la cohésion et l'harmonie du cercle familial comme du cercle social.

---

[5] *Mémoires de Mme de Genlis*, cité par Larg, p. 15.
[6] Cité par Larg, p. 8.

2. Le journal intime

Il est pourtant un écrit qui semble s'inscrire hors du mode de l'échange. Tout ne peut être communiqué, tout ne peut se montrer, telle est la signification de l' "épigraphe" inscrit sur la première page du journal intime:

> Le coeur de l'homme est un tableau qu'il faut voir à la distance où le sage ordonnateur de la nature l'a placé.[7]

Cette maxime — tirée directement des ouvrages de M. Necker — doit être comprise à la fois dans son sens général et "familial" puisqu'elle se trouve renvoyée à son auteur même dans le paragraphe qui suit: "Tourne le feuillet, *papa*, si tu l'oses (après avoir lu cet épigraphe)"[8]. Etrange "mise-en-scène" de l'écrit confidentiel montée à la fois "pour détourner son père des écrits de son coeur et pour l'y attirer"[9], qui avertit dès l'abord des dangers qui sont liés à l'entreprise autobiographique. Dangers contre lesquels Louise Necker n'a su se protéger puisqu'après avoir déchiré plusieurs pages de son journal, elle l'abandonne pour ne plus y revenir. Les écrits de jeunesse staëliens paraissent ainsi suivre deux impulsions: l'écriture épistolaire et mondaine qui relève de son rapport à sa mère — mondaine affairée à la vie littéraire et philosophique et qui l'encouragea de ces conseils — ; l'écriture intime et personnelle dont le père est à la fois le destinataire privilégié et le juge le plus redouté[10].

La rédaction du journal intime, entreprise en 1785, est brusquement interrompue au milieu de la même année. On explique généralement cet arrêt par le changement de vie causé par le mariage avec M. de Staël le 14 janvier 1786. La production, pendant cette même période, de trois pièces de théâtre et de plusieurs nouvelles prouve cependant que ce n'est pas le "loisir" littéraire qui lui manque[11]. L'interruption du journal intime, qui n'avait probablement été tenu d'une façon continue que durant cette année 1785, reste donc inexpliquée. Il ne reste du journal intime, rédigé pendant cette période relativement courte, que quelques fragments. Dans le manuscrit, plusieurs pages ont été arrachées, mutilation explicitée par l'auteur elle-même:

---

[7] *Journal de jeunesse, Occident* (1931-1932), p. 23.

[8] *Journal de jeunesse*, p. 23.

[9] D'Andlau, p. 153.

[10] On retrouvera ces deux figures parentales comme "destinataires" et sources potentielles de l'écrit staëlien dans les deux grands romans pp. 59, 119.

[11] Des trois pièces que Mme de Staël a composées alors ne nous sont restées que *Sophie ou les sentiments secrets* (1786) et *Jane Gray* (1787), *OC*, p. 324.

Je voulais faire entièrement le *journal de mon coeur, j'en ai dechiré* quelques feuillets; il est des mouvements qui perdent de leur *naturel* dès qu'on s'en souvient, dès qu'on songe qu'on s'en souviendra... D'ailleurs, *malheur à celui qui peut tout exprimer*, malheur à celui qui peut supporter la lecture de ses sentiments affaiblis. (*JI* 76)

Alain Girard voit, dans ces quelques lignes, le rejet du projet intimiste et autobiographique[12]. Mme de Staël, qui parle souvent d'elle-même dans ses ouvrages, ne recourra jamais en effet, au "je" de l'intimiste, ni même à celui de l'autobiographie littéraire.

Plusieurs raisons sont à l'origine de cette réticence, mais il en est une qui apparaît dès les premiers écrits et qui semble consister dans le sentiment de gêne et de culpabilité attaché au "je" confidentiel. On trouve déjà sous la plume de l'enfant, la gêne du dévoilement d'une écriture pleinement assumée. La faute paraît d'ailleurs curieusement bien plus liée à l'acte linguistique qu'à l'acte réel. S'étant trop laissé aller aux distractions frappées de l'interdit maternel, elle s'en excuse de cette façon dans une lettre qu'elle lui adresse:

Epargnez m'en le détail, j'ai trop de peine à parler de cet asticotage minutieux. Il me semble qu'*en l'écrivant* je *le consacre*, qu'alors il me sera impossible de le faire oublier... je sens qu'il me serait *impossible de tout dire*, je *rougirai* de ne pouvoir vous entretenir que de mes *fautes*.[13]

La gêne et la "rougeur", sont intimement liées à l'écriture de la faute. Le sentiment de culpabilité paraît ainsi contingent à l'expression, il n'existe pas en soi:

Pour moi cependant *je ne rougis pas* de mon coeur et *seule dans le silence des passions*, je le sens sous ma main, battre encore pour l'honneur et la vertu. (*JI* 76)

Cette affirmation qui suit immédiatement, dans le journal intime, l'aveu de la gêne ressentie à "la lecture de [ses] sentiments affaiblis", souligne, de façon significatrice, un déplacement et une fixation de la faute, non au niveau de sentiment mais au niveau de langage qui l'exprime. La mutilation et l'interruption brusque du journal intime, contemporaines de l'entrée officielle dans le monde adulte, acquièrent de cette manière, valeur de symbole.

[12] A. Girard, *Le Journal intime*, p. 74.
[13] Jasinski, *Correspondance*, I (printemps ou été 1778 ou 1779), 7.

Le journal garde l'empreinte de cette gêne, de ces silences, dans sa forme même. Points de suspension, ruptures de construction, apostrophes énigmatiques, allusions à des événements et à des personnages gardés secrets dans le texte ajoutent à l'impression de mystère "enseveli" que laisse la destruction des vingt dernières pages. On ne peut cependant analyser ces points névralgiques du journal — marques de l'auto-censure — sans explorer davantage la signification de l'événement matrimonial auquel il se trouve inextricablement lié. Mariage de convenance, l'union avec M. de Staël implique en effet un déchirement familial aussi bien que personnel. Aux contours des lignes et au hasard des pages, s'inscrit de façon cryptique, une crise de la personne, une crise d'identité. Louise Necker est en train de devenir Germaine de Staël. La transformation est problématique:

> Ah! je suis une autre destinée, je *suis la fille de M. Necker*. Je m'attache à lui, c'est là *mon vrai nom*, je tâcherai qu'on me le donne encore; lors même que je l'aurai quitté je n'en serai pas indigne. (*JI* 238)

L'entrée dans l'ordre généalogique de la lignée de Staël se trouve ainsi marquée d'une double négation symbolique: celle de l'adhésion sentimentale et celle du patronyme. Mais c'est aussi curieusement à la suite de ce passage que, fuyant le dilemme qui est le sien, la "narratrice" quitte le monde de la réalité pour celui de la fiction. Le compte-rendu détaillé des tristes détails quotidiens laisse place à l'histoire d'amour impossible, au "roman":

> Mon père... me serrait contre son coeur... Ah! que ce mouvement coûtait cher à mon coeur. Quelle heureuse créature *j'aurais été si* une quatrième personne, telle que mon coeur se la représente *était* venue s'unir à *nous*; *si* c'eût été un grand admirateur de mon père...; quel imposant spectacle pour les hommes... quel bonheur intérieur qu'une telle société se retrouvant tous les jours. (*JI* 237)

Le dispositif qui déclenche le système narratif jaillit de la prise de conscience d'un manque fondamental, celui d'un amant identique à son père[14]. Mais cette évidence est suivie immédiatement dans le texte, par une rupture du mode élocutoire. On passe brusquement du mode de la réalité, mode référentiel de l'indicatif, au mode conditionnel, mode de l'irréalité par excellence. Ce saut modal équivaut à la formule rituelle qui est le "sésame" de l'imaginaire féerique: "il était une

---

[14] *Le Journal intime* et le *Portrait* de son père qu'elle écrit concurremment (cf. d'Andlau, p. 153 et suiv.) sont à cet égard éloquents.

fois"; mais le conditionnel exprime aussi, outre l'élan vers l'imaginaire, la formulation d'un rêve qui est en même temps une répression. Le conditionnel, défini en effet par les linguistes comme le futur du passé, exprime parfaitement, dans le texte, ce que serait un désir révolu[15]. La formule semble inacceptable, et elle l'est précisément de la même façon que l'est le rêve esquissé. Le concept suggéré par le conditionnel de ce texte est particulièrement difficile à cerner puisque, par définition, le désir est propension vers le futur, vers ce qui n'est pas encore, et que, par la valeur de passé inhérente au conditionnel, le verbe renvoie ce désir dans le temps du révolu, de l'achevé, du consommé. Le conditionnel, mode du romanesque naissant, est ainsi l'expérience d'un "futur dans le passé" qui, par le biais de l'écriture, est dans le même moment exprimé comme consommé (projection dans le futur) et non-consommé (futur non réalisé dans le passé). Le conditionnel fonctionne dans ce texte comme le mode d'une complémentarité jamais atteinte, le mode d'un désir de supplémentarité à la réalité. Ce qui nous intéresse ici, c'est la naissance du romanesque, non dans l'événement biographique qui l'a causé, mais dans la rupture du texte. Or, dans le texte, l'envolée romanesque se déploie aussitôt après l'inscription négative d'un interdit, l'amour et le désir du père et dans l'interruption consécutive de l'écriture autobiographique.

Il est tout aussi intéressant de surprendre, toujours dans le journal intime, la trace d'un autre interdit, plus ou moins dépendant du premier, puisqu'il semble originellement promulgué par le père, celui qui condamne les femmes auteurs:

> Si maman avait écrit, je suis persuadée qu'elle aurait acquis une très grande réputation d'esprit; mais mon *père ne peut pas souffrir une femme-auteur* et depuis quatre jours seulement qu'il me voit écrire son portrait l'inquiétude lui prend déjà et m'appellerait dans ses plaisanteries *Monsieur de Saint-Ecritoire.* (*JI* 236)

La jeune-fille, qui avait pourtant dans sa jeunesse pris goût aux succès littéraires, semble s'empresser d'acquiescer aux conseils paternels alors même qu'elle est en train d'écrire le *Portrait* de son père[16]. Suivant là encore le modèle maternel qui venait d'en achever un, elle

[15] Futur dans le passé, Wagner et Pinchon, *La Grammaire du français* (Paris: Larousse, 1920), p. 361.
[16] D'Andlau, *La Jeunesse, Portrait* de M. Necker par sa fille, août 1775, p. 235.

se trouve, redupliquant un scénario trop bien connu des femmes, prendre sa place[17]. Elle se réjouit ainsi en secret de gagner ce "concours" littéraire familial car "l'expression original du caractère" manque, selon elle, à celui de Mme Necker. Par cette affirmation peu déguisée de son propre "génie", la jeune fille rejoue le drame du triangle familial esquissé plus tôt, mais cela d'une façon bien particulière. Etant dans la position d'évincer la rivale maternelle, elle met en question du même coup la loi du père contre les femmes auteurs tout en justifiant les écrits de Mme Necker. L'inscription du conflit oedipien se trouve ainsi comme nié à son origine par l'acte même de l'écriture: l'écriture féminine. La contradiction de son entreprise ne la choque pas et elle s'écrit aussitôt: "Ah, qu'il a raison! que les femmes sont peu faites pour courir la même carrière que les hommes" (*JI* 236). Elle célèbre alors avec enthousiasme une conception bien limitatrice, pour ne pas dire rétrograde, du rôle féminin: "une femme ne doit avoir rien à elle et trouver toutes ses jouissances dans ce qu'elle aime" (*JI* 236). Cette résolution d'obéissance, sera, on le sait, plutôt vaine. Elle se contredit d'ailleurs dans cette même page où, rompant brusquement le fil de ses admonestations, elle se prend à rêver à une situation où l'amour et le talent ne seraient pas contradictoires. Elle quitte alors le niveau de la réalité vide et décevante pour s'élancer dans le temps du désir, le temps de la fiction:

> *Si* elle (*la nature*) nous avait douée heureusement, si elle avait donné *des talents supérieurs à notre sexe*, qu'il *serait* doux de ne les faire connaître qu'à celui qu'on aimerait, de pouvoir lui dire, *j'aurais pu* briller sur le théâtre du monde, *j'aurais pu* recevoir les applaudissements des hommes, mais toi seul m'intéresses sur la terre. (*JI* 236)

Le romanesque vient donc ici, une fois de plus, se superposer au réel pour imaginer un instant le rêve d'une idéale réconciliation; et une

---

[17] L'introduction d'une lecture psychanalytique à ce moment de l'analyse doit se justifier par la récurrence du schéma triangulaire symbolique du conflit oedipien dans les pièces, les nouvelles et les romans. Nous nous reporterons à cet effet à la définition de Laplanche et Pontalis dans le *Vocabulaire de la Psychanalyse* (Paris: PUF, 1967): "Ensemble organisé de désirs amoureux et hostiles que l'enfant éprouve à l'égard de ses parents. Sous sa forme positive le complexe se présente comme dans l'histoire d'*Oedipe-Roi*; désir de la mort de ce rival qui est le personnage du même sexe et désir sexuel pour le personnage du sexe opposé... Le complexe d'Oedipe joue un rôle fondamental dans la structuration de la personnalité et dans l'orientation du désir humain" (p. 80). Cf. aussi L. Irigaray, *Ethique de la différence sexuelle* (Paris: Minuit, 1984), pp. 100-04, pour la rivalité fille-mère.

fois de plus il est vécu sur le mode du conditionnel. L'écriture romanesque apparaît ainsi comme le réceptacle des rêves, d'une réconciliation utopique, mais n'en ratifie pas moins par là même l'incomplet
du réel. Louise (ni Germaine) ne trouve (ni ne cherchera) l'amant
idéal, pas plus qu'elle ne sacrifie (ni ne sacrifiera) à l'amour ses talents
littéraires. Le dilemme qui se dessine dans ces pages du journal, ce
déchirement entre l'amour ou la gloire littéraire, ne cessera de tour-
menter notre auteur tout au long de sa carrière de femme de lettres
puisqu'en 1800 elle dira encore mélancoliquement de ses succès: "la
gloire elle-même ne saurait être pour une femme que le deuil écla-
tant du bonheur" (*De la littérature* 13). En 1785, la solution du dilemme
c'est, nous l'avons vu, le rêve; c'est le romanesque de la fiction.

L'écriture romanesque, de par son caractère fictif et occultant, apparaît ainsi paradoxalement comme l'inscription interdite de l'amour
interdit. Tout en étant fuite dans le rêve, dans l'irréel, elle est la tentation constante de la transgression absolue et renouvelée de l'interdit dans la mesure où, non seulement elle l'exprime et le représente,
mais, de par sa nature même, le consomme et le perpétue. L'écriture
romanesque, double transgression, est donc doublement coupable.
C'est le crime littéraire absolu et pourtant la seule solution, la seule
fuite possible et par là, la tentation perpétuelle.

3. *Le roman symbolique*

Le processus de substitution de la fiction au réel, que nous avons loca-
lisé dans le journal, se trouve réitéré la même année par la composition d'une pièce de théâtre et d'un conte. La pièce dramatique, *Sophie
ou les sentiments secrets*, et le conte "La Folle de la forêt de Sénart", derniers avatars de la littérature de salon, paraissent tout d'abord bien
différents par leur style et leur sujet respectif[18]. La pièce, au titre révélateur, fut reconnue par tous les biographes, comme la projection du
drame personnel du jeune auteur. Mme Necker est loin d'en avoir
trouvé le sujet irrépréhensible: "Une jeune orpheline qui a conçu pour
son tuteur, le mari de son amie, une passion dont elle ne se doute
pas"[19] se voit obligée, la passion étant partagée, d'en fuir la maison.
Cette pièce ne fut pas moins représentée et lue à haute voix pour les
intimes. L'aspect psychodramatique est moins apparent dans le conte

---

[18] *Correspondance littéraire* de Grimm, "La Folle de la forêt de Sénart" (juin 1786),
pp. 382-85.
[19] Larg, pp. 30-31.

dont le lieu et les personnages frappent tout d'abord comme purs produits de l'imagination. Pourtant la lecture de ce petit conte nous paraît
particulièrement intéressante par les ressemblances thématiques évi-
dentes avec les écrits mentionnés précédemment, et dans la mesure
où l'on y retrouve une héroïne dont la démence se traduit curieusement par les troubles du langage.

Publié en 1786 dans la *Correspondance littéraire* de Grimm, mais souvent oublié de la critique, ce conte de trois pages est une de ses toutes
premières tentatives romanesques. Par la singularité de son thème
et de sa forme, il nous est apparu comme le modèle exemplaire des
stratégies de l'écriture romanesque staëlienne. Le sujet de ce conte,
s'il n'est pas des plus originaux, — dans les salons, cette année-là, tout
le monde faisait des "Folles" — vaut donc qu'on y prête quelque
attention[20]. Un jeune homme qui se promène dans la forêt de Sénart
pour échapper au trop grand éclat du soleil, trouve par hasard une
femme endormie dont les cheveux épars, la parure et les traits expri-
ment la "douleur" plus que le repos. Réveillée en sursaut "elle fit un
cri", se couvre le visage "d'un voile épais" et "s'éloigna". Le prome-
neur la prie de s'expliquer mais malgré ses efforts, elle ne peut s'exprimer clairement: ses explications sont contradictoires et entrecoupées de silence. On peut seulement deviner qu'elle a quitté ses parents
car elle s'imagine que sa présence leur était "une peine", comme elle
l'était pour son amant. Nous n'apprenons rien de plus sur sa relation
avec ses parents ou avec son amant qui reste le personnage le plus
mystérieux de l'histoire. Le récit est aussi mystérieux que déconcer-
tant, car il ne donne à aucun moment le mot de l'énigme. Le langage
féminin reste mystérieux pour le lecteur comme pour le héros narrateur, mais on remarque dans ces symptômes une certaine parentée
avec ceux de l'hystérie[21]. L'héroïne, en proie à des hallucinations visuel-
les, ne semble pouvoir les intégrer à son histoire pour en faire un tout

[20] Jasinski, *Correspondance*, I.84, 146. Mme de Staël atteste, dans sa correspondance
avec Gustave de Suède, de cette nouvelle vogue: "Voilà un petit livre qui contient
un recueil de toutes les folles que la mode de ce genre a fait naître. Celles de M.
Guibert et du Chevalier de Grave passent pour les meilleures. Comme on a epuisé
tout ce que la sagesse peut dire, il faut essayer *d'être neuf* par la folie". Mme Jasinski
ajoute, "Le 14 novembre l'*Année Littéraire* rend compte d'un recueil de *Folies sentimen-*
tales parues chez Royer que devait bientôt suivre *Les Nouvelles Folies sentimentales*"
(janvier 1787).
[21] Laplanche et Pontalis, dans *Vocabulaire de la psychanalyse*, ont défini "l'hystérie"
comme cette affection dont les symptômes se caractérisent principalement par un
certain théâtralisme ainsi que par des anesthésies variées ("maladie par représentation"). On ne saurait évidemment oublier que jusqu'au début du 18ème siècle, cette
maladie était toujours considérée par les médecins les plus éminents, comme

cohérent. Le caractère théâtral de ces représentations donne alors un surplus d'information au narrateur-spectateur comme au lecteur. Le lecteur-narrateur se trouve ainsi mis à la place de l'interprète qui doit, à partir d'un certain nombre de gestes et de paroles, reconstituer le drame de la malade.

Certains faits ressortent parce qu'ils sont obsessionnellement répétés — la culpabilité qu'elle ressent envers ses parents et son amant, la relation étroite qu'elle souligne entre son sens de culpabilité et son corps. Cependant l'association tragique du corps et du péché et l'interdiction conséquente de l'amour charnel ne seraient que médiocrement révélateurs, si l'on ne relevait dans le récit une superposition surprenante, et d'autant plus intéressante qu'elle reste inexpliquée: celle de l'amour passion et de l'amour filial, de l'amour de l'amant et de l'amour du père. Dans une même phrase, on passe en effet de l'un à l'autre sans aucune liaison logique; ce procédé d'abruption semble seulement pouvoir être légitimé par l'homologie implicite de leur capacité d'amour pour elle:

> Des parents! me répondit-elle; oui, j'ai mon père et ma mère... je *les* aime; c'est pour cela que je *les* ai quittés. Me voir est une peine, c'en est une; oui c'en est une, vous le sentirez tout à l'heure... Si ce n'en était pas une, *il* m'aurait aimée, pourquoi voulez vous qu'*il* ne m'eût pas aimée. (*FS* 383)

La condamnation parentale et le désir du père ne sont inscrits dans le récit hystérique que de façon elliptique indirecte. Le caractère lacunaire du discours féminin pourrait ainsi s'expliquer par l'incapacité de l'héroïne de prendre conscience, en l'exprimant, de la culpabilité de son désir. La culpabilité, la gêne, qui nous était d'abord apparue comme liée à son être physique, se trouve donc devoir se communiquer par une gêne du langage à exprimer clairement la situation. Le déchirement, la mutilation corporelle de l'héroïne a, pour première conséquence, la désarticulation du discours, la désintégration du langage. Et cela devient particulièrement clair lorsqu'on en vient à analyser les divers types d'altérations qui fonctionnent dans son discours.

A première lecture — "écoute" du récit — on a en effet l'impression que tous les mots clés qui expliqueraient la situation lui font défaut et qu'elle ne peut s'exprimer que par le moyen détourné de la désignation métaphorique. Par le jeu des rapprochements et des substitutions, dans l'espace des questions-réponses, il est aisé pour l'auditeur-lecteur de traduire les métaphores en langage littéral: "se couvrir d'un

spécifiquement féminine. Pinel, au début du 19ème siècle, parle encore de "fureur utérine" (cf. *Larousse encyclopédique*, 1962).

voile", désigne métaphoriquement la honte; "séparer son coeur de son corps", ne peut que signifier le sacrifice du charnel, ou la mort.

Si le discours fonctionne, à ce premier niveau, par un processus de substitutions métaphoriques, il faut aussi remarquer qu'à un autre niveau il se caractérise par un manque d'articulation logique et syntaxique. Le style saccadé, elliptique, l'incohérence de la construction où l'on peut reconnaître tour à tour ces figures de construction, classifiées par la rhétorique sous le nom d'ellipse, zeugma, synthèse, disjonction, abruption, exclamation, ont toutes pour commun dénominateur l'altération de l'ordre syntaxique[22]. Mais le désordre syntaxique semble, dans le discours féminin, poussé à l'extrême. Dans la suite de bribes de phrases juxtaposées, on a l'impression que la syntaxe a pratiquement disparu. La jeune femme hystérique interrogée par le narrateur tient un discours entrecoupé de silences, elle passe du mutisme à l'exclamation éloquente, mais ne parvient finalement qu'à émettre des déclarations contradictoires. Elle promet tout d'abord "je vous dirai tout", mais "achevant ces mots elle se tut" (*FS* 383). Puis de nouveau elle veut parler, mais "les mots lui manquaient". Et ce n'est pas véritablement la faculté de penser qui lui fait défaut, car elle confesse "vous voyez, me dit-elle, je pense, je pleure, mais je ne peux plus parler" (*FS* 383). En fait elle en vient à avouer que c'est plutôt un trop plein de pensée, une réflexion de nature obsessionnelle qui lui coupe la parole: "Cependant il n'y a qu'*une seule chose à dire*: quand vous le saurez, vous saurez tout de moi" (*FS* 383). La paralysie linguistique tient donc au fait qu'il y a des mots, une "chose" qui ne peuvent être dits et qui pourtant suffiraient, à eux seuls, à illuminer toute l'histoire. Ces mots manquants semblent devoir relever d'un contexte que l'héroïne est incapable de reconstituer et encore moins de décrire.

La dernière caractéristique évidente de ce discours réside donc dans un manque de contexte essentiel. Faute de ce contexte référentiel, tous les termes du discours restent énigmatiques et plus particulièrement ces parties du discours, purement référentielles ou anaphoriques, généralement désignées en linguistique sous le nom d'embrayeurs ou d'indicateurs[23]. Les embrayeurs, pronoms personnels, ou déictiques, qui ne sont pas rattachés à un référent précis sont condamnés

[22] Nous renvoyons ici à l'ouvrage de Fontanier, *Les Figures du discours* (Paris: Flammarion, 1977).
[23] Les termes d' "embrayeur" et d' "indicateur" étant respectivement empruntés à R. Jakobson dans *Essais de linguistique générale* (Paris: Minuit, 1963), et à E. Benvéniste dans *Problèmes de linguistique générale* (Paris: Gallimard, 1966).

à rester flottants dans le discours. La personne de l'amant qui n'est jamais, par exemple, désignée que par le pronom "il", sans aucune référence propre, est capable de se superposer à n'importe quelle autre personne masculine présente dans le discours. Par ailleurs, le processus de similarité s'étant révélé le seul opératoire à tous les niveaux du discours, l'équivalence "parents-père-il" paraît la seule envisageable.

Le type de discours que nous venons de décrire semble par conséquent relever des caractéristiques linguistiques bien particulières. Roman Jakobson a, en fait, analysé dans ses études linguistiques, ce type de langage qui se différencie par la prédominance métaphorique, la désintégration de la syntaxe, sa tendance correspondante au style dit "télégraphique", et enfin la disparition du contexte référentiel[24]. Il le définit comme un des types d'aphasie: l'aphasie de la contiguïté. Le malade qui souffre de ce type d'aphasie se trouve réduit à s'exprimer selon une accumulation de mots qui ne sont reliés les uns aux autres que par un rapport d'équivalence.

Le discours hystérique féminin, contradictoire et fragmentaire ne saurait donc constituer comme tel la matière d'un récit. Seul le héros— témoin qui a gardé, lui, toute sa raison—est capable, par le biais d'une narration organisée, de faire de ce langage fragmentaire le sujet de l'histoire. Au niveau de l'histoire l'héroïne est donc démunie du privilège de la parole, et bien qu'elle soit le véritable sujet de l'histoire, elle devient de ce fait l'objet du récit. La parole autobiographique féminine est ainsi aliénée par le processus de la narration. Ce conte est bien écrit à la première personne, mais le "je" du narrateur est un "je" spectateur et non le "je" de l'actrice principale, l'héroïne[25]. Cette rupture entre la conscience claire du narrateur et le langage insensé de l'héroïne s'avère en fait être la condition nécessaire de l'inscription fragmentaire mais hallucinante de la parole autobiographique féminine[26]. Isoler, parmi les stratégies de l'écriture romanesque staëliennes, le caractère aphasique du discours féminin n'est donc pas

[24] Dans deux de ses articles, "Aphasia as a Linguistic Topic" et "Two Aspects of Language and Two Types of Aphasic Disturbances" dans *Selected Writings*, XI (Paris: Mouton, 1971), R. Jakobson analyse en détail les caractéristiques des deux principaux types d'aphasie.

[25] J. Starobinski est un des premiers à avoir fait ressortir la signification de cette technique en terme d'aliénation dans son étude du roman de Mme de Charrière, "Les Lettres écrites de Lausanne de Mme de Charrière: inhibition psychique et interdit social", *Romans et lumières au XVIIIe siècle* (Paris: Editions Sociales, 1970), p. 133. Cf. aussi l'analyse de J. Rousset, *Narcisse romancier* (Corti, 1973), passim.

[26] Comme dans *Mirza* et *Zulma*, *Delphine*, et *Corinne*, infra pp. 36-38, 85, 165.

suffisant. Il faut aussi relever la structure complémentaire de la dépendance du discours féminin par rapport à la narration d'un narrateur doué de raison qui apparaît, le plus souvent, dans les autres nouvelles, comme le philosophe éclairé.

Cette structure dédoublée de la narration entre la folle et l'observateur-narrateur, ne peut, par ailleurs, que rappeler le dialogue établi, dans notre civilisation moderne, entre le médecin et son malade, le psychiâtre et son patient—l'hystérique[27]. Il nous faut donc comprendre maintenant en quoi cette stratégie—établissant non seulement une hiérarchie narrative mais aussi une structure spéculaire interpersonnelle—correspond, nous le verrons, intimement à l'imaginaire et à la création romanesque staëliens. La motivation du récit est issue du désir de raconter l'histoire d'un amour fou et d'une mort, celle d'une héroïne insensée au langage mystérieux et insane, un langage qui est à la fois sens et non-sens: "...elle me tint alors plusieurs *discours sans suite*, mais cependant *sans disparate*" (*FS* 384). Ce discours féminin hystérique est l'objet du récit fait par un héros assez abstrait et dont la seule caractéristique réside dans le genre masculin. En revanche, notre héroïne assume sa folie et son sort comme délibérément féminin: "Voyez l'erreur des *femmes*, je ne les croyais pas insensées" (*FS* 384). Or le conte finit par la mort de l'héroïne qui s'y précipite elle-même avec une joie étrange: "...quelle serait *ma joie* alors... il m'aimera alors". La mort d'amour apparaît ainsi comme une sorte de thérapie, et même la seule sorte de rédemption possible: "Félicitez-moi, s'écria-t-elle, félicitez-moi; à mon émotion, à mon saisissement, je le sens, je le crois, l'instant de la délivrance est arrivé. C'est aujourd'hui c'est aujourd'hui!" (*FS* 385). Ainsi à la difficulté et à la douleur de la parole hystérique, succède le cri, le flot euphorique de la parole de celle qui va mourir, qui s'imagine déjà morte, "délivrée".

La mise à mort "intradiégétique" de l'héroïne dans le texte, et qui est, nous l'avons vu, la motivation première du récit, trouve un homologue au niveau "extradiégétique" dans l'aliénation de la parole féminine, la mise à mort symbolique infligée par l'auteur à son héroïne[28].

---

[27] On rejoint ici une des conclusions de M. Foucault dans *Histoire de la folie à l'âge classique* (Paris: Gallimard, 1970), qui voit, au début du 19ème siècle une réévaluation de la place du fou dans la société dans le sens de l'aliénation. Au 19ème siècle la folie retrouve un langage, mais c'est "un langage ou l'homme apparaît dans sa folie comme autre que lui-même", que se soit dans le langage poétique ou dans le langage scientifique. Il nous semble que le discours romanesque obéit, chez Mme de Staël, à la même loi.

[28] G. Genette, *Figures III* (Paris: Seuil, 1972), p. 238.

Le narrateur, déguisé ici en héros nous parle d'un sujet qui n'est qu'un autre lui-même. Cette mort à soi qu'entreprend tout romancier, qui se prend pour le propre sujet de son roman, est ici revécue au niveau symbolique et thématique. Le dédoublement narrateur-héroïne, peut facilement s'interpréter, selon le mode symbolique, comme l'aliénation d'une conscience à la recherche de son âme. L'engloutissement du héros au sein d'une forêt peut se décrypter aisément de cette façon:

> Je me promenai, il y a quelques temps, dans la forêt de Sénart, et mes rêveries m'avaient entrainé dans l'*épaisseur des bois*. J'étais importuné par l'éclat du soleil et je cherchais *un jour sombre comme ma pensée*. J'aperçus à quelques pas de moi une femme endormie. (*FS* 382)

La comparaison "jour-pensée" est claire, mais l'écriture romanesque ne la suggère que par le détour d'une métaphore. Le langage romanesque s'investit symboliquement d'un sens qui ne peut qu'être occulté et qui n'est jamais inscrit littéralement.

C'est justement au moment où la jeune femme-auteur prend conscience d'un drame personnel aussi intense qu'inavouable qu'elle va s'attacher à s'en délivrer, mais aussi à le revivre, sur le mode littéraire. Cela se fait par l'écriture romanesque curieux modèle de "sublimation féminine" qui ne semble pouvoir s'effectuer que par un double exil: celui du toit paternel et celui de la vie[29]. Les paroles mêmes de l'héroïne, qui envisage avec enthousiasme le moment imminent de sa propre mort, laissent entrevoir l'espérance d'une sorte de survie:

> …cependant je ne suis pas si malheureuse; car j'ai une *espérance* depuis un certain temps, *depuis que j'ai quitté la maison de mon père*; depuis, me dit-elle en portant la main sur son *coeur* et la portant ensuite à sa tête, que la pensée qui était là est aussi là, j'ai *une espérance*. (*FS* 385)

Seule la mort peut permettre d'entrevoir une issue, une réconciliation possible entre le coeur et l'esprit. La mort littéraire, mort cathartique, se situe donc à deux niveaux, au niveau de l'histoire, dans la mort de l'héroïne, comme au niveau de l'énonciation dans le dédoublement entre narrateur et protagoniste. L'acte de l'écriture romanesque, qui est une double inscription de la mort à soi apparaît pourtant paradoxalement, comme une libération: "depuis qu'elle a quitté

---

[29] Ici le transfert des souvenirs et des désirs personnels passe par le stade de la "sublimation" romanesque (Laplanche et Pontalis, *Vocabulaire*, p. 465). L. Irigaray a d'ailleurs rendu compte de la complexité du processus de sublimation chez la femme (*Ethique*, pp. 16, 101-04).

la maison de son père". Ce premier pas fait hors du cercle familial se traduit sur le mode littéraire par l'écrit romanesque.

L'écriture romanesque est ainsi à la fois communication et dévoilement mais aussi dérobade, déguisement, effacement, camouflage. Il semble dès lors qu'il soit impossible à l'héroïne de parler en son propre nom, la parole est coupée, la confession dérobée, entravée, comme l'écriture du journal intime avait été mutilée. La première personne autobiographique, quelle qu'en soit l'obscure raison, semble être atteinte du mal de l'aphasie, ou plutôt est constamment menacée d'aphasie chez l'écrivain Staël. Nous croyons déceler là une des constantes de l'écriture staëlienne: l'abandon du "je" de l'intimiste et la rédaction concomitante d'un conte sur le discours mystérieux d'une femme hystérique, ne nous semble pas être le fait d'une pure coincidence mais plutôt l'effet d'un transfert compensatoire. L'écriture romanesque vient prendre le relais de la parole autobiographique entravée.

On peut donc dire que ce petit récit est archétypique et séminal de plusieurs points de vue. Dans ce conte, s'inscrit à plusieurs niveaux différents, la scission, la rupture. La scission entre l'âme et le corps de l'héroïne se double, au niveau métaphorique, par la coupure entre la conscience lucide du héros-temoin et l'inconscient de l'héroïne hystérique. Enfin le schéma de l'action illustre l'impossible plénitude et l'irréconciliable écartèlement du triangle constitué par le héros, l'héroïne et l'aimé[30]. Ce conte illustrant une rupture, un manque de communication et de réciprocité à tous les niveaux, l'aliénation semble complète et redondante, la seule solution possible hormis la communication littéraire.

La nécessité du témoin, doublement inscrit dans le texte, correspond cependant à un désir d'échapper par là-même à l'aliénation ainsi représentée. Ce désir est de combler la rupture revécue, de rouvrir la voie à la communication, de dépasser enfin, par le sentiment de culpabilité, la notion d'interdit, que ce soit celui de l'inceste ou celui de l'écriture, pour atteindre enfin ce moment sublime où les choses ne sont plus contradictoires. Ce moment où en se cachant on s'exhibe parce qu'on a dépassé cette frontière où soi et l'autre, son histoire et l'Histoire, la vie et la mort s'opposent et s'excluent pour n'être plus qu'une seule et même chose: l'écrit littéraire. Ce conte où nous avons pu reconstituer, à travers les arcanes du langage, la confession voilée et douloureuse d'un drame intime est en même temps une pièce littéraire livrée à la consommation immédiate du public. Le drame

[30] Voir note 17.

intime revécu symboliquement sur le mode littéraire devient, de cette façon, le moyen ou le prétexte de la communication avec un public. Nous touchons là à l'un des aspects contradictoires et spécifiques de l'écriture staëlienne, qui veut à la fois dérober et dévoiler l'être intime, qui est à la fois pur camouflage et pur exhibitionnisme.

Ce premier écrit romanesque où s'imprime et exprime tout à la fois l'interdit et le dépassement de l'interdit par l'écriture, devient par là-même, objet d'échange, et réintègre ainsi le circuit idéal de la communication où l'écriture, la lecture, la conversation, la correspondance et la vie ne font qu'un. L'oeuvre écrite ne vient pas véritablement briser l'utopie d'un monde où la littérature et la vie seraient réconciliées; elle est la tentative même de vivre cette utopie[31]. Intimisme réprimé et exhibitionnisme forcené semblent s'accorder euphoriquement par le mode d'une littérature utopiquement vécue comme plénitude.

[31] Cf. *infra*, p. 28.

LA THÉORIE DU ROMAN ROMANTIQUE

Durant les huit années qui suivent le conte, entre 1786 et 1793, Mme de Staël publie frénétiquement pièces de théâtres, essais et pamphlets politiques dont le plus retentissant fut le dernier en date, *Les Réflexions sur le procès de la Reine* (1793). Les nouvelles rédigées pendant cette période sont passées sous silence. Le caractère problématique de l'écriture romanesque, analysé précédemment, n'explique cependant qu'en partie le délai du romanesque. On ne peut en effet nier l'impact de cet autre événement, celui de la révolution de 1789, sur la fille d'un des personnages qui fit figure dans la France entière — ne serait-ce qu'un moment — de réconciliateur. Dans ce moment euphorique de l'Histoire où la parole a force d'action, le salon s'ouvre sur la place publique et le pamphlet politique semble prendre valeur de discours à la tribune révolutionnaire[1].

Entre 1792 et 1793, durant les années sanglantes de la Terreur, c'est paradoxalement le roman qui redevient l'objet privilégié de l'activité littéraire. Plus que jamais le roman va apparaître comme la seule

---

[1] Mme de Staël fait publier successivement *L'Eloge de Guibert* (1789) où elle défend devant la nation le meilleur ami de ses parents et un de ses premiers admirateurs (cf. le portrait de Zulmée *supra* p. 3); *A Quels signes doit-on reconnaître l'opinion de la nation* (1791), crédo politique publié dans le *Journal des Indépendants* où elle propose au nom de la liberté une "coalition entre l'aristocratie et la démocratie... l'esprit et le coeur" (*OC* II.257); et enfin *Les Réflexions sur le procès de la Reine, par une femme*, publié sans nom d'auteur. Malgré la désillusion des années 1793-1794, Mme de Staël ne cessera de croire à l'influence de l'écrit éloquent (cf. *De la littérature*, II, "De l'éloquence" et aussi l'ouvrage de P. Bénichou, *Le Sacre de l'écrivain, 1750-1830* [Paris: Corti, 1973], p. 228).

consolation de l'être sensible, isolé et mutilé de ses rêves. Dès les premières lignes de l'*Essai sur les fictions* (1795), Mme de Staël rend hommage à ceux qui, au même titre que les législateurs et les philosophes, "ont aussi travaillé utilement pour le genre humain", les romanciers, ces "auteurs des ouvrages qui produisent des *émotions* ou des *illusions douces*"[2]. C'est le temps de la désillusion personnelle et politique dont la confidence se trouvera éparse dans son ouvrage *Des Passions* (1796): "à vingt-cinq ans", lorsque "le cercle des jouissances est parcouru", on se rend compte du caractère utopique de son "système de vie"[3]. Une fois encore la fiction et le romanesque trouvent leur origine dans un moment de rupture non plus seulement familiale mais historique et idéologique. L'examen des deux essais critiques, écrits durant ces huit années, tout en révélant la continuité de la réflexion romanesque, témoigne de ce moment de rupture historique qui légitime le recours au romanesque.

1. *Le roman critique*

Les Lettres sur... J.J. Rousseau, ouvrage par lequel Mme de Staël entre officiellement dans la carrière littéraire, constitue en effet la première étape de la réflexion staëlienne sur le roman, la première esquisse de son propre programme romanesque[4]. S'opposant au style usuel de l'éloge, *Les Lettres* sont en fait un premier acte de rupture flagrant avec la critique traditionnelle académique et l'idéologie mondaine moralisatrice des habitués du Salon Necker. Se proposant de réhabiliter auprès de la société le vrai Rousseau, tout en réaffirmant sa différence comme individu asocial, elle débanalise le sujet. Mais dans cet acte d'admiration, la cause de Rousseau devient du même coup la sienne. Derrière le geste critique qui tient son origine dans un mouvement d'identification, se profile le geste de la jeune romancière.

L'entreprise est contradictoire pour plusieurs raisons. Tout d'abord parce qu'entrer dans la carrière des lettres par l'écriture théorique,

---

[2] *Essai sur les fictions*, *OC*, p. 62.
[3] *Des Passions*, *OC*, p. 114.
[4] *Les Lettres... sur J.J. Rousseau* ont été analysées par plusieurs critiques qui les présentent tous diversement comme une des premières tentatives de la critique moderne et en soulignent tous le caractère autobiographique: S. Balayé, "Le Système critique de Mme de Staël: théorie et sensibilité", *Revue de l'Université d'Ottawa* (octobre 1971); P. de Man, "Mme de Staël et Rousseau", *Preuves* (décembre 1966); G. Poulet, "La Pensée critique de Mme de Staël", *Preuves* (décembre 1966); J. Starobinski, "Critique et principe d'autorité", *Le Préromantisme: hypothèque ou hypothèse?* (Paris: Klincksieck, 1975), pp. 327-93.

c'était, de façon assez paradoxale, braver plus fortement l'interdit paternel et social qu'écrire des romans féminins. Ensuite parce que faire
de l'éloge de Rousseau la justification de ses propres écrits romanesques, c'était prendre avec l'auteur de curieuses libertés, Rousseau trouvant lui-même les femmes peu aptes au métier des lettres. Condamnation à laquelle la jeune critique était loin d'acquiescer:

> Cependant, *le seul tort* qu'au nom des femmes, je reprocherais à Rous-
> seau, c'est d'avoir avancé, dans une note de sa lettre sur les spectacles,
> qu'elles ne sont jamais capables de peindre la passion avec chaleur et
> vérité. (*LR* 5)

La jeune adepte, enthousiaste des oeuvres du maître, se trouve confrontée à un dilemme qu'elle ne peut résoudre que par les ruses et
les sortilèges de l'écriture. Le dialogue critique met ainsi en scène le
"drame" de la création romanesque de l'auteur "féminin"[5].

Le débat tourne principalement, bien entendu, autour de *La Nouvelle Héloïse*, qui fut et qui est resté pour Mme de Staël le roman par
excellence. Niant la difficulté qu'il pouvait y avoir à proclamer une
admiration sans réserves pour une oeuvre que l'auteur lui-même
déconseillait aux jeunes-filles, elle s'approprie le roman de Rousseau:
"...son ouvrage est *pour les femmes*, c'est pour elles qu'il est fait; c'est
à elles qu'il peut nuire ou servir" (*LR* 6). Dès ce moment, la lectrice
féminine se dévoile derrière le critique, et *Les Lettres* prennent le ton
et l'aspect d'une réponse-dialogue avec l'auteur-romancier, souvent
difficilement discernable d'un dialogue amoureux. Qui s'étonnerait,
dès lors, de retrouver, dans la première lettre la situation amoureuse
utopique imaginée dans le Journal — "qu'importe aux femmes que sa
raison leur dispute l'empire quand son coeur leur est soumis?" (*LR*
4). La figure de Rousseau se superpose ainsi à la figure de l'amant
mais aussi à celle du père, pourvoyeur de la loi[6]. Il devient cependant évident qu'au moment même où elle souscrit à cette loi, elle la
viole par le seul fait de l'activité critique et du projet romanesque.
Projet qui ne peut encore s'avouer que par le détour de l' "hypothéti-
que", par le mode conditionnel, mode de la fiction:

> Sapho, seule entre toutes les femmes, dit Rousseau, a su faire parler
> l'amour. Ah! quant *elles rougiraient* d'employer *ce langage* brûlant, signe
> d'un *délire insensé* plutôt que d'une passion profonde, *elles sauraient du moins*

---

[5] Starobinski (p. 392) a le premier souligné la présence du conflit de l'auteur avec
"le principe d'autorité", mais il n'en a pas analysé la problématique spécifiquement
féminine.

[6] Starobinski, p. 392.

exprimer ce qu'elles éprouvent; et cet *abandon sublime,* cette mélancolique douleur, ces sentiments qui les font vivre et mourir, porteraient peut-être plus avant l'émotion dans le cœur des lecteurs que tous les transports nés de l'imagination des poètes. (*LR* 5)

Dissimulée derrière le "elles" des sujets féminins, et usant du voile de la fiction, Mme de Staël trahit la présence en elle d'une autre Sapho. Adaptant, dans son analyse de *La Nouvelle Héloise,* le point de vue de Rousseau au moment de la création, et rejouant le drame de chacun des personnages, elle se prend à esquisser un autre roman: le sien. Se trouve ainsi esquissé une autre Julie: "Cependant comme j'aimerais le mouvement qui la porterait à tout avouer!" (*LR* 8). Champcenezt, un des critiques les plus acharnés *Des Lettres*, fait remarquer que "cette phrase semble menacer le lecteur de quelque livre nouveau d'un genre très agréable"[7]. Mme de Staël avait déjà dans ses tiroirs, il est vrai, les versions plus ou moins achevées de ses trois premières nouvelles.

Substituant au dialogue avec le père et avec le public, un dialogue critique avec Rousseau, Mme de Staël ne craint pas de mettre en cause l'autorité du maître sur tous les sujets qui lui tiennent à cœur et en particulier sur celui du droit des femmes à la carrière littéraire. La réflexion contestatrice n'est évidemment ainsi jamais directement formulée mais plutôt disséminée dans *Les Lettres* par une accumulation de remarques éparses et fragmentaires. Stratégie efficace toute empreinte d'une confiance et d'un espoir légitime, à la fin du siècle des Lumières, de l'accès possible des femmes au Panthéon littéraire. Publiées en 1788 un an à peine avant la réunion des "Etats Généraux", *Les Lettres sur... J.-J. Rousseau* témoigne d'une foi héroïque dans la résolution possible de tous les conflits sociaux et personnels exacerbés et délimités par la conjoncture historique, la foi dans la réconciliation possible entre deux mondes et deux réalités qui sont en train de se définir selon de nouveaux rapports de force: l'individuel et le social, le soi et l'autre, le masculin et le féminin.

2. La théorie du roman

L'Essai sur les fictions, conçu cinq ans plus tard, témoigne d'un tout autre état d'esprit. Le rêve de résolution de la vie publique et de la vie privée, des idéaux politiques et de l'Histoire s'est écroulé. Le seul

[7] Champcenetz, *Réponse aux lettres sur le caractère et les ouvrages de J.J. Rousseau: bagatelle que vingt libraires ont refusé de faire imprimer* (1787), p. 19.

fait qu'après son éloge de Rousseau, Mme de Staël s'attache à rédiger elle-même l'*Essai sur les fictions* prouve assez qu'elle a le sentiment qu'en 1793 les conditions d'existence du roman ont changé et par conséquent le statut du romanesque. Une nouvelle réflexion sur la nature et l'utilité du roman s'impose. Les critiques et les plaidoyers en faveur du roman ne manquent pourtant pas au cours et même en cette fin du dix-huitième siècle. L'ouvrage de La Harpe, *Des Romans* (1778), et surtout celui de Marmontel, *Essai sur les romans considérés du côté moral*, figuraient parmi les derniers en date, et Mme de Staël, comme le fait remarquer de Luppé, avait eu l'occasion de participer aux discussions qui en avaient précédé la rédaction[8]. Sans minimiser l'importance de ce qu'elle doit aux traités de ces prédécesseurs, il est nécessaire de souligner ce qui fait l'originalité et la modernité de sa prise de position; deux qualités qui furent vite perçues et célébrées par un de ses plus illustres contemporains: Goethe décida d'entreprendre aussitôt la traduction de l'*Essai*.

Le titre choisi pour l'essai peut être vu comme un acte de scission par rapport à la critique traditionnelle. Le terme "fiction", délesté de toute référence aux concepts de moralité et d'utilité, est délibérément choisi au lieu du terme "roman". Refusant de privilégier les trois genres du canon classique, elle établit dès l'abord le débat à un niveau plus théorique et plus littéraire. Elle déplace le débat sur la notion plus générale de la fiction:

> Les fictions peuvent être divisées en trois classes: 1) les fictions merveilleuses et allégoriques; 2) les fictions historiques; 3) les fictions où tout est à la fois inventé et imité, ou rien n'est vrai mais où tout est vraisemblable. (*EF* 63)

Elle décide aussitôt de réserver le nom de "roman" à la troisième catégorie autour de laquelle s'organise toute son étude. Le domaine du roman se trouve ainsi défini comme le lieu idéal où s'effectue la symbiose entre le réel et la fiction, ou "rien n'est vrai mais où tout est vraisemblable". La délimitation de ce domaine ne va pas sans difficultés ni contradictions, mais nous allons voir que même les impasses de la réflexion sont infiniment révélatrices des problèmes de la nouvelle esthétique romanesque qui se dessine en ce début du dix-neuvième siècle.

---

[8] R. de Luppé, *Les Idées littéraires de Mme de Staël et l'héritage des Lumières* (Paris: Vrin, 1969), p. 46.

Pour avoir rejeté les "fictions merveilleuses" et les fictions galantes et historiques, au nom de "l'histoire" qu'elles falsifient, Mme de Staël ne se fait pas l'apôtre d'un roman où l'histoire de l'homme et de l'humanité seraient harmonieusement représentées. Mme de Staël a acquis, au contraire, après l'avoir tenté elle-même, la conviction qu'il est impossible au romancier moderne d'écrire l'épopée révolutionnaire. L'espoir longtemps chéri par la jeune femme de lettres, d'une vie où l'histoire des événements et celle de la vie individuelle ne feraient qu'un, s'est révélé pure utopie et le rêve est maintenant brisé. Ce n'est plus le temps où le récit de la vie des hommes se confond avec celui de l'histoire. La réflexion staëlienne sur les rapports du roman et de l'histoire, semble annoncer celle que G. Lukács élabore dans sa *Théorie du roman*.

> Le *roman* est l'*épopée* d'un temps où la totalité extensive de la vie n'est plus donnée de manière immédiate, d'un temps pour lequel l'immanence du sens de la vie est devenue problématique, mais qui néanmoins n'a pas cessé de viser à la *totalité*.[9]

L'épopée, genre privilégié des civilisations closes, se trouve remplacée, dans le monde moderne, par deux genres distincts, l'histoire qui retrace la vie des peuples et des nations, et le roman celle de l'individu. Tout en réaffirmant l'importance, pour l'écrivain, d'une prise de conscience de sa situation et de son rôle historiques, Mme de Staël souligne la scission irrémédiable qu'elle voit s'opérer entre l'histoire et le roman.

> ...les circonstances marquantes que l'histoire consacre laisse d'*immenses intervalles* où peuvent *se placer les malheurs et les torts* dont se composent cependant la plupart des *destinées privées*. Les romans, au contraire, peuvent peindre les *caractères* et les *sentiments*. (*EF* 69)

La destinée individuelle et le destin historique ne peuvent désormais se traduire que dans deux registres différents: celui du récit historique qui est défini comme intrinsèquement discontinu et celui des "inter-

---

[9] G. Lukács, *La Théorie du roman* (trad. Paris, 1963). Lukács souligne par ailleurs la valeur sacrificielle de cette évolution: "Le roman est la forme de la virilité mûrie" qui "renvoie au sacrifice qu'il a fallu d'abord consentir, au paradis à jamais perdu". Le roman se trouve en fait être la forme esthétique nouvelle qui est née de la prise de conscience de l'utopie de l'enfance, comme celle de l'humanité; celle d'un monde clos et dont l'harmonie était justifiée par la présence totalisatrice de Dieu. "Le roman est l'épopée d'un monde sans dieux" (p. 81). *L'Epître au malheur*, constituait une timide tentative d'écrire un poème épique révolutionnaire, mais Mme de Staël sait, en 1795, qu'il n'est plus possible d'écrire "La Henriade ou Gengis Kan" (*Essai*, p. 67).

valles", des trous, qui ne peuvent être remplis que par le roman. Le monde staëlien, de cette manière, se dédouble de façon définitive; et dans ce processus, seul le roman peut rendre compte du "malheur" individuel.

Dans la partie la plus importante et plus longue de l'*Essai*, Mme de Staël définit le programme du *nouveau genre*, seul susceptible de correspondre aux besoins de cet individu qu'est "l'homme" moderne. Ce faisant, elle dénombre les mérites du roman par rapport aux genres contemporains héritiers de la tradition de l'âge classique et de ceux des Lumières qui ne servent pas la cause de l'individu dans la société post-révolutionnaire. Le roman devra être plus démocratique que la tragédie, et choisir ses personnages "ailleurs que parmi les rois et les héros". La matière romanesque devra aussi être plus propice à refléter la réalité quotidienne de la nouvelle classe dominante qui sort triomphante de la révolution: la bourgeoisie: "C'est aussi de la vie privée et de circonstances naturelles que les sujets en sont tirés" (*EF* 88). Pour être représentatif, le roman moderne ne doit pas, de plus, restreindre l'étude du coeur humain à celle de l'amour, comme c'est le cas dans les romans traditionnels. A côté de l'amour, le roman traitera de "l'ambition, l'avarice, la vanité", usurpant ainsi la fonction de la comédie, autre genre privilégié de l'ancien régime décadent. Théorie de l'évolution des genres, parallèle à l'évolution des sociétés, dont la conception, banale aujourd'hui, trouve alors une de ses premières formulations. Mme de Staël est une des premières à avoir conçu les grandes lignes du roman du dix-neuvième siècle romantique et réaliste. De ce point de vue, il n'est guère surprenant que Mme de Staël propose comme modèle du roman moderne, d'une part celui du roman bourgeois anglais (Richardson et Fielding) où "l'on s'est proposé de côtoyer la vie" (*EF* 68); d'autre part et surtout, celui de la relation autobiographique qui rendrait "les romans inutiles", si toutefois les hommes "avaient assez d'esprit et de bonne foi pour rendre un compte fidèle et caractérisé de ce qu'ils ont éprouvé dans le cours de leur vie" (*EF* 69). Supérieure donc à toute fiction, la confidence autobiographique se pose comme l'utopique visée du romanesque. Du pourquoi de l'impossibilité de ce type de récit rien n'est dit. Constat d'échec de l'autoréférentiel qui répète, sur un plan général, celui de l'écriture du journal intime. Trou dans l'argumentation théorique de l'*Essai* qui se double d'ailleurs bientôt d'un dérapage du mode élocutoire. Au mode de la réflexion logique, se substitue brusquement, à la fin de l'*Essai*, le mode passionnel du plaidoyer personnel.

3. *Le supplément utopique*

Passant donc abruptement et sans explication, à une quatrième catégorie de romans dont les principaux sont "*L'Epître d'Abélard* de Pope",
Werther, Les Lettres portugaises, et *La Nouvelle Héloïse*, la jeune critique
réduit alors le mérite romanesque à "la toute puissance du coeur" qui
y est exprimée: "Ce ne peut être un genre, ce ne peut être un but:
mais voudrait-on interdire *ces miracles de la parole?*" (*EF* 71). Cette déné-
gation rhétorique a pour but de devancer toute objection possible au
nom de l'immortalité de ce genre d'ouvrages. La morale ordinaire
ne saurait s'appliquer à ces auteurs d'exception qui, de par leur
"nature", sont incompris, rejetés et pour ainsi dire morts au monde:

> ...ces ouvrages font toujours du bien à ceux qui les admirent. *Laissez
> en jouir les âmes ardentes*, elles ne peuvent faire entendre *leur langue.* Les
> sentiments dont elles sont agitées sont *à peine compris*; et sans cesse con-
> damnés... . (*EF* 72)

A de telles âmes la simplicité du langage autobiographique est réfu-
sée. Confidence personnelle qui tourne au plaidoyer pro-domo: c'est
elle-même qu'elle décrit parmi les lecteurs/lectrices sensibles, incompris du reste des hommes.

Si à ce moment précis de son plaidoyer pour le roman, Mme de
Staël se trouve dans une impasse, c'est parce que d'une part elle veut
sauvegarder la valeur de communication des romans, et que d'autre
part elle en fait le moyen d'expression privilégié de l'individu aliéné/e
et incompris/e. Il n'y a pas d'issue à cette situation paradoxale. Seuls
les cris passionnés de la nouvelle Sapho se font alors entendre. Le
fil de l'argumentation logique est brisé et cette coupure de l'argumentation nous semble être la réduplication symbolique de son expérience
de scission par rapport au monde et à l'histoire. L'incapacité d'exposer logiquement devant le grand public les mérites de cette dernière
catégorie de roman, ratifie l'aliénation qu'elle ressent en tant qu'écrivain et en tant que théoricienne par rapport à son nouveau public.

Il convient peut-être de faire remarquer ici que Mme de Staël pressent à cette époque, plus que ses contemporains, le nouveau type d'aliénation littéraire qui résultera du bouleversement social et idéologique de la révolution de 1789 dans le mécanisme de la production littéraire. Aliénation de l'écrivain que Sartre a bien décrite comme la
conséquence historiquement déterminée et inévitable de la victoire

révolutionnaire[10]. Victoire qui ne pouvait que briser cette "harmonie miraculeuse" mais précaire qui unissait les exigences propres de la littérature à celles de la bourgeoisie durant l'âge des Lumières. Scission du public et aliénation que Mme de Staël ressentira doublement puisque rejetée avec les gens de Lettres, elle l'est aussi individuellement comme "femme" engagée à tort dans la carrière des Lettres. Si la révolution s'est faite au bénéfice des Droits de l'Homme, on ne saurait nier qu'elle ait fait curieusement peu de cas des revendications que le parti des philosophes avait faites au nom des Femmes. Situation insoutenable que sera décrite dans son célèbre chapitre "Des femmes qui cultivent les Lettres" dans *De la littérature* (1800): "Dans les monarchies, elles (les femmes) ont a craindre le *ridicule*, et dans les républiques la *haine*" (*DL* 302). Le silence qui entoure la problématique de la femme écrivain dans l'*Essai sur les fictions* ne peut, dans ce contexte, apparaître que fort à propos. La neutralité de la réflexion garantit évidemment une nouvelle unité, celle des âmes sensibles. Elle occulte pourtant en partie la problématique de l'écriture féminine.

Mme de Staël décrit ainsi un nouveau type d'individu, dont les ancêtres seraient Rousseau et Goethe, qui apparaît encore comme une exception parmi ses contemporains, mais dont le nombre semble devoir s'accroître avec le siècle: l'homme/femme romantique. Pour décrire ces êtres et leur souffrance, il faut un nouveau type de roman, un roman qui sera incompris de bien des contemporains mais qui représente le seul secours et le seul moyen de communication accessible aux âmes sensibles. Le roman devient ainsi un moyen de survie artificiellement créé pour diminuer la souffrance individuelle:

> Dans *cette vie*, qu'*il faut passer* plutôt que sentir, celui qui *distrait* l'homme de lui-même et des autres, qui *suspend* l'action des passions pour y substituer des *jouissances indépendantes*, serait dispensateur du *seul véritable bonheur* dont la nature humaine soit susceptible si l'influence de son talent pouvait se perpétuer. (*EF* 62)

Cette méditation sur le roman s'ancre donc dans la conviction désormais acquise que le monde est injuste et cruel envers les individus sensibles et "les âmes vertueuses". Termes dont la neutralité ne saurait masquer tout à fait l'empreinte personnelle mais qui accuse pourtant la nécessité du voile de l'impersonnel pour l'auteur féminin. On peut dès lors affirmer qu'une vision profondément pessimiste de la

---

[10] J.-P. Sartre, *Qu'est-ce que la littérature*, III (Paris: Gallimard, 1948), 135.

condition individuelle et féminine imprègne toute l'analyse du traité sur le roman. A la foi dans le progrès et le bonheur des nations défendue dans le *Traité des Passions*, et plus tard si fortement réaffirmée dans *De la littérature*, s'oppose la conviction grandissante du bonheur impossible au niveau individuel. Mais l'*Essai* qui révèle cet aspect pessimiste de la philosophie personnelle propose en contrepartie la consolation des romans, "seul bonheur" des âmes sensibles.

Et quel plaisir peut-on retirer, alléguera-t-on, de la lecture des romans qui rapportent des histoires toutes aussi malheureuses et tragiques? Quelles sortes de "jouissances", de "bonheur" ou de "distractions" l'âme / la femme sensible peut-elle retirer d'une lecture qui consacre le "malheur" de ses pareil / les en représentant le "sacrifice", "les fautes", la "douleur" et les "peines" des héros et des héroïnes? Une première réponse à cette question a déjà été esquissée; les romans sont les seuls moyens de communication qui reste aux âmes sensibles: "...quand tout *l'univers* s'agite loin de l'être infortuné, un écrit éloquent et tendre reste auprès de lui *comme l'ami le plus fidèle*" (*EF* 71).

Mais là ne réside pas le seul prix des fictions modernes. La grande puissance des romans réside dans "la faculté d'émouvoir" et c'est parce que leur premier but est de faire ressentir intimement les peines d'un ou d'une autre, qu'ils ont, au plus haut point, un rôle curieusement cathartique. L'avantage des romans est ainsi principalement: "...de pouvoir *faire naître* des mouvements d'*indignation*, une *exaltation* d'âme, une douce *mélancolie*, effets divers des situations romanesques, et *sorte de suppléments à l'expérience*" (*EF* 70). C'est précisément dans ces émotions que réside le "plaisir physique" éprouvé à la lecture des romans, véritables "suppléments à l'expérience". Jouissance d'une vie supplémentaire où l'on peut non seulement vivre la souffrance de l'autre, le héros/l'héroïne, mais aussi revivre dans le détail l'enchaînement de faits qui ont produit son malheur, ses torts et ses angoisses, sans mauvaise conscience, sans réticence, presque avec abandon puisque l'on sait que tout est décidé d'avance et que la fin sera sublime[11]. C'est là précisément tout le prix des romans que de donner à leur lecteur l'illusion de jouir un moment d'une vie plus pleine, plus harmonieuse

---

[11] Lukács (p. 56). La notion de "supplément" fait bien saisir ici le caractère concrètement émotionnel mais réellement abstrait de l'expérience romanesque recréant le mythe de l'utopique totalité par la clôture de sa forme: "C'est pourquoi les éléments des romans sont, au sens hégélien du terme, entièrement abstraits; abstraite, cette aspiration nostalgique des hommes qui tend vers un utopique achèvement mais qui ne reçoit comme vraie réalité qu'elle-même et son désir."

plus complète enfin. Ces "illusions douces", seuls les romans peuvent les procurer car dans la vie réelle, le "vrai est souvent incomplet dans ses effets": "Il n'y a sur la terre *que des commencements*; aucune limite n'est marquée: la vertu est positive mais le bonheur est dans le vague" (*EF* 62). Le roman est ainsi pour le lecteur l'expérience d'une totalité harmonieuse par sa finitude, récupération imaginaire de ce qui s'est révélé utopique dans la réalité: une vie pleine, unie, totale, euphoriquement suffisante à soi.

Le bonheur romanesque, on le voit ici, ne dépend pas du bonheur des personnages. Il suffit, pour le prouver, de rappeler le contraste grinçant des expressions qui décrivent l'expérience romanesque: les mots "bonheur", "plaisir", "jouissances indépendantes", "distractions" sont utilisés en fait pour décrire des romans qui ont pour sujet le "malheur", les "sacrifices", les "fautes", les "torts", la "douleur", les "peines", la "souffrance" et la "solitude" des héros. Pour Mme de Staël "le don d'émouvoir est la plus grande puissance des fictions" et c'est à la fois dans ce rapt de l'imagination et la foule de sentiments qu'ils donnent à sentir, que réside toute la "jouissance" romanesque.

C'est dans ce transport dans la vie d'un autre, dans une sorte de dédoublement de soi temporaire et dans une vie supplémentaire que réside en fin d'analyse la jouissance romanesque. Dans l'*Essai*, Mme de Staël répond ainsi par avance à toute question qui reviendrait à dire, "Pourquoi écrivez-vous des romans?"; la réponse immédiate ne se prétend aucunement objective, c'est en tant qu'âme/femme sensible qu'elle la fait. Mais elle constitue de ce fait même une des premières définitions du "roman romantique"[12]:

> La vie humaine semble si peu calculée pour le *bonheur* que ce n'est qu'à l'aide de quelques *créations*, de quelques images, du *choix heureux de nos souvenirs*, qu'on peut *rassembler des plaisirs épars sur la terre*, et lutter non par la force philosophique, mais par la puissance plus efficace des *distractions* contre les peines de toutes les destinées. (*EF* 62)

Il ne reste donc qu'à voir comment les premiers essais romanesques y sont parvenus.

---

[12] Nous entendons "roman romantique" principalement dans le sens où nous venons de le voir défini par Lukács.

LES PREMIÈRES NOUVELLES:
NOUVELLES HÉROÏNES ET
NOUVELLES VOIX NARRATIVES

Entre 1794 et 1795, Mme de Staël livre finalement au public ses nouvelles de jeunesse, conçues dix ans plus tôt, et dûment précédées de l'*Essai sur les fictions* qui leur sert d'introduction. La seule énumération des titres, *L'Histoire de Pauline, Adelaïde et Théodore, Mirza* et *Zulma*—publiés séparément à Londres en 1794, une année avant le recueil—annonce des récits d'un genre assez différent[1]. L'opposition des titres se retrouve d'ailleurs au niveau de la technique et du ton. Au mode classique des deux premières histoires s'opposent le lyrisme quasi préromantique des récits de voyage exotiques. La rupture esquissée dans la théorie, entre les romans moraux et utiles et les "miracles de la parole", réservés à un petit nombre d'âmes sensibles, paraît être redupliquée dans la production romanesque.

Dispensons-nous d'une analyse détaillée des deux premières nouvelles, *L'Histoire de Pauline* et *Adélaïde et Théodore*, qui restent par l'intrigue et la peinture des moeurs dans la tradition de genre féminin. Les deux nouvelles rapportent les malheurs d'une orpheline sans défense, cruellement livrée aux pièges de la société. L'amour rencontré en la personne d'un noble héros, épris de leur apparente innocence,

---

[1] Les nouvelles, publiées à Lausanne (chez Durand) et à Paris (chez Fuchs) selon Schazmann et Lonchamp, sont accompagnées de *L'Essai sur les fictions* et de l'*Epître au malheur, ou Adèle et Edouard*, en vers et composé en 1786. *Zulma, fragment d'un ouvrage* est publié à Londres en 1794.

n'est possible que grâce à l'équilibre fragile d'une relation où chacun des partenaires a, sans se l'avouer, quelque chose à se reprocher, l'héroïne son passé, le héros la sévérité extrême de ses principes ou préjugés. Le dévoilement de la faute féminine entraîne alors une mort inévitable, seul événement réparateur que peut souhaiter l'héroïne. Seul le thème de la culpabilité des deux héroïnes qui se trouve inextricablement lié à celui de la mort rappellent les accents passionnés de *La Folle de la forêt de Sénart*. Suivant la voie de Rousseau, la nouvelliste ne reconnaît elle-même à ces écrits que le mérite d'y avoir fait "la peinture de quelques sentiments du coeur" (*EF* 172). Ce qu'elle admire chez lui y fait pourtant défaut chez elle, l'épanchement lyrique du moi. Non que l'expression du sentiment en soit exclue, mais elle s'y trouve filtrée par la narration impersonnelle. Le récit qu'Adélaïde laisse à son fils pour lui rappeler sa passion se trouve, par exemple, dérobé au lecteur. Censure du lyrisme intime qui est compensé, il est vrai, au niveau dramatique, par ce qui est déjà une configuration spécifique du romanesque staëlien, celle de l'enfant récepteur du récit. Dans les deux nouvelles, l'héroïne ne meurt pas en effet sans laisser derrière elle un enfant, seul gage et témoin ultime de la passion. Dans les deux cas, la mort de l'héroïne se trouve concomittante à la naissance de l'enfant et doublée du récit de la passion qui en est à la fois la justification et la célébration posthume. Symbolisme discret mais révélateur d'une esquisse de résolution de conflit oedipien par le détour d'un don: celui de l'enfant-récit[2].

Mirza ou lettre d'un voyageur, appartenant au genre exotique à la mode, représente un autre exemple frappant de la réticence de l'auteur à donner la parole à l'héroïne. Par ses thèmes et son ton élégiaque cette nouvelle fait plus particulièrement penser à *Paul et Virginie* mais l'idylle s'y trouve revue et corrigée ici aussi par l'écriture staëlienne. Un voyageur qui revient du Sénégal où il était parti étudier la traite des nègres, rapporte l'histoire que le sauvage Ximéo lui a faite de sa passion malheureuse, malheur dont il porte apparemment tous les torts. Ici les rôles semblent renversés par rapport aux nouvelles précédentes. Dès le début, Mirza paraît être la victime sans tâche, sacrifiée à Ximéo. Ne voir cependant dans cette histoire que le rituel sacrificiel de la victime innocente à l'inconstance masculine et aux règles sociales, serait très réducteur. Pour partager l'infortune de Virginie, Mirza est loin

---

[2] Le fait que le récit de la passion d'Adelaïde coincide avec la naissance de l'enfant peut, en fait, s'interpréter en termes freudiens comme un acte compensatoire de la castration féminine (voir Laplanche et Pontalis, p. 312).

de faire penser au stéréotype féminin traditionnel[3]. Sauvage mais éduquée comme un philosophe, elle abandonne de plein gré sa tribu par amour pour son amant. Ces deux caractéristiques, loin d'être soulignées dans le texte comme atteinte à la loi tribale, apparaissent comme marques de l'être d'exception. Or ce qui efface en fait pour l'amant, comme pour le lecteur, cette transgression de l'interdit, c'est non pas la beauté féminine, car: "elle n'était pas belle" mais sa voix: "...*une voix de femme* remarquable par sa beauté, se fit entendre à moi" (*M* 72), et puis son intelligence: "...ce n'était *plus une femme*, c'était *un poète* que je croyais entendre parler" (*M* 72). C'est cet étrange "charme" féminin qui fera croire à Ximéo qu'il est amoureux. On voit apparaître ici le premier prototype de l'héroïne staëlienne opposée en tous points au modèle des héroïnes de l'époque. A cette particularité des récits féminins staëliens, il faut de plus en ajouter un autre, le contraste original qui existe entre les protagonistes masculins et féminins. Ximéo, mourant d'un mal d'amour ne diffère guère du prototype du héros préromantique. Il apparaît cependant sous un éclairage bien étrange lorsqu'il se trouve par nécessité comparé à son amante qui choisit librement le suicide. Pourtant ici encore l'héroïne se trouve privée du droit à la parole. Le héros est le seul responsable de la narration. La technique de la première personne-témoin présente évidemment bien des avantages. Déjà présente dans *La Folle*, elle sera reprise dans *Corinne*. Elle permet tout d'abord de donner de l'héroïne une image idéalisée par l'amour et la fait partager au lecteur. Le narrateur-témoin défend peut-être mieux sa cause que l'héroïne ne l'aurait fait elle-même. Donner de soi une image aussi angélique et vouloir gagner l'admiration inconditionnelle du lecteur aurait risqué de paraître ridiculement narcissique et exhibitionniste. Prise dans le piège idéologique d'une tradition romanesque qui fait de l'héroïne une créature douce et non agressive, Mme de Staël fait en sorte que ce stéréotype serve à sa cause. En manipulant la narration de façon très adroite, elle échappe d'une part à la difficulté de représenter un personnage hors du commun, et en profite, par ailleurs, pour utiliser le discours du maître et célébrer la cause du sujet fragile, de

[3] A. Monglond, *Le Préromantisme français* (Paris: Corti, 1965), p. 220, répertorie les caractéristiques de l'héroïne préromantique. L'héroïne staëlienne s'oppose, nous le verrons, aux héroïnes traditionnellement féminines par une intelligence hors du commun souvent alliée à un talent littéraire ou artistique marqué. Notons cependant avec F. Baldensperger, *Le Mouvement des idées dans l'émigration française* (Paris, 1925), que le renversement des rôles masculins et féminins se trouve dans quelques autres oeuvres de la même période (p. 253).

l'esclave[4]. *Mirza* est la plus réussie des trois nouvelles de jeunesse et représente une première tentative heureuse de traiter le problème de l'héroïne staëlienne, la femme de génie, d'une façon intéressante. Cependant dans cette nouvelle comme dans les deux premières, il est évident que l'héroïne ne peut rester innocente qu'au prix de son silence ou de son mutisme. Tout se passe comme si dans ces trois nouvelles, la parole féminine était frappée d'interdit. L'abandon discret des nouvelles durant presque huit années semble devoir être une preuve supplémentaire de la gêne attachée à l'écriture romanesque bien que l'écriture féminine ou autobiographique s'y trouve particulièrement bien camouflée.

Zulma, auto-plaidoyer de la passion féminine, se place à part dans les oeuvres de jeunesse. Exemple unique dans l'oeuvre romanesque staëlienne, le "je" de Zulma, folle tentative du "je" autobiographique féminin, apparaîtra plus tard comme le "péché originel" de la romancière. Il sera par la suite, tantôt camouflé, tantôt éludé, quelquefois maîtrisé. Publié sept ans après la rédaction des trois premières nouvelles, *Zulma*, court épisode romanesque est, en fait, originellement la première version du chapitre "De l'amour" du *Traité des Passions*, dont elle avait entrepris la rédaction en 1791[5]. Que la plume staëlienne s'élance instinctivement vers le romanesque dès qu'il s'agit de traiter le sujet de l'amour n'est ni nouveau ni surprenant.

Dans *Des Passions* il s'agit d'aider les hommes sensibles et passionnés à diminuer leur souffrance par le détachement de la réflexion philosophique. La jeune philosophe ne peut pourtant garder l'attitude de détachement de soi quand il s'agit d'un sujet aussi personnel que celui de l'amour. Elle entre en scène, mais du même coup, et pour se dérober au regard, emprunte le voile du romanesque[6]. Si le sujet de la passion amoureuse féminine échappe inévitablement à la réflexion discursive, pour s'incarner dans l'écriture romanesque, c'est que celle-ci est plus naturellement apte à exprimer toute la complexité et toutes

[4] Fauchery, *La Destinée féminine dans le roman européen du dix-huitième siècle: essai de gynécomythie* (p. 590) pose ainsi très bien le problème de la situation idéologique de la romancière au 18ème siècle, "dans l'univers androcentrique, la femme ne peut être qu'objet" et demande aussitôt ce qui arrive à l'auteur féminin qui "sort du silence de son sexe, qui prend la parole?" Notons, d'autre part, que Mme de Staël elle-même aura recours à l'image de "l'esclave" dans *De la littérature* (p. 301).

[5] *Des Passions*, chapitre "De la philosophie", p. 162.

[6] Le discours de la fiction fait craquer le discours philosophique comme le "mode conditionnel" dans le journal intime.

les contradictions qui le définissent. Mme de Staël pressent intuitivement cette relation inextricable entre mythe et roman, deux types de discours non rationnels, et dont de Rougemont a retracé les péripéties dans *L'Amour et l'Occident*. "Nous avons besoin d'*un mythe* pour exprimer le fait obscur et inavouable que la passion est liée à *la mort*"[7]. Dans la version théorique du chapitre, elle ne craint pas de redéfinir la passion amoureuse à partir de ces deux constantes traditionnelles. Bien loin de remettre en question le mythe originel du romantisme éternel, elle remonte à son origine toute platonicienne: "L'être tout puissant" a jeté l'homme sur cette terre, pour qu' "il pût compléter son être l'unissant à l'objet qui lui était cher" (*DP* 152). Glorification exaltée qui contient pour de Rougemont comme pour Girard, l'essence première de la fiction romantique, mais célébration bien singulière puisqu'il s'agit en effet de la mettre aussitôt en question. Se soustrayant brusquement à la fascination du mythe, le philosophe Staël en dénonce implacablement la valeur illusoire et le caractère sacrificiel. Le culte de l'amour ne peut être rendu dans une société qu'aux prix d'un sacrifice: celui des femmes. Il s'agit alors de soustraire le tribut rituel de jeunes filles à l'autel du dieu Amour. Interrompant le cours de ses réflexions, l'auteur scinde vite le public de ses lecteurs en deux groupes pour ne plus s'adresser, dans la dernière partie du chapitre, qu'à celui de son sexe: "O femmes! vous les victimes du temple où l'on vous dit adorées, écoutez moi..." (*EP* 137). Pourquoi s'étonner dès lors de l'intonation toute autobiographique du conseil que l'auteur philosophe donne en conclusion à ses lecteurs. Ne vous abandonnez pas à "ce sentiment dévastateur, qui semblable au vent brûlant d'Afrique, ...courbe enfin vers la terre la tige qui devait croître et dominer" (*DP* 138). Zulma, le "supplément fictif" du chapitre "De l'amour" est donc doublement significatif. D'une part il se charge de ce qui échappe, de ce qui est indicible au philosophe, d'autre part il comble la déficience du philosophe par la prise de la parole par l'héroïne féminine. Le camouflage du langage fictif se trouve ainsi contrebalancé par le dévoilement du personnage féminin.

Zulma est le récit rapporté d'une femme fait à un voyageur prisonnier des sauvages de l'Orénoque. Victime de l'inconstance de son amant, elle a pris son arc et l'a tué, situation dramatique originale qui défie la tradition en se doublant au niveau de la situation narrative de l'audacieuse mise en scène d'un véritable plaidoyer féminin.

---

[7] D. de Rougemont, *L'Amour et l'Occident*, p. 14.

Le "je" utilisé n'est en fait ni celui des mémoires ni celui des confessions, qui sont les plus courants à l'époque. Le discours de Zulma n'est pas la simple confidence d'une amante désespérée; c'est l'épanchement violent d'une passion qui veut se justifier. Pas un seul moment au cours de son récit, l'héroïne n'assumera sa culpabilité. Il lui faut convaincre le tribunal de son innocence pour sauver ses parents et son honneur aux yeux de la tribu. Cette posture d'accusée est typique de la création romanesque staëlienne. Les plaidoyers romanesques s'organiseront, nous le verrons, selon des stratégies similaires dans *Delphine* et *Corinne*. Seule la "langue des passions", le récit romanesque, peut démontrer ce qu'il serait impossible de prouver de toute autre façon. Mais curieusement ce droit à la parole se trouve vite puni. La prise de la parole ne s'y fait qu'au prix de la mort: le suicide. Le plaisir mélancolique de l'héroïne narratrice à décrire sa passion est pour ainsi dire déjà une jouissance "d'outre-tombe".

La prédilection de l'être à se dédoubler en être passionné et en être observateur se retrouve partout chez Mme de Staël et constitue un des traits qu'elle admire particulièrement dans *Werther* sous le nom de "passion réfléchissante"[8]. Mais dans *Zulma* ce dédoublement semble devoir être lié plus inextricablement encore à la mise à mort préméditée de l'héroïne. Contrairement à Werther en effet, Zulma n'écrit pas son histoire. Pour devenir objet du récit, le discours féminin, la parole féminine, doit obligatoirement passer par l'intermédiaire du narrateur-spectateur nécessaire à la relation du suicide. On retrouve ainsi au niveau de la narration la structure de la "passion réfléchissante", non pas intériorisée comme dans *Werther*, mais extériorisée entre l'héroïne et le spectateur-narrateur, Zulma étant la passion, et le voyageur la raison. Le thème du suicide se trouve ainsi actualisé au niveau de la narration par le dédoublement de l'instance narrative.

Cette caractéristique de l'écriture romanesque staëlienne s'accompagne encore dans *Zulma* de cet autre trait particulier qu'est la mise en scène romanesque du récit, le "spectacle". Au lieu d'être récit autobiographique, l'histoire de Zulma se présente selon la romancière elle-même comme le spectacle ultime de la passion féminine au moment du jugement: "j'ai cherché *une situation* où il y eût tout à la fois du désespoir et du calme, où l'être infortuné pût *s'observer* lui-même" (*DP* 152). Le suicide féminin staëlien ne peut donc s'accomplir que devant une conscience spectatrice: acte cathartique et accusateur mais avant

[8] *De la littérature*, p. 274.

tout, comme l'a montré par ailleurs Starobinski, "spectacle"[9]. L'héroïne féminine n'accepte de devenir objet, ne renonce à sa subjectivité que pour pouvoir subsister dans la subjectivité de l'autre. Ce changement de point de vue est toujours stratégiquement opéré dans les fictions staëliennes. La perte de subjectivité du côté de l'héroïne est compensée par l'entrée en scène d'une autre subjectivité, celle du spectateur.

La figure originale de récepteur du récit se retrouve de ce fait comme dans les premières nouvelles, mais de façon plus complexe puisqu'il se fait ici spectateur multiple. C'est non seulement à l'amant, mais aux juges, au public tout entier que le récit-plaidoyer est adressé. Il semble donc que la romancière ne puisse concevoir la représentation du personnage féminin comme personne isolée, auto-suffisante. Le "Je" romanesque ne peut rendre compte de la réalité psychologique et sociologique qu'elle veut traiter: le "je" ne peut exister sans son opposé, le "tu" ou sans le "il" du spectateur. Irigaray a montré la spécificité féminine de ce type de situation discursive[10]. Dans l'univers logocentrique occidental, le discours féminin ne pourrait se constituer que comme "appel" à l'autre. De cet "autre" masculin qui ne se définirait que comme le seul sujet véritablement possible de toute parole.

L'introduction exemplaire de l'instance spectatrice dans cette nouvelle ne laisse pas cependant de susciter curieusement deux interprétations contradictoires. D'une part on peut lire le symbolisme de cette structure narrative dans la perspective d'une analyse freudienne. La conscience spectatrice représentée par le "tribunal" dans l'histoire, pourrait aisément être reconnue comme le "sur-moi" de l'héroïne, — conscience morale qui joue le rôle de censeur dans l'organisation de la personnalité[11]. Freud décrit cette structure selon des termes très semblables à ceux que Mme de Staël utilise pour décrire la "passion réfléchissante", comme "une partie du *moi* (qui) s'oppose à l'autre, la

---

[9] J. Starobinski, "Suicide et mélancolie chez Mme de Staël", *Mme de Staël et l'Europe* (Paris: Klincksieck, 1970), p. 242, a souligné l'omniprésence du thème du suicide dans l'oeuvre staëlienne et en a analysé les significations diverses. Il revient sur l'importance du *spectacle* dans l'article "Critique et principe d'autorité", p. 393.

[10] Irigaray, pp. 127-30, à partir d'enquêtes faites sur le langage de certains nevrosés du point de vue de la différence des sexes, elle vient à en conclure que l'énoncé typique masculin peut se résumer à la phrase type: "Je me demande si je suis aimé", alors que l'énoncé féminin se réduit à "Tu m'aimes" où la femme disparaît en tant que "sujet" de l'énonciation.

[11] Laplanche et Pontalis, p. 471.

juge, la critique et pour ainsi dire la prend pour objet"[12]. Le fait que le"sur-moi" psychologique soit ici représenté selon les traits d'une entité sociale n'est pas surprenant, au contraire, puisque dans le schéma freudien de la personne, le "sur-moi" n'est autre que l'identification à la morale parentale et sociale. Ce qui est cependant curieux ici, c'est que le "sur-moi" reste à l'état d'extériorité pure. D'une certaine façon, on peut dire qu'il n'est pas complètement assumé par l'héroïne staëlienne: elle ne semble pas pouvoir intérioriser l'interdiction, et il est tentant de voir là la marque d'une identification incomplète à l'instance parentale; autrement dit l'indice d'un conflit ouvert entre le moi et le social.

Zulma se trouve cependant acquittée par le tribunal. La structure narrative spéculaire ne sert donc pas uniquement à souligner la rupture individu-société; elle suggère aussi la possibilité d'une communication. Or cette communication particulière, susceptible de dépasser l'opposition passion-raison se révèle seulement possible par le sentiment réconciliateur de la pitié — affection nouvellement redécouverte par les tenants du préromantisme. C'est en effet à la "pitié" de ses juges, dans le sens même où l'entendait Rousseau, que Zulma s'adresse. Sentiment intermédiaire entre la réflexion et la passion que l'on retrouve défini dans *Des Passions* comme:

> ...une voix qui se brise, un visage altéré, agissent sur l'âme directement comme des sensations... cela n'est point intellectuel. (*DP* 174)

Sentiment non "intellectuel" qui, suggérant le rejet de l'ancienne esthétique, évoque, dans ce climat révolutionnaire, l'avènement d'un nouveau règne dont le modèle pourrait bien se trouver comme chez Rousseau du côté féminin, du côté de la "mère"[13]:

> Cette *sympathie* qui nous fait transporter dans la situation d'*un autre* et supposer ce que nous éprouverions à sa place. (*DP* 173)

Bientôt, dans *De la littérature*, Mme de Staël rappellera que seule l'oeuvre qui fait éprouver à l'individu, qu'il soit auteur ou lecteur, le sentiment de dédoublement "sympathique", convient à l'homme moderne. C'est dans les écrits de Rousseau et de Goethe, on l'a dit, qu'elle en trouve les premiers exemples:

[12] Laplanche et Pontalis, pp. 471-72.
[13] Voir en particulier J. Derrida, *De la grammatologie* (Paris: Minuit, 1967), *passim*.

Il n'y a que Rousseau et Goethe qui aient su peindre *la passion réfléchis-sante*, la passion qui se juge elle-même et se connaît sans pouvoir se dompter. (*DL* 274).

Zulma, unissant une "âme sauvage" et "un esprit cultivé", qui lui donne cette faculté particulière de "juger" (*Z* 101 — Introduction), apparaît elle aussi comme la première version staëlienne de ce nouveau héros enfiévré de mal de la "passion réfléchissante".

L'oeuvre romanesque, présentée dans l'*Essai* comme la seule expression possible de l'âme sensible isolée, devient ainsi, dans les nouvelles, celle d'un être bien spécifique qui sera décrit dans *De la littérature* comme l'être aliéné par excellence selon Mme de Staël: la femme.

> ...elle promène sa singulière existence, comme les *Parias de l'Inde*, entre toutes les classes dont elle ne peut être, toutes les classes qui la considè-rent comme devant *exister par elle seule*. (*DL* 305)

Mme de Staël ne désespère pas cependant d'un changement possible de la condition des femmes. Le chapitre entier qui leur est consacré, "Des femmes qui cultivent les lettres", est au contraire un réqui-sitoire passionné en leur nom. Les bases de l'esthétique nouvelle qui ressortent des nouvelles et de l'*Essai* prouvent par ailleurs comment tout l'espoir de renouvellement se place du côté féminin. Si l'écrit roma-nesque est l'expression d'une rupture de la personne entre l'être sen-sible et la société, il doit par là même sensibiliser le public à leur malheur[14]. Dans la société du nouveau régime de l'année 1800, le sort des femmes est plus qu'incertain:

> Leur destinée ressemble, à quelques égards, à celle des *affranchis chez les empereurs*: si elles veulent acquérir de l'ascendant, on leur fait *un crime* du pouvoir que les lois ne leur ont pas donné; si elles restent esclaves, on *opprime leur destinée*. (*DL* 301)

Dilemme fondamental de l'écrivain Staël qui trouvera sa réponse la plus complète et la plus complexe dans les romans de *Delphine* et de *Corinne ou l'Italie*.

---

[14] Balayé, "A propos du préromantisme: continuité et rupture chez Mme de Staël", *Le Préromantisme, hypothèque ou hypothèse?*

DEUXIÈME PARTIE

DELPHINE

...en verité il faut presque de la hardiesse pour rester dans une ville où l'on lit un roman de vous; les idées générales vous entourent d'*une sorte de nuage*, mais laisser lire au fond de son coeur, c'est effrayent.

Lettre à Claude Hochet, 11 juin 1801

DELPHINE I:
LE "GENRE" DU ROMAN

1. *Le nuage d'une Pénélope moderne*

En 1802 paraît *Delphine*, premier roman de Mme de Staël, qu'elle dédie "à la France silencieuse". Depuis 1800, l'année de *De la littérature*, Mme de Staël écrit à tous ses amis qu'elle a décidé de se taire[1]. Ce curieux prolégomène au roman fait de ces déclarations d'auto-censure un défi. Cette censure n'est pas étrangère, on s'en doute, à l'attitude de plus en plus rigoriste du Premier Consul envers elle depuis la publication de l'hymne aux écrivains qu'est *De la littérature*. Clamant le désengagement temporaire de la polémique littéraire, elle n'en écrit pas moins *Delphine*. L'écriture romanesque est dans ce sens la seule ressource de l'écrivain qui, voué au mutisme politique, est réduit à communiquer avec ses contemporains par le moyen de la fiction. Dans une lettre à Claude Hochet cette fiction se trouve paradoxalement définie comme le résultat d'un engagement personnel plus marqué: "...mais laisser lire au fond de son coeur, est effrayant" (11 juin 1801). Parades contradictoires d'un écrivain chez qui l'on pressent les ruses d'une moderne Pénélope. Le mutisme politique dont se fait fort la romancière, comme le retrait à l'ecriture personnelle, n'a trompé personne et surtout pas Bonaparte: dix mois plus tard, Mme de Staël recevait un ordre d'exil définitif; exil qui ne connaîtra désormais pratiquement pas de trêve[2].

[1] Cf. J. Mistler, éd. *Lettres à un ami* (Neuchâtel, 1949), *Lettre à Claude Hochet*, 19 octobre 1800, et *Correspondance de Mme de Staël et de J.B. A Suard*, éd. B. Jasinski (Pauvert, 1960), le 4 novembre 1802.

[2] Cf. S. Balayé, *Mme de Staël. Lumières et libertés* (Paris: Klincksieck, 1978), p. 101 et suiv.

Le succès de *Delphine* fut immense, mais ce fut dès le début un succès d'opposition[3]. Tous les mécontents en France, comme à l'étranger, le lurent avec fébrilité et enthousiasme. Mme de Staël avait atteint le but qu'elle n'avait que partiellement touché avec *De la littérature*. Dans un chapitre de cet ouvrage sur "Les Ouvrages d'imagination" Mme de Staël, reprenant l'argument de ses *Lettres à Rousseau*, rendait hommage en premier lieu à ces romans écrits par les femmes, véritables modèles pour les écrivains à venir. Les femmes détiennent selon elle, à un plus haut degré que leurs rivaux de l'autre sexe, le pouvoir secret de mettre en question la tradition pour exprimer du nouveau. Ce qui ne revenait pas à dire que les femmes jouissent de la liberté d'expression la plus complète en matière de roman. Mme de Staël est loin d'ignorer la complexité et la difficulté de cette tâche et ne s'est pas privée de dénoncer les complaisances et les échecs de ses consœurs. Dans la préface de *Delphine*, Mme de Staël se montre d'ailleurs consciente des modèles idéologiques inhérents au romanesque féminin.

Dans son ouvrage, *La Destinée féminine dans le roman européen du XVIIIème siècle*, Pierre Fauchery analyse les contraintes qui sont à l'oeuvre dans les romans "féminocentriques" de l'âge des lumières en montrant comment elles relèvent de l'inconscient historique et culturel. Alors qu'au milieu du dix-huitième siècle, le roman semble attester d'un certain triomphe du féminin, tant au niveau thématique qu'au niveau philosophique, la littérature de la fin du siècle semble illustrer, selon lui, plutôt un progrès de l'éthique bourgeoise qui tend à mettre fin à ce début d'émancipation[4]. C'est dans la perspective du renforcement graduel de cette double censure politique et esthétique qu'il faut replacer la création et la réflexion romanesque staëlienne. D'une certain façon, les diverses images féminines autour desquelles s'organisent les romans de *Marianne*, *La Nouvelle Héloïse*, *Les Liaisons dangereuses* et *Delphine* pourraient dénoncer le dévelopement progressif du contre-courant puritain et bourgeois qui trouve son expression finale dans le "Code Napoléon", code idéologique qui asservira toutes les "Emma Bovary" du dix-neuvième siècle. Les femmes se voient donc réduites à s'exprimer de façon non pas directe mais dérobée,

[3] En ce qui concerne les rapports de l'oeuvre et du public nous renvoyons aux études indispensables de Sainte-Beuve, *Oeuvres complètes*, XI.1105 et suiv.; J. Merlant, *Le Roman personnel de Rousseau à Fromentin* (Paris: Hachette, 1905), p. 226; et en particulier S. Balayé *Mme de Staël...* et M. Gutwirth, *Mme de Staël, Novelist: The Emergence of the Artist as Woman*. (Chicago: University of Illinois Press, 1978).

[4] P. Fauchery, p. 854 et suiv.

la société leur faisant trop sentir que rien ne leur sied mieux que le voile de la pudeur. Mme de Staël, en ce sens, n'est pas une exception:

> Les femmes sentent qu'il y a dans leur nature quelque chose de pur et de délicat, bientôt flétri par les regards du public: l'esprit, les talents, une âme passionnée peuvent les faire sortir du *nuage qui devrait toujours les environner*; mais sans cesse elles le regrettent comme leur véritable asile. (*DL* II.305)

En 1802, fuir au regard du public revient pourtant à publier ce "nuage" romanesque qu'est la fiction de *Delphine*. Nouvelle Pénélope réduite aux pénates de Coppet, Mme de Staël s'adonne à la seule activité littéraire alors permise aux dames, celle de la confection — selon des modèles bien réglés d'avance — du romanesque féminin. Ce faisant, elle retrouve les ruses ancestrales de son sexe. Marque de la castration féminine, le "voile" romanesque ne pourra longtemps dissimuler les élans passionnées d'une Pythie moderne: une Delphyne. Bon nombre de romans féminins de l'époque, on le sait, ne se présentent que sous la discrétion de l'anonymat. L'anonymat staëlien, nous le verrons, c'est le voile de la fiction.

2. *Le roman mondain en question*

Lorsque, comme la critique traditionnelle a coutume de le faire, on compare le roman de *Delphine* aux romans contemporains féminins en France, on ne peut que remarquer que, s'il s'en rapproche par son sujet, le caractère conventionnel de certains de ses épisodes, et son titre, il s'en distingue du moins très nettement par sa longueur[5]. La seule inscription du titre *Delphine* sur la page inaugurale d'un ouvrage composé de trois volumes suffit d'ailleurs à suggérer une certaine mise en question du modèle féminin majeur, le court récit classique hérité de Mme de la Fayette. Chez tout écrivain le choix du titre est toujours stratégique. En choisissant le nom de Delphine, la romancière est bien sûr consciente d'éveiller tout un réseau de connotations, de créer une certaine attente, de préparer enfin son public à un type de fiction dont la première caractéristique est de se présenter comme l'histoire d'un prénom féminin, et dont le nombre n'a cessé de s'accroître

---

[5] Nous nous référons ici aux études de Merlant; Le Breton, *Le Roman français au XIXème siècle avant Balzac*; Boivin; de H. Coulet, *Le Roman jusqu'à la révolution*, I (Paris: Colin, 1967), 418; et de M. Raimond, *Le Roman depuis la révolution*, II (Paris: Colin, 1971), 8 et suiv. Indispensable aussi la lecture de l'étude de M. Gutwirth, "La Delphine de Mme Staël: femme, révolution et mode épistolaire", *Cahiers Staëliens* (1982).

à la veille du dix-neuvième siècle[6]. Autant que l'histoire traditionnelle de la passion féminine, les 600 pages de *Delphine* semble cependant aussi présenter au lecteur le récit d'une série d'aventures: celles
d'une jeune femme sous la Révolution. Deux logiques paraissent ainsi
devoir être à l'oeuvre dans le roman: celle de la fatalité de la passion
héritée du théâtre et de la nouvelle classique, et celle du roman à épisodes remis à la mode par Richardson.

Comme l'a fait remarquer Roland Barthes, c'est le plus souvent
en rapprochant systématiquement le début et le dénouement d'un
roman qu'on en saisit premièrement toute l'originalité[7]. Si l'on compare ainsi les premières et les dernières pages du roman, on ne peut
qu'être frappé par le contraste qui existe entre la scène d'ouverture
classique, présentant l'entrée dans le monde et à la cour d'une toute
jeune femme inexpérimentée, et la fresque finale mettant en scène
le suicide dramatiquement romantique d'une amante exaltée aux côtés
de celui qui tombe sous la fusillade révolutionnaire. L'introduction
et le dénouement de *Delphine* évoquent donc, sans références précises
aux événements eux-mêmes, mais par le contraste qu'ils soulignent,
deux mondes qui s'entrechoquent et s'opposent: l'Ancien Régime et
le nouveau.

Dès les premières pages, la romancière prend soin de réunir toutes les données propres à évoquer l'entrée de son héroïne dans le monde
de la qualité. Entrée dans le monde qui paraît d'ailleurs se situer sous
les meilleurs auspices. Veuve à vingt ans, Delphine est juridiquement
et financièrement indépendante, et se réjouit de ce privilège qui lui
permet d'aggrandir le cercle de ses amis:

> J'entre dans le monde avec un caractère bon et vrai, de l'esprit, de la
> jeunesse et de la fortune; pourquoi ces dons de la Providence ne me
> rendraient-ils pas heureuse? (I.3)

La réponse de sa cousine montre, cependant, la situation de Delphine
sous un tout autre éclairage, celui du jugement mondain:

> Vous êtes riche, jolie, vous avez un esprit dont la supériorité et le charme
> ne sont pas contestés; ...mais... *cette indépendance d'opinion et de conduite...*
> *nuira* tôt ou tard à votre *existence dans le monde.* (I.2)

L'horizon romanesque est ainsi dessiné: le lecteur se trouve plongé
dans cette sphère étroite de la bonne société qui se trouve limitée,

---

[6] Sainte-Beuve est un des premiers à donner un excellent répertoire des romans féminins de l'époque, cf. *OC*, p. 1027 et suiv.

[7] R. Barthes, "Par ou commencer?" *Poétique*, no. 1 (1970), p. 4.

dans *Delphine*, comme dans la majorité des romans féminins du dix-huitième siècle—Sainte-Beuve, J. Merlant, et Fauchery l'ont bien montré—au cercle des salons parisiens et en particulier à ceux de l'élite mondaine[8].

Confrontée aux contraintes et à la rigidité de l'éducation mondaine, Delphine ne cache pas alors une certaine réticence qui l'amène jusqu'à prévoir l'éventualité d'un retrait: "Je crois que malgré mon *goût pour la société de Paris* je retirerai ma vie et mon coeur de ce tumulte" (I.1). Les deux espaces du roman féminin classique sont définitivement mis en place: le monde et la retraite. Ainsi, quoique Delphine s'oppose à la majorité des héroïnes du dix-huitième siècle par son indépendance juridique et surtout morale, elle ne semble pas vraiment pouvoir envisager d'autres modes de vie qu'elles. On peut même s'imaginer qu'elle eût pu vivre en paix avec le "monde" si le filtre de la passion ne l'avait pas envoûtée elle aussi, et attachée au noble "chevalier" que sa meilleure amie, Mme de Vernon, destinait précisément à sa fille. Les données traditionnelles du roman féminin—l'entrée dans le monde—se complètent de cette façon de leur ingrédient essentiel: le drame de l'amour passion[9]. C'est donc au spectacle d'une double éducation que se trouve invité le lecteur, celui de l'éducation mondaine et de l'éducation sentimentale.

L'unité de lieu relevée plus haut se trouve du même coup renforcée par l'unité dramatique. On ne peut s'empêcher de saisir dans le mouvement de la lecture des six longues parties que couvre le roman, certaines répétitions, parallélismes, contrastes, qui soulignent comme d'un trait gras, la progression et la continuité de l'histoire et qui, au-delà de l'accumulation des épisodes, rendent compte d'une unité plus profonde: celle du drame féminin. A la situation de la partie I où Delphine est indépendante et la reine des salons parisiens, s'oppose celle de la partie IV où s'enregistrent les échecs successifs de l'héroïne amoureuse rejetée par la société. A la retraite mélancolique de Delphine à Bellerive (partie II) s'oppose l'implacable exil en Suisse (partie V). Enfin, à l'épisode de l'idylle secrète des amants à Bellerive (partie III), répondent, sur le mode tragique, les dernières retrouvailles et le suicide du dénouement (partie VI). Le roman semble s'organiser selon deux grands moments qui opposent les diverses tentatives de l'héroïne à vivre sa passion au milieu du monde, à l'échec du deuxième versant, le rejet et l'exil. Le dénouement tragique—le suicide de l'héroïne aux côtés de son amant condamné à mort—clôt enfin le drame

[8] Cf. les ouvrages précédemment cités.
[9] Cf. de Rougemont, *L'Amour et l'Occident*, et Fauchery.

sentimental qui se révèle sans issue. Le roman staëlien suit fidèle-
ment, de ce point de vue, l'itinéraire obligé des histoires féminines
inspirées de la nouvelle classique. Itinéraire calqué sur celui de la crise
tragique: Exposition (partie I); Préparation dramatique (partie II et
III); Drame (partie IV). Si l'histoire de l'héroïne semble obéir en partie à la nécessité d'une tradition qui fait, depuis Tristan et Iseult, que
la passion se résolve tragiquement, ce n'est pas moins cependant d'une
façon assez originale, comme le prouve le développement des deux
dernières parties.

La tradition romanesque, comme l'ont montré P. Fauchery et S.
Lotringer, veut en effet qu'une fois que la passion interdite est découverte au grand jour, ce soit l'heure de la punition ou du rachat de
l'amant mais surtout de l'amante: c'est le moment où Mme de Clèves
décide de se retirer au couvent; celui où Julie accepte de réparer sa
faute en acceptant l'époux que lui propose son père; c'est aussi par
ailleurs celui où Werther choisit la mort[10]. Le choix de Delphine rappelle tour à tour chacune de ces solutions tout en se présentant comme
radicalement autre. L'histoire de la passion ne se limite pas dans *Delphine* à l'histoire du couple malheureux, comme celle de Mme de Clèves
se terminait avec celle de son aventure amoureuse. Dans le roman
de Mme de Staël au contraire, la cinquième partie est entièrement
consacrée à la solitude de l'héroïne lancée sur les routes de l'exil. La
séparation des amants n'entraîne donc pas obligatoirement le dénouement, ou plutôt le dénouement va se réaliser lentement durant les
deux dernières parties qui mettent en scène les alternatives de survie
qui restent à une amante rejetée par le monde dans lequel elle vivait.
On quitte dès lors l'univers du roman féminin classique et même celui
de tous ces romans du dix-huitième siècle, dont la réalité aussi omni-
présente qu'essentielle se trouve résumée dans ce vocable transparent
qui revendique à la fois l'unicité et l'universalité de la valeur: "le monde
de la qualité". "Le monde", locus quasi mythique d'oeuvres aussi diverses que celles de Mme de Lafayette, Marivaux, Crébillon ou Laclos,
se révèle en effet, grâce à l'étude de Peter Brooks, *The Novel of Worldliness*, être non seulement le "lieu" romanesque, mais le principe
unificateur d'une vision du monde—disons même d'une idéologie—

[10] Avec l'étude de Fauchery, les études de S. Lotringer, "La Structuration romanesque", *Critique* (juin 1970), et "Manon l'écho", *The Romanic Review* (avril 1973), où
il analyse les rapports entre mythe et roman dans *La Princesse de Clèves, La Vie de
Marianne, Manon Lescaut*, et *Les Liaisons dangereuses*, nous ont été d'un précieux secours
dans cette étude.

qui se trouve inextricablement liée à la réalité culturelle et historique qui l'a produite, celle de l'Ancien Régime[11]. Cette réalité, R. Barthes l'avait déjà isolée dans la littérature de salon du siècle précédent. Elle n'est, en dernier recours, que la transposition romanesque du mode de vie sociale prédominant, celui de l'élite mondaine. Hégémonie culturelle, sociale et politique qui n'est plus à démontrer, mais dont les principales caractéristiques—la clôture et l'abstraction—si bien illustrée dans *La Princesse de Clèves*, explique qu'elle ait pu longtemps se perpétuer sans être reconnue comme telle, et jusqu'à ce qu'une autre vision du monde soit de force à la mettre en question.

> Avant que la littérature se posât le problème du *réalisme politique*, la mondanité a été pour l'écrivain un moyen précieux d'observer la réalité sociale... la mondanité est en effet une forme ambiguë du réel; *engagée* et *inengagée*; renvoyant à la disparité des conditions, mais restant malgré tout *une forme pure*, la *clôture* permettant de toucher au psychologique et aux moeurs sans passer par la politique.[12]

L'idéal "mondain" se définit donc par sa clôture, mais aussi par l'exclusion de toute autre vision du monde susceptible de mettre en question l'autopréservation de son système de valeurs; en d'autres termes par l'exclusion du "politique". Il est évident qu'au moment où écrit Mme de Staël, ce système de valeurs et la vision du monde qu'il soustend sont bien ébranlés; l'énorme succès que remportent les romans anglais en France depuis au moins 1750 en est la meilleure preuve. Le tour que prend le roman staëlien en est une autre.

A partir de la quatrième partie, le monde de Delphine ne se réduit plus à l'horizon borné des cercles mondains. La simple notation de la situation géographique des divers épisodes du roman souligne assez la rupture de l'exil et la diversité des milieux sociaux désormais traversés: partie I: Paris (salons), Montpellier (retraite: récit retrospectif); partie II: Bellerive (retraite à la campagne); partie III: route de Montpellier, Paris, Bellerive; partie IV: Bellerive, Paris, Melun, route de l'exil; partie V: Lausanne (milieu bourgeois), Zürich, Abbaye du Paradis; partie VI: Bade (milieu paysan), route d'Allemagne, Verdun (au milieu du peuple), Chaumont (les citoyens républicains). Pierre Fauchery dans son analyse des constantes du décor social des

---

[11] P. Brooks, *The Novel of Worldliness* (Princeton: Princeton University Press, 1969). Dans la préface de *Delphine*, Mme de Staël cite *La Princesse de Clèves* comme le premier exemple du roman moderne.

[12] R. Barthes, "La Bruyère", *Essais Critiques*, p. 221.

romans féminocentriques fait lui-même remarquer que Mme de Staël était une des seules à avoir arraché son héroïne hors du cadre des appartements luxueux et douillets qui la protègent d'ordinaire comme une véritable "coquille"[13]. Au moment où, ayant essayé toutes les avenues du labyrinthe de la passion, Mme de Clèves décide de se retirer au couvent, Delphine solitaire s'élance au contraire dans les parties cinq et six, sur les routes de l'exil. De plus, les héroïnes des romans de l'époque étaient généralement vouées, comme Julie, Caliste, à une mort dont le pathétique se limitait le plus souvent au touchant tableau d'une agonie dans le genre "scène de vie privée". Mme de Staël tranche délibérément avec la tradition en substituant à l'alcôve mortuaire, le champ de bataille révolutionnaire. Ce manquement à la tradition fut critiqué de tous, y compris, nous le verrons, de ses amis, tant et si bien que notre auteur conçut quelques seize ans plus tard un nouveau dénouement plus conforme aux usages. Le fait que ce deuxième dénouement ne fut pas publié du vivant de l'auteur convainc assez de ses préférences.

L'originalité du roman staëlien réside donc dans le fait qu'il brise la dichotomie classique du monde et de la retraite qui correspondait, dans le roman sentimental féminin, à la clôture essentielle du "monde", pour l'ouvrir sur les autres milieux de l'époque. Dans *Delphine*, l'échec de l'éducation mondaine ne met pas un terme à l'éducation féminine. A la réalité mondaine se trouve au contraire substituée cette réalité sociale et politique déjà présente à l'étranger dans les romans bourgeois anglais ou les romans d'apprentissage allemands[14]. Le fait n'est évidemment pas entièrement nouveau dans la littérature française du dix-huitième siècle, au moins depuis *Gil Blas* et *Les Aventures du Chevalier des Grieux et de Manon Lescaut*. Ce qui l'est par contre, c'est que le héros de ces aventures soit une femme. La mobilité de type picaresque était plutôt jusque-là traditionnellement réservée aux héros masculins, l'héroïne désignant généralement l'objet passif de la quête romanesque.

C'est donc, on le voit, principalement l'héroïne qui apporte les germes de destruction qui feront éclater la structure classique. Dotée d'une éducation philosophique et sympathisante des idées révolutionnaires, Delphine commence par créer le désordre dans la société mondaine elle-même. Puis elle finit par quitter définitivement le monde, à la

[13] Fauchery, p. 716.
[14] Mme de Staël consacre dans *De l'Allemagne* (II, ch. 28, p. 147) une longue étude au roman de Goethe, *Meister*.

fin de la quatrième partie, ce qui équivaut à une mise en question encore plus radicale de l'éthique mondaine puisqu'elle vise à la libération complète de ses règles. Dès le début du roman, Delphine s'était d'ailleurs présentée comme une héroïne étrangère au milieu mondain et, par l'incertitude de sa naissance, pouvait déjà laisser imaginer la "pícara"[15].

Nous ne saurons jamais le véritable nom de famille de Delphine, orpheline qui tient de son époux protecteur M. d'Albémar son nom et sa richesse. Le nom qui lui vaut la considération dans le monde n'est donc qu'un nom d'emprunt. Ajoutons à cela que l'héroïne se voit, pour échapper à ses ennemis, dans la situation de changer de nom à chacune des étapes de son exil, comme une véritable aventurière. Dans la lignée de *La Princesse de Clèves*, et après *Claire d'Albe* et *Adèle de Senanges*, se présente *Delphine* qui, par l'incertitude de la particule nobiliaire et le mystère du patronyme familial, annonce un nouveau type d'héroïne, libre de circuler entre tous les milieux grâce à l'anonymat le plus rocambolesque. Se trouve ainsi du même coup redéfinie la conception de l'intrigue du roman féminin et, de la même façon, profondément réévalué le mythe de la passion qui en fait partie intégrante. En fait, si Mme de Staël s'attache, comme ses consœurs romancières, à peindre la vie amoureuse de son héroïne, ce n'est pas comme elles le font le plus souvent, en détachant leur histoire de son contexte social, historique et politique, c'est en choisissant bien au contraire de la reconstruire en relatant tous les épisodes sentimentaux ou non, qui lui semblent inextricablement liés. C'est précisément le fait que Delphine témoigne volontairement du même intérêt et de la même générosité envers son amant qu'envers ses amis qui explique la complexité de son histoire. On a ainsi l'impression d'un tableau touffu d'une société organisée autour de l'héroïne, Delphine, personnage toujours solitaire mais difficile à imaginer isolé de la société. Tout au long du roman, les fils de l'intrigue secondaires se nouent et se dénouent ainsi autour de l'intrigue sentimentale constituant un écheveau où il est difficile d'identifier l'intrigue principale.

Cette nouvelle notion de l'intrigue romanesque comme intrication de fils, nœuds, dénouements, indique assez la nécessité de substituer à la traditionnelle étude de la crise sentimentale, une méthode d'analyse plus propre à rendre compte de cette qualité nouvelle du récit qu'est sa texture narrative. Reprenant métaphoriquement le

[15] Cf. la classification de Coulet, p. 428.

fuseau des Parques, Mme de Staël révise elle-même, au seuil de l'âge moderne, l'ancienne conception du destin féminin, en introduisant dans l'écheveau des divinités tragiques un fil d'une toute autre consistance, celui de l'initiative et de la liberté individuelle. C'est dans cette nouvelle perspective que se trouvera donc repris le mythe de la passion:

> Si chacun de nous veut examiner attentivement *la trame* de sa propre vie, il y verra *deux tissus* parfaitement distincts, l'un qui semble en entier soumis aux causes et aux effets *naturels*, l'autre dont la tendance tout à fait *mystérieuse* ne se comprend qu'avec le temps. (*DA* IV, ch. 5, p. 236)

Métaphore surprenante qui, découvrant bientôt au lecteur la romancière au travail — au métier à tisser romanesque — lui révèle du même coup les secrets mais aussi les hasards de sa technique:

> C'est comme les tapisseries de haute lisse, dont on travaille les peintures à l'envers jusqu'à ce que, mises en place, on puisse en juger l'effet. (*DA* IV, ch. 5, p. 236)

Véritable fabriquant de récits et nouveau mythographe, la romancière tisse-t-elle avec des fils anciens de nouveaux développements du destin féminin[16]?

Le nombre de fois où le lecteur croit le mot de la fin arrivé, alors que l'intrigue rebondit de nouveau peu après, délimite ainsi les unités minimales du récit. C'est précisément le cas à la fin de chaque partie: (I) se termine par le mariage de Léonce; (II) par la décision de Delphine de se sacrifier pour la fille de son amie; (III) par le refus de Delphine de s'unir à Léonce par des serments sacrilèges et par le délire mortel qui en résulte; (IV) par le départ de Delphine en Suisse; (V) par les voeux religieux de Delphine; et (VI) par sa mort. Mais ce mouvement de clôture épisodique, on le retrouve, quoique plus subtil, à l'intérieur de chaque partie. Chaque partie est constituée en effet de deux mouvements qui marquent la séparation apparemment irréversible des deux amants: le départ de Léonce en Espagne (II); la promesse que Delphine fait à Mathilde de partir (III); le refus de la solution du divorce (IV); la décision de se retirer au couvent du Paradis (V) constituent autant de dénouements potentiels.

---

[16] Dans le numéro 8 de *Communications* consacré à l'analyse structurale du récit, T. Todorov ("Les Catégories du récit littéraire") et R. Barthes ("Introduction à l'analyse structurale du récit") adaptent les modèles de l'analyse du mythe qui permettent de saisir, à travers la multiplicité des épisodes et des personnages, les structures de base de l'intrigue romanesque.

On s'aperçoit ainsi peu à peu que l'histoire se constitue d'une succession de petites histoires qui se définissent chacune comme l'unité
narrative minimale susceptible de s'intégrer à l'intrigue comme un
tout clos, tout en assurant le mouvement d'une progression plus générale. Ils relatent tous la tentative de l'amante de vivre sa passion qui
se révèle à chaque fois impossible, mais qu'il semble toujours possible de recommencer. C'est précisément l'aspect répétitif de cet affrontement doublé du caractère autonome des épisodes envisagés, qui
donne au roman sa structure narrative à emboitement caractéristique des romans d'aventures et des romans picaresques, telle qu'elle
est décrite dans les analyses théoriques de Chlovsky, ou telle qu'on
la retrouve dans *Gil Blas* ou *Le Paysan parvenu*[17].

Cette structure de l'intrigue qui se présente comme une succession
interminable d'épisodes fermés sur eux-mêmes était loin d'être le fait
d'une création inconsciente chez l'auteur. Dès le 28 juin 1802, elle
écrit à Claude Hochet: "Je voudrais que mon roman soit une suite
de *commencements*"[18].

L'échec de l'éducation mondaine se trouve ainsi bientôt suivi de
nouvelles tentatives suivies de nouveaux échecs dans chaque nouveau
milieu traversé. On a l'impression qu'après avoir soustrait sa créature à la première contrainte romanesque que représente le dénouement classique de la retraite au couvent de Mme de Clèves, la romancière ne la lance dans d'autres horizons sociaux que pour finalement
prouver que l'héroïne ne saurait non plus se plier au destin sensiblement différent des diverses héroïnes de l'époque: la bourgeoise retraite
à la campagne de la douce Cécile de Mme de Charrière; la tranquil-
lité du mariage protecteur de la pusillanime Valérie de Mme de Krudener; et même la possibilité du bonheur final de l'Adèle de Sénan-
ges de Mme de Souza[19]. Nous verrons que toutes ces solutions se présentent tour à tour à Delphine, mais que ce ne sont finalement
qu'autant de dénouements différés qui ne font que mieux ressortir
l'originalité de l'héroïne tout comme son incapacité à se soumettre
aux règles des diverses sociétés traversées. Le roman apparaît de cette
façon comme un roman d'éducation, mais d'une éducation manquée,
qui s'oppose aussi bien aux romans d'éducation mondaine, qu'aux

---

[17] V. Chklovski, *Sur la théorie de la prose* (trad. Lausanne: L'Age d'Homme, 1973),
p. 81. M. Roelens, "Les silences et les détours de Marivaux dans 'Le Paysan parvenu': l'ascension sociale de Jacob", *Le Réel et le texte*, Centre de Recherche de Lille
III (Paris: Colin, 1974), pp. 12-13.

[18] J. Mistler, éd., *Lettres à un ami*, le 28 juin 1802, p. 9.

[19] Cf. Sainte-Beuve, p. 1027 et suiv.

romans d'éducation dans le genre picaresque. Tout se passe comme si la romancière ne s'était appliquée à multiplier les échecs de l'héroïne que pour mieux prouver l'universalité scandaleuse de cette thèse qui se dégage peu à peu de la multiplicité rocambolesque des épisodes: l'impossibilité pour une héroïne "sauvage par ses qualités", pour une héroïne aussi extraordinaire que Delphine de trouver le bonheur dans quelque milieu que ce soit. Tragique incontournable de la communauté du destin féminin.

3. Le tragique au féminin: le choeur scindé

Il est un type d'expérience dont les échos plaintifs, désespérants ou désabusés semblent se répéter d'un cercle ou d'un milieu à l'autre: c'est celle de la difficulté pour les femmes de trouver le bonheur. L'unité d'entourage que l'héroïne perd au niveau social et géographique, elle la retrouve à un autre niveau, celui de son sexe. On peut ainsi observer qu'à l'univers protecteur du monde de la qualité, Delphine substitue peu à peu, sans en avoir vraiment conscience, un univers d'un autre genre, une société d'un autre type: celle d'un gynécée, dont la dispersion sociale et géographique ne saurait nier la cohésion, issue du partage d'une même condition.

Parallèlement à l'histoire de Delphine qui fait avancer directement l'intrigue, on trouve dans le roman plusieurs autres histoires de femmes qui nous sont présentées sous forme de récits, pour la plupart autobiographiques, et dont la première fonction est d'illustrer, de façon plus ou moins dramatique, le malheur de la passion et de la destinée féminine. L'analyse de chacune de ces histoires de femme permet de voir comment, dans l'économie du roman, elles peuvent à la fois faire avancer l'intrigue, préparer le développement romanesque, et en même temps expliciter la conduite de l'héroïne. Ces histoires constituent en fait tour à tour, et avec plus ou moins de fidélité, autant de miroirs de l'action principale. Michel Mercier voit dans cette technique de mise en abîme du récit un des procédés privilégiés des romans féminins[20]. S. Lotringer a d'ailleurs souligné cet aspect important du roman de Mme de Lafayette. Comme il le fait remarquer au sujet des fonctions des histoires secondaires dans *La Princesse de Clèves*, on peut dire que les amours de Thérèse d'Ervins, de Mme de R., de Mlle de Sorane "viennent expliciter le mécanisme qui commande la liaison" de Delphine, en préfigurant, par le seul fait de se juxtaposer

---

[20] M. Mercier, *Le Roman féminin* (Paris: PUF, 1976), *passim*.

à elle, l'identité de leur fonctionnement[21]. Ce qui frappe pourtant comme original dans *Delphine*, c'est la façon délibérée avec laquelle les narratrices de ces histoires accusent le tragique de la condition féminine. S'élabore ainsi implicitement, au fil du roman, une sorte de "cahier de doléances" féminin qui prend, à l'occasion, des accents de réquisitoire révolutionnaire. La répétition du scénario tragique devient la base même du roman à thèse. Une des histoires secondaires principales, celle de Thérèse d'Ervins a, par exemple, outre la fonction dramatique ci-dessus mentionnée, celle de dénoncer les "coutumes barbares des sociétés civilisées" à l'égard des femmes. Un homme juste comme M. de Serbellane ne craint pas de commenter:

> ...*la nature*, en faisant naître M. d'Ervins vingt cinq ans avant Thérèse, semblait avoir pris soin de les séparer, les *indignes calculs d'une famille insensible* les ont réunis, et Thérèse serait coupable...! (I.8)

Les histoires de Mlle d'Albémar (II.17), de Mme de Vernon (I.6, II.41) et de Mme de Ternan (V.9) accusent diversement le malheur de trois vies déterminées par cette autre situation toute aussi triste qui est de n'être pas destinée à l'amour. Mlle d'Albémar, tutrice de Delphine, condamnée par la nature à porter une "figure contrefaite", l'est aussi par la société à vivre recluse. Elle dénonce ainsi l'injustice qui sépare le sort des hommes de celui des femmes:

> Plusieurs hommes ont ennobli par des lauriers les disgrâces de la nature; mais *les femmes* n'ont *d'existence que par l'amour: l'histoire de leur vie commence et finit avec l'amour...* La *société* fortifie à cet égard l'intention de la *nature*, au lieu d'en modifier les effets; elle rejette de son sein la femme infortunée que l'amour et la maternité ne doivent pas couronner. (I.7)

Le voilà donc le destin des femmes, l'amour et la maternité; mais il ne suffit pas non plus d'être bien faite pour jouir de l'un et de l'autre, comme le prouve par ailleurs la vie et la fin tragique de la belle et brillante Mme de Vernon.

Il est pourtant dans le roman une série de trois vies de femmes qui semblent échapper au destin commun puisqu'elles jouissent du seul bonheur féminin qui paraît possible dans le roman, la félicité dans le mariage: celle de Mme de Lébensei (II.7), celle de Mme de Belmont (III.18), et celle de Mme de Cerlèbe (V.17). Mais toutes trois se trouvent curieusement exclues ou éloignées du cercle de la société. Monotonie inéluctable et pitoyable de ces destinées de femmes qui,

---

[21] Lotringer, "La Structuration romanesque", *Critique* (juin 1970), p. 507.

en dépit de quelques variantes, finissent par résonner de façon identique. Telle est bien la conclusion désabusée de cette autre recluse,
mondaine désappointée, Mme de Ternan: "L'histoire de toutes les
femmes se ressemblent" (V.II).

Se trouve ainsi démontrée par avance, à l'intérieur d'un seul roman,
la thèse de Fauchery: l'universalité du tragique féminin: conclusion
laconique qui résume bien pourtant le caractère paradoxal du tragique staëlien. Toutes ces femmes qui racontent la même histoire ne
peuvent finalement dénoncer l'injustice du destin féminin que pour
mettre en garde Delphine, leur amie, contre toute infraction à la loi.
La prise de conscience féminine s'accompagne indubitablement d'une
exortation à la soumission à cette loi même.

Ce qui frappe ainsi, au fur et à mesure que s'avance le roman, c'est
l'utilisation des multiples personnages féminins, non seulement pour
souligner le tragique du destin, mais pour en enseigner et en édicter
les décrets. C'est ainsi un peu à la façon des voix d'un choeur antique
que les divers récits de chacune de ces femmes répètent tout au long
du roman, et modulent comme les refrains d'une litanie, les avertissements du ciel ou de l'opinion à l'héroïne. Et si, comme avec les
choeurs de tragédies, le rappel du fatal danger, ne change en rien
les actions de l'héroïne, cette répétition d'un même avertissement n'en
a pas moins pour effet de dramatiser l'inscription de la loi tragique[22].
Chacune des femmes prend en effet l'occasion du récit de sa propre
histoire pour prévenir Delphine du danger auquel elle s'expose constamment. Après Mathilde, c'est Mme de Vernon, qui, faisant part
de sa philosophie à Delphine, semble vouloir détromper Delphine de
ses illusions "sur cette terre où leur sort (celui des femmes) est *entièrement dans la dépendance des hommes*" (I.6). Et c'est précisément parce
qu'elle connaît mieux que personne, comme une seconde Mme de
Merteuil, les rouages du monde, qu'elle laisse échapper, au seuil de
la mort, ses craintes sur l'avenir de Delphine, sa seconde fille: "*Les*

---

[22] *De la littérature* (I, ch. 2, p. 214) contient une analyse et une critique des tragédies très pertinente et qui révèle toute la familiarité de la romancière avec les textes
d'Eschile, Euripide, et Sophocle. Sa critique repose principalement sur la difficulté,
pour un public moderne, d'accepter l'invraisemblance des figures divines. Mais il
est intéressant de noter que l'élément qui lui semble le plus digne d'être retenu dans
les formes littéraires plus démocratiques est le "choeur antique". "L'importance donnée aux choeurs qui sont censés représenter le peuple, est presque la seule trace de
l'esprit républicain que l'on puisse remarquer dans les tragédies grecques". Elle interprète d'ailleurs la disparition des "choeurs" dans les tragédies de Racine comme le
résultat de la monarchie tyrannique de Louis XIV. Cf. aussi *De l'Allemagne* (II, ch.
II, p. 62).

femmes étant victimes de toutes les institutions de la société, elles sont dévouées au malheur..." (II.41).

Mme d'Artenas, autre grande mondaine, finalement découragée par l'obstination de Delphine à braver les convenances, se trouve réduite à rejoindre le choeur plaintif du gynécée: "Ces femmes d'esprit, je l'ai répété cinquante fois à ma pauvre soeur quand elle vivait, *il leur arrive toujours quelque malheur*" (III.16).

La loi sociale qui se trouve ainsi exprimée par ses diverses voix peut alors se résumer à ces deux articles qui s'impliquent l'un l'autre: les femmes sont dans la dépendance des hommes; et les femmes d'esprit qui se font fort de braver l'opinion publique se vouent donc irréversiblement au malheur[23].

C'est précisément au moment où l'on finit par prendre conscience du caractère réellement coercitif et de l'universalité romanesque de cette loi qui se déduit progressivement des épisodes romanesques, qu'on se rappelle cette petite phrase d'une autre femme, réelle cette fois-ci et non plus imaginaire, que la romancière avait placée sur la page frontispice de son roman: "Un homme doit braver l'opinion, une femme s'y soumettre". Ce conseil redoutable se trouve être en effet directement extrait des *Mélanges* de Mme Necker[24]. Nous avons déjà souligné le caractère assez spécifiquement féminin des conseils promulgués. Mais le fait que le roman tout entier se présente sous la tutelle spirituelle de la voix maternelle, souligne le caractère privilégié et contradictoire de la relation qui unit l'héroïne à ses compagnes romanesques, et, par delà le roman, l'écrivain à sa mère.

Ce serait pourtant oublier la tradition que de voir dans cette structure une marque spécifiquement staëlienne. N'est-il pas de rigueur depuis *La Princesse de Clèves*, que l'enseignement de la loi tragique passe par la mère? Il serait aisé de montrer que le roman féminin ne manque pas de mères pédagogues[25]. Mais pourquoi placer ainsi, à l'en-

---

[23] Préceptes qui se trouvent dans *Des Passions* (II, ch. 4, p. 135), et *De la littérature* (II, ch. 4, p. 301).

[24] S. Necker, *Mélanges extraits des manuscrits de Mme Necker*. Cette référence est d'ailleurs indiquée dans l'édition de *Delphine*, *OC*, p. 334. Nous avons analysé dans notre première partie les rapports de rivalité et de tendresse qui liaient mère et fille, nous y reviendrons plus loin, pp. 95, 157.

[25] La relation mère-fille, qu'elle soit positive ou negative, éminemment présente ou absente de façon flagrante, est un des thèmes récurrents des romans fémininocentriques (cf. *Les Lettres de Lausanne* de Mme de Charrière, *La Vie de Marianne* de Marivaux, *La Religieuse* de Diderot pour ne citer que les plus connus). Peggy Kamuf a par ailleurs analysé ce rapport dans *La Princesse de Clèves, Fictions of Feminine Desire* (Lincoln: University of Nebraska Press, 1982), pp. 67-96.

trée du roman, tout comme à chaque moment stratégique de l'intrigue, ces avertissements protecteurs et attentionnés pour nous montrer une héroïne qui en fait si peu de cas? Le fait que Delphine semble oublier si vite, et même transgresser une loi que toutes ces mères de substitution prennent tant de soin à lui rappeler, trahit tout à la fois la constance de cette relation maternelle traditionnelle et son caractère conflictuel. C'est en effet précisément dans ce conflit que réside toute l'originalité du roman staëlien en révolte contre l'enseignement de la tradition. Delphine refuse de se plier à la logique implacable de la passion dénoncée par le choeur féminin. De ce fait le mythe traditionnel de la passion occidentale ne se trouve repris que pour être remis en question, contourné, et réévalué aux mesures d'un nouveau personnage: la "fille prodigue" en rupture de contrat avec l'enseignement maternel[26]. La plurivocité des voix féminines se présente par là comme un subterfuge, une mascarade obligée, un échappatoire ou rituel quasi pénitencier du récit confidentiel. Le récit autobiographique apparaît dans cette perspective comme un récit piège. Raconter son histoire revient pour une femme à reconnaître l'inéluctibilité tragique de la loi qu'elle condamne, se trouvant par la même le propre sujet de sa perpétration. Situation incontournable pour le sujet unaire de l'autobiographie féminine auquel échappe pourtant le romanesque staëlien par la multiplication des récits féminins.

L'absence de la mère naturelle, puisqu'elle ne paraît pas dans le roman, et son remplacement par des mères d'occasion, double marque d'une absence problématique, signale la tragique déchirure de l'être féminin. Dans la fiction romanesque staëlienne, la représentation du drame féminin se fait sous le signe d'une conscience inéluctablement "scindée": "partage" des femmes[27]. Scission du féminin qui devient vite pourtant le meilleur alibi de la fille déliquante.

Le sens du tragique et de l'intérêt dramatique résident en effet, tout au long du roman, dans le décalage constant qui existe entre l'inconscience de l'héroïne et la conscience impuissante de ces mères-substituts

[26] Rappelons une des remarques que la romancière faisait à son amant, le comte de Narbonne, et qui éclairera en partie le caractère également ironique de l'épigraphe du roman: "A propos, ma mère fait un ouvrage, sérieusement un ouvrage pour l'impression et devinez sur quoi: contre le divorce. On me le cache parce que *la vertu* doit se défier *du crime*, mais j'ai cependant appris par mon père qu'il y avait beaucoup d'esprit. Cela me gêna pour faire le mien: cela aurait l'air de tous les genres de lutte, y compris *celle des passions contre la vertu*" (Coppet, 16 juillet 1793, *Correspondance*, p. 551).

[27] Cf. E. Lemoine-Luccioni, *Partage des femmes* (Paris: Seuil, 1976).

qui lui répètent combien seront vains les combats qu'elle va affronter. Par une habile composition dans l'ordre des lettres, le lecteur en sait ainsi toujours plus que l'héroïne quoiqu'il n'ait pas véritablement la clé du mystère. Comme dans la tragédie, nous savons dès le début, parce qu'ils sont annoncés par le chœur féminin, quels dangers ne cessent de menacer l'héroïne. Celle-ci s'obstine à interpréter ses malheurs comme "l'acharnement de la fatalité" (IV.10, 11, 23) contre l'innocente qu'elle est: "…le jour où il à été l'époux de Mathilde, que ne m'étais-je dis que le ciel avait prononcé-contre moi!" (IV.37). Il en résulte que Delphine échappe en partie au sentiment de culpabilité auquel les romans féminins nous ont accoutumés.[28] Elle se présente le plus souvent comme la victime fascinée, en dépit d'elle-même, par la passion.

Denis de Rougemont a montré en quoi ce mécanisme faisait partie intégrante des romans de l'amour:

> Tout manifeste, dans le comportement du chevalier et de la princesse, *une exigence ignorée d'eux* — et peut-être du romancier — mais plus profonde que celle de leur bonheur… *Quand il n'y a pas d'obstacles, ils en inventent*: l'épée nue, le mariage de Tristan. Ils en inventent comme à plaisir — bien qu'ils en souffrent.[29]

Reprenant le mythe occidental, la romancière l'utilise pourtant à ses fins pour faire ressortir la légitimité et la pureté du désir de l'héroïne.

A la fin du roman, alors même que, réfugiée au fond des montagnes suisses avec son amant, elle croit avoir échappé au monde et à ses règles, Delphine se retrouve en face du même ennemi dont l'avait, dès la première lettre, menacé Mathilde et auquel elle a toujours refusé de céder: la force des préjugés et de l'opinion publique, incarnée cette fois-ci en son amant.

Si le mécanisme de l'action souligne la culpabilité partielle de Delphine, c'est en indiquant que la responsabilité finale en revient à Léonce. C'est en effet pour Léonce le moment d'une reconnaissance et d'une auto-accusation assez violentes pour lui faire perdre momentanément la raison:

> Quoi! prêt à te posséder, je te perdrais! mon *indomptable caractère nous séparerait* encore une fois!… à présent je puis être ton époux, et cette *infernale puissance* qu'on appelle *l'opinion des hommes*, s'élève entre nous deux pour nous désunir. *Exécrable fantôme!*… que veux-tu de moi, en

[28] Fauchery, *passim*.
[29] Rougemont, p. 29.

me représentant sans cesse sous les plus noires couleurs le mépris! Le mépris qui a pu prononcer ce nom? qui oserait en témoigner pour moi, pour elle? ne puis-je pas poignarder tous ceux qui auraient l'audace de nous blâmer? Mais *il en renaîtrait de leur sang*, pour nous insulter encore: où trouver l'opinion, comment l'enchaîner, où la saisir? (VI.17)

Le ton, la rhétorique, les antiques figures des Erynnies, mais aussi le sujet de ce monologue viennent tout droit de la scène tragique: on y retrouve en effet l'impuissance du héros écrasé par la révélation hallucinante de son destin[30]. La faute tragique se retrouve du côté de l'amant. Déplacement, qui, déjà sensible dans les nouvelles, se retrouve justifié par l'auteur comme seule punition susceptible d'atteindre son héroïne. "...elle ne pouvait être punie que *dans le coeur de celui qu'elle aimait*! n'est-ce pas là qu'il fallait la frapper" (*Réflexions*, p. 647). Ce faisant, Mme de Staël transforme sensiblement la structure tragique selon un modèle qui lui est propre. La fatalité du dénouement ne peut traditionnellement s'expliquer que par l'intériorisation finale de l'obstacle ou de la culpabilité par le héros et l'héroïne. Phèdre ne met fin à ses jours et Oedipe ne se crève les yeux que parce qu'ils découvrent finalement qu'ils sont coupables de leur propre malheur. Le manque partiel d'intériorisation chez Delphine ne peut finalement s'expliquer que parce que le roman staëlien bloque ainsi véritablement dans une certaine mesure le mécanisme tragique. Villers avait le premier compris la particularité du mécanisme général de l'action qui consistait à opposer fondamentalement la "nature primitive" et passionnée de Delphine aux "entraves du monde conventionnel":

> *Pour Léonce*, qui a déjà adopté ces entraves jusque dans le sanctuaire de son âme, le combat du naturel et du conventionnel se passe *dans l'intérieur*; pour *Delphine* dont l'âme est vierge, *le combat est extérieur*, au dedans rien ne la retient, les obstacles qui la heurtent sont *au dehors*.[31]

Il ne peut cependent s'empêcher de reprocher à l'auteur d'échapper finalement au déterminisme du tragique classique en faisant intervenir *in extremis* un personnage de mélodrame, le bourreau.

---

[30] Il est intéressant de comparer ce passage à celui de *De la littérature* où Mme de Staël reproche aux dramaturges grecs la représentation des dieux, "la conscience elle-même était figurée par des objets extérieurs, et les *flambeaux des Furies* secouaient la tête des coupables. L'événement était tout dans l'Antiquité, le caractère tient plus de place dans le temps modernes" (II, ch. 2, p. 62). Les Erynnies et les Furies furent souvent confondus dans les légendes grecques.

[31] "Lettres à Villers", Isler, éd., *Briefe aus dem Nachlasse Des Charles Villers* (Hambourg: Meissner, 1872), p. 280.

Seulement je vous blâme de n'avoir pas laissé succomber l'oiseau sous les terribles chocs de sa liberté contre les barreaux, et d'avoir introduit dans la volière *un bourreau pour l'achever.*[32]

Bourreau sans visage puisque les amants ne seront acculés au suicide que par l'effet de l'arbitraire révolutionnaire. Vu de la perspective de la tradition où le traitement de la passion se conclut généralement non par un événement historique, mais dans l'abstraction d'un dénouement tragique, ce jugement semble sonner juste. Mais il faut peut-être se rappeler que le roman de Mme de Staël s'est plutôt présenté à nous comme une certaine mise en question des formes classiques qui correspondent à une époque révolue. Perspective que Villers refuse d'envisager:

> Pourquoi n'avez-vous pas placé *la scène de vos événements dix ans plus tôt* et laisser finir l'action dans *le monde où elle avait commencé?* Pourquoi une révolution, une armée d'émigrés, et un supplice à la fin de *Delphine?*[33]

Or, comme nous l'avons vu, la structure de l'intrigue correspond à ce passage d'un monde à l'autre. C'est même la conscience d'exister dans un monde en plein bouleversement qui donne à l'héroïne cette confiance obstinée en l'innocence et la légitimité de ses désirs. En réponse aux reproches de Villers sur le mauvais choix de chronologie historique, Mme de Staël réplique avec une assurance révélatrice:

> Enfin *la situation par laquelle j'ai conçu mon* roman c'est *celle de Bade*, lorsque Léonce ne peut se résoudre à l'épouser quand elle veut rompre ses voeux, et pour cette situation *il fallut la révolution*, elle seule donnait à cette facilité de rompre ses voeux un caractère de raison et d'inconvenance tout à la fois, qui pouvait seule développer ce qui caractérise Léonce. Cherchez dans votre tête un autre obstacle *dans un autre temps* qui présente aussi bien l'amour aux prises avec l'opinion, je crois que vous ne le trouverez pas. (*Réflexions*, p. 648)

En lisant cet aveu, il apparaît tout à coup que, loin d'être introduite au dernier moment, la situation révolutionnaire est le point de départ de tout le roman et cela parce qu'elle seule permettait d'illustrer l'ambiguïté de la culpabilité de l'héroïne dans la mesure où les critères de ceux qui la jugent sont loin d'être universellement reconnus. La situation révolutionnaire fait ainsi ressortir toute la relativité des valeurs de Léonce: Léonce apparaît en fait dans la dernière

---

[32] Isler, éd., p. 280.
[33] Isler, éd., p. 279.

partie plus que jamais comme le personnage porteur des anti-valeurs. Seule la vanité sociale, qu'il nomme de façon anachronique "son honneur", semble motiver sa décision de mourir sur le champ de bataille. S'il apparaît en héros au moment de son exécution, ce n'est plus que pour certains des spectateurs qui ne connaissent pas ses motivations intérieures; pour les amis de Delphine, qui le voient sans passion, il risque de faire bien piètre figure, celui qui choisit de mourir non pas par conviction politique mais parce qu'il n'a pas le courage de vivre avec celle qu'il aime. Problématique ultime du point de vue de l'instance justicière. A qui en revient-il de juger de la culpabilité ou de l'innocence des personnages? Question que l'on retrouvera au niveau de l'analyse narrative, mais qui dépend aussi inextricablement de la mise en question de la structure tragique par celle du mélodrame.

4. Les mille et un tours du mélodrame staëlien

Le retour régulier, depuis la deuxième lettre de Delphine, des invocations à la "providence" et au "Ciel" — constammant dotées de la majuscule — constitue la meilleure preuve que s'impose dans le roman, parallèlement à la notion du destin antique, celle d'une destinée plus humaine. Les dieux mythologiques de la fatalité tragique, se trouvent ainsi remplacés par une figure bienveillante qui tient à la fois du dieu chrétien et du dieu des philosophes; et dont la bonté désincarnée se manifeste tout au long du roman[34]. Delphine et ses amis l'invoquent à chaque fois que quelque chose d'heureux leur arrive. Léonce lui-même s'en remet à ces nouvelles figures de la divinité: "La voix des hommes vous avait accusée; *la voix d'un enfant*, cette *voix du Ciel*, vous aurait-elle justifiée" (II.30). Delphine voit, dans ses retrouvailles rocambolesques avec Léonce sur la route de Montpellier, un autre signe du ciel: "Je vais vous raconter, ma soeur, la scène douce et terrible, qui a décidé de mon sort… j'étais parvenue, je crois, à cet excès de malheur qui fait descendre sur nous *le secours de la clémence divine*" (III.8). La réalité de leur malheur ne saurait pourtant s'expliquer que par l'existence dans le monde d'une autre force assez puissante pour vaincre, au moins temporairement, la bienveillance d'un dieu de bonté et de justice. L'univers romanesque semble dès lors être le champ d'un conflit de caractère manichéen, et partager

[34] La notion de divinité est constamment ambiguë dans le roman, mais à la fois toujours invoquée. Cf. les derniers mots du dénouement de M. de Serbellane qui font acte de scepticisme.

la vision du monde de ce nouveau genre dramatique dont la naissance est contemporaine de la révolution: le mélodrame. On retrouve d'ailleurs dans le roman des réflexions où le caractère tranché de cette opposition apparaît clairement: "Louise, quelquefois je me persuade que l'*Etre Suprême* a abandonné le monde aux *méchants* et qu'il a réservé l'immoralité de l'âme seulement pour *les justes*" (III.37).

C'est pourtant plus précisément dans les deux dernières parties que s'accentue le plus clairement l'opposition héroïne-victime/monde hostile, bons et méchants, qui, comme l'ont montré P. Brooks et A. Ubersfeld, s'est révélée être un des principaux éléments de l'action de type mélodramatique[35].

Véritable conscience de l'héroïne, Mlle d'Albémar ne manque pas de dévoiler l'incarnation mondaine des forces du mal:

> *Les persécutions de M. de Vallorbe, la barbare personnalité d'une femme,* un *enchaînement de circonstances* enfin, dont l'ascendant était inévitable, ont précipité Mme d'Albémar dans la plus malheureuse des résolutions. Elle est religieuse dans l'Abbaye du Paradis, à quatre lieues de Zurich. (VI.5)

Le suspense dramatique du dénouement réside en effet pour le lecteur dans le sentiment que l'héroïne est désormais en conflit avec un adversaire dont les décisions sont aussi cruelles qu'arbitraires: le juge de Chaumont a prononcé l'acquittement mais les autorités révolutionnaires supérieures ont cassé le jugement sans même l'écouter. Le lecteur ne peut alors que se joindre à l'héroïne pour croire à l'injustice de ses ennemis comme à la fatalité machiavélique et inouïe de son sort.

Il est enfin une autre caractéristique dramatique susceptible d'augmenter encore le caractère pathétique et mélodramatique de la situation de l'héroïne: son isolement total. Comme nous l'avons déjà remarqué dans les premières nouvelles, l'héroïne se trouve ici démunie de tout aide réelle puisque ses amis en viennent tous à un moment ou à un autre, à se retourner contre elle. Souriau a fait remarquer qu'en dramaturgie "*L'absence d'aide* pour le représentant du bien est *éminemment pathétique* par le désarroi où elle jette le microcosme orienté par

---

[35] Cette thématique tranchée de l'innocence enfantine opposée à la perversité des hommes est une des caractéristiques de l'univers mélodramatique décrit par P. Brooks, *The Melodramatic Imagination* (New Haven: Yale University Press, 1976), p. 32. Cf. aussi A. Ubersfeld, "Les Bons et les méchants", *Le Mélodrame, Revue des Sciences Humaines*, no. 2 (1976), p. 194.

lui"[36]. L'isolement du héros est par ailleurs, on le sait, le thème caractéristique du théâtre romantique comme du mélodrame. Au début de la cinquième partie, au moment où son isolement est le plus complet, Delphine adopte résolument l'attitude de l'héroïne romantique. C'est d'ailleurs à ce moment que l'échange épistolaire fait place à une suite de stances lyriques sans destinataire déclaré, et que le roman devient poème:

> ...j'aimais cette fureur de la nature qui semblait dirigée contre l'homme. Je me plaisais dans la tempête; le bruit terrible des ondes et du ciel me prouvait que *le monde physique* n'était pas plus en paix que *mon âme*. Dans ce trouble universel, me disais-je, *une force inconnue dispose de moi*; livrons-lui mon misérable coeur, qu'elle le déchire; mais que je sois dispensée de combattre contre elle, et que la fatalité m'entraîne comme ces feuilles détachées que je vois s'élever en tourbillon dans les airs.
> (V, fragment 6)

Outre la pose romantique, nous retrouverons dans les dernières parties cette volonté de se décrire non seulement comme le porteur "d'une force qui va" mais aussi comme celui qui ne peut réagir aux vicissitudes du monde que par la passivité et l'impuissance la plus obstinée. Anne Ubersfeld a montré comment ce genre de passivité constituait la caractéristique des héros de mélodrame où le "traître" est le véritable sujet actif[37]. C'est cette structure dramatique qui cumule la passivité et l'irresponsabilité de l'héroïne qui permet l'effet d'une opposition tranchée entre Delphine et la société, au risque même de tomber dans le danger de réduire le conflit romanesque à celui plus poétique d'une âme brisée par le déchirement manichéen entre le moi et le monde[38]. Mais le roman de Mme de Staël ne se limite pas à la description d'une succession d'états d'âme, comme seuls nous en présentent les sept fragments de la partie V, ni à la simplification outrée et trop idéologiquement contraignante des ressorts dramatiques de mélodrames écrits pour le théâtre de boulevard. La scène romanesque confronte au contraire ces nouveaux modes poétiques ou théâtraux, signes des temps nouveaux, pour leur faire mieux servir la cause qui lui est chère: celle de la femme. Le roman ne peut ainsi finalement qu'échapper au développement idéologique du mélodrame: le retour à l'ordre patriarchal.

[36] Souriau, p. 99.
[37] Ubersfeld, p. 195.
[38] R. Girard, *Mensonge romantique et vérité romanesque* (Paris: Grasset, 1971), p. 35.

C'est peut-être d'ailleurs cette hésitation entre ces divers modes qui explique toute l'ambiguïté du roman, ambiguïté que nous avons soulignée tout au long de l'oeuvre mais qui se cristallise au niveau de l'attitude qu'on doit tenir vis-à-vis de l'héroïne. Pris entre deux attentes, celle du spectateur de tragédie classique, pour qui la consommation du destin ne peut être que dans l'ordre des choses, et qui ne peut donc trouver matière à s'apitoyer, et celle du spectateur du mélodrame pour qui le destin ne saurait se réaliser que par la punition des méchants et la récompense des opprimés, le lecteur se trouve constamment insatisfait. Contrairement à ce qu'ont pu en dire cependant certains critiques, ce double jugement du lecteur est un des buts conscients de la romancière qui se propose de punir son héroïne par le déroulement inéluctable du destin, mais aussi d'accuser violemment la société. Un des passages des *Réflexions* sur le but moral de *Delphine* est d'ailleurs explicite à cet égard:

> Ce sont ces bizarres contrastes des jugements de l'opinion que le roman de *Delphine* est destiné à faire ressortir, *il dit aux femmes*: Ne vous fiez pas à vos qualités, à vos agréments; si vous ne respectez pas l'opinion, elle vous écrasera. *Il dit à la société*; ménagez davantage *la supériorité de l'esprit et de l'âme, vos punitions* sont bien *disproportionnées avec la faute*; vous brisez des coeurs, vous renversez des destinées qui auraient fait l'ornement du monde; vous êtes *mille fois plus coupable* à la source du bien et du mal, que ceux que vous condamnez. (*Réflexions*, p. 648)

La romancière s'érigeant en juge suprême de son temps, joue ici, en quelque sorte, le rôle de ce nouveau personnage revolutionnaire: l'accusateur public. Loin de se distancier de l'événement historique, Mme de Staël y participe avec passion. L'irruption finale des autorités révolutionnaires sur la scène du roman n'apparaît plus dès lors aussi gratuite. La révolution n'a-t-elle pas pour première fonction de renverser l'ancien ordre établi? N'est-elle pas par définition la transgression sociale instaurée, et l'héroïne n'était-elle pas un de ses plus ardents défenseurs dans le roman? Il nous semble même que dans un certain sens, c'est par cet attachement final de Delphine à la révolution, que le roman échappe à la facilité d'une conclusion mélodramatique qui se contenterait d'effacer simplement par un événement réconciliateur, les termes de valeurs aussi opposées.

Anne Ubersfeld, qui a montré que la première fonction du mélodrame est de résorber les conflits et de "gommer les déterminations autres que familiales", en vient à la conclusion que: "...le mélodrame est parcouru par le rêve d'une réconciliation où n'apparaîtrait qu'une seule vue du monde, qu'un seul langage"[39]. Par son émergence historique et sa fonction politique et sociale, il manifeste "une volonté de récupération et de rachat de la révolution" qui pourrait s'interpréter au niveau mythique comme "une volonté d'effacement du parricide, la mort du roi"[40]. Envisagé de ce point de vue, le dénouement de *Delphine* se charge au contraire d'une signification symbolique contradictoire. D'une part, la mort de Delphine apparaît comme punitive et reconciliatrice dans la mesure où, s'abandonnant à la passion, elle doit mourir pour avoir pêché contre la loi du père. D'autre part, elle laisse entrevoir un scénario tout autre, qui est celui d'une deuxième mise à mort: celle de l'homme qui est cause de répression et représentant de l'ordre patriarchal révolu: l'amant. Pourtant, comme nous l'avons fait remarquer, aucun de ces deux mécanismes ne s'impose tout à fait et c'est précisément leur coexistence qui cause toute l'ambiguïté du roman.

Pour vouloir interpréter cette ambiguïté comme un défaut de l'oeuvre, à la suite de Le Breton, encore faudrait-il croire que la fonction du roman soit de donner une réponse claire aux problèmes contemporains, ou encore de transmettre une vision du monde érigée sur un système de valeurs sans failles. Nous voyons plutôt la fonction des formes littéraires, comme celle que D. de Rougemont, C. Lévi-Strauss et G. Lukács assignent aux mythes et au roman dans la capacité pour l'homme de fixer les contradictions du monde dans lequel il vit. De la même façon que D. de Rougemont a pu voir dans le roman de *Tristan et Iseult* l'illustration du "conflit de la chevalerie et de la société féodale — ou le conflit de deux devoirs", il apparaît que le roman staëlien permet de dramatiser le conflit des anciennes et des nouvelles valeurs, en ce début du dix-neuvième siècle[41].

Le résumé global du schéma de l'action compris dans toute son ambiguïté peut nous montrer qu'à ce niveau l'auteur se soucie bien plus d'exprimer la cruauté de ce conflit que de faire prévaloir une solution plutôt qu'une autre. Nous avons déjà souligné que la reproduction incessante de l'obstacle à la passion peut évidemment être vue comme la mise en scène d'un scénario de punition et c'est là l'interprétation qu'on lui donne le plus souvent: "On dirait parfois que *la femme-auteur châtie en son héroïne la révolte* dont elle-même était grosse

[39] Ubersfeld, p. 195.
[40] Ubersfeld, p. 195.
[41] Rougemont, p. 26.

et dont la création romanesque la soulage *cathartiquement"*[42]. Mais l'aspect ritualisé de ces échecs successifs, illustré par le cérémonial des grandes scènes qui concluent chaque épisode, permet aussi de les voir tout aussi bien comme la mise en scène d'un sacrifice, sans cesse renouvelé parce qu'à chaque fois inadmissible pour l'auteur. La répétition obsessionnelle du sacrifice féminin renvoie alors l'accusation sur l'amant et la société. L'ambiguïté d'interprétation que nous venons de souligner doit finalement se lire au niveau des rôles dramatiques selon un schéma plus général que celui du personnage. Dans le cas de Delphine comme dans celui de Léonce on voit l' "amour" en lutte contre l' "amour de soi". Mais si ce dernier sentiment peut se traduire par la notion de respect de soi, il est à la fois identique et différent chez les deux personnages. Chez Léonce l' "amour de soi" est non-valeur puisqu'il se révèle finalement, et de son propre aveu, équivaloir à la vanité sociale—attachement aux valeurs de ses contemporains. Chez Delphine l' "amour de soi" est la valeur par excellence puisqu'il ne cesse de se présenter comme la pure affirmation de la liberté individuelle. Ainsi si les amants éprouvent l'un pour l'autre une passion réelle, on ne peut douter qu'ils sont à jamais séparés par le mouvement oscillatoire des pôles positif et négatif de ce que nous venons de définir comme "amour de soi". Si l'on se représente ce double jeu selon le simple schéma d'opposition d'un va-et-vient, on peut remarquer qu'il est alors possible de faire abstraction de l'opposition selon les personnages, pour lire le déroulement de l'action selon la seule opposition alors pertinente entre l'amour de soi positif et l'amour de soi négatif, ou comme nous l'avons suggéré plus haut entre le respect des lois et la transgression des lois. Le conflit que nous venons alors de souligner ne se rapporte plus à un conflit interpersonnel, mais c'est véritablement celui de la "personne"[43]. Par delà l'histoire d'amour nous découvrons celle de l'individu, féminin ou masculin, aux prises avec les contradictions intrinsèques de son époque. Reste à savoir si le sexe

[42] Fauchery, p. 106.
[43] Cf. M. Zéraffa, *Personne et personnage* (Paris: Klincksieck, 1971), p. 11. Nous nous contentons de rappeler ici sa définition qui nous a permis de pousser l'analyse de l'action jusqu'à cette conclusion: "Si notre thèse était que le roman, dans sa totalité, conçue comme un ensemble d'éléments structuraux... nous propose une image globale, privilégiée, significative de la personne, nous devions logiquement distinguer *la personne du personnage*... Nous devions nous exposer à la plus valable des objections, où est la personne, dès lors qu'elle n'est point totalement incarnée... La notion de personne chez Faulkner, comme chez Joyce, relève aussi et surtout peut-être, de la composition du récit".

de l'auteur met en cause la neutralité de cette histoire. Les déchire-
ments de "l'âme sensible" pourraient-ils, à l'aube du dix-neuvième siècle, se conter sans partage ni coupure?

DELPHINE II:
NARRATIONS DELPHIQUES, UN MESSAGE PROBLÉMATIQUE

1. *Le pacte narratif préfaciel*

Le Breton avait jugé que c'était dans la projection du drame intime de l'auteur dans le roman que résidait la faiblesse de *Delphine*: "Ce qui nuit à *Delphine*, c'est *ce qu'il y avait d'incohérent et de contradictoire* dans l'âme même de Mme de Staël. Il s'en faut de beaucoup que la signification soit claire"[1]. Villers déclare, au contraire, que c'est là tout l'intérêt de la création romanesque staëlienne:

> Je n'oserais dire que vous êtes passée maître dans l'art de peindre les orages du coeur... c'est *vous toute entière* qui jetez en *mobiles reflets votre image* sur le papier... L'artiste ressemble à l'*illuminateur* qui imite la pourpre avec des lampions, et qui a besoin d'un fond brun pour faire ressortir ses lumières.[2]

Double métaphore par laquelle Villers saisit le travail de l'écrivain sur le vif: projection et manipulation des figures projetées selon la méthode des ombres chinoises. En fait, ce deuxième aspect vaut à Mme de Staël et lui vaudra très souvent tout autant de critiques. On lui reproche de se faire un peu trop montreur de marionnettes, de révéler en quelque sorte derrière le voile de la fiction la personnalité qui les agite trop ostensiblement:

> *Delphine* a d'autres défauts qui tiennent à la façon dont travaillait Mme de Staël. Cette femme éloquente et dont *la conversation* a enchanté, émerveillé ses contemporains, avait peine à se résigner *au silencieux travail*

[1] Le Breton, p. 131.
[2] Isler, éd., "Lettres de Villers", p. 278.

de la plume. Elle parlait le chapitre avant de l'écrire, le rédigeait le soir en tout hâte, revenait de nouveau en causer le lendemain avec ses hôtes de Coppet et bon gré, mal gré, il fallait que toutes les questions remuées au cours de ces entretiens, que toute la substance de ces géniales improvisations passât dans le volume. Il se voit trop que *Delphine* a été écrite ainsi.[3]

L'auteur apparaît dès lors à la fois comme le sujet du roman—il s'agit de son histoire mise en scène sur le mode dramatique—et le narrateur de l'histoire. C'est bien à partir de cette double constatation que la plupart des critiques ont rangé *Delphine* sous la rubrique des "romans autobiographiques", ou selon la terminologie de J. Merlant du "roman personnel"[4]. A lire ces critiques qui ne font que peu de mention de la technique narrative du roman, il est très facile de s'imaginer qu'il s'agit en fait d'un roman écrit à la première personne. Il n'en est rien. *Delphine* est un roman épistolaire à plusieurs voix, et non pas un monologue épistolaire comme bien des romans de l'époque[5]. Il s'agira donc de voir comment le roman résoud cette autre contradiction qui est de faire d'un roman à voix multiples, le moyen d'expression d'une autobiographie indirecte. Le titre du roman *Delphine*, prénom courant à l'époque, emblématise pourtant par avance, dans le contexte de l'onomastique mythologique staëlienne, la résolution stratégique du dilemme de l'écriture. La prêtresse pythique émet des messages mystérieux et plurivoques. Mais le mot symbolique des oracles de Delphes est aussi comme le rappelait Rousseau "Connais-toi toi-même". De ce point de vue, le roman se présente comme une quête: celle d'un secret dérobé sous le voile de la fiction.

Dès les premières lignes de la préface de 1802, Mme de Staël se fixe, comme romancière, le rôle bien spécifique d'exprimer "le langage de l'âme" et par conséquent une certaine vérité de l'auteur. Nouvel *Essai sur les fictions*, ou théorie abrégée du roman où se retrouvent paradoxalement inscrits en filigrane les éléments d'un pacte autobiographique fragmentaire? Témoin, cette phrase frappante quoique sibylline qui justifia tant d'exégèses: "N'estimons les romans que lorsqu'ils nous paraissent, pour ainsi dire, une sorte de *confession* dérobée..." (*Delphine*, préface [1802], p. 335). En vue d'évaluer les écarts entre la théorie et la pratique romanesque, il n'est pas inutile de rappeler la définition formelle que Lejeune donne de l'autobiographie:

[3] Le Breton, p. 130.
[4] Merlant, *passim*.
[5] J. Rousset, *Forme et signification* (Paris: Corti, 1962), p. 70.

Récit *rétrospectif* en *prose* qu'une *personne réelle* fait de sa propre existence, lorsqu'elle met l'accent sur *sa vie individuelle*, en particulier sur l'histoire de sa personnalité.[6]

Des six éléments nécessaires à cette définition, deux font évidemment défaut dans *Delphine*: 1) le récit n'est pas rétrospectif puisque les épistoliers y racontent leur vie au jour le jour; 2) l'auteur n'y est pas identique au narrateur puisque celui-ci est multiple. Si les lettres de Delphine paraissent constituer, elles, une véritable confidence autobiographique, rien n'y autorise l'équation Delphine-Mme de Staël. P. Lejeune a montré que sans l'existence de ce "pacte autobiographique" par lequel l'auteur ratifie en quelque sorte l'auto-référentialité de son récit devant le lecteur, on ne saurait parler d'autobiographie. C'est donc dans la conception même du roman que réside toute l'ambiguïté de l'entreprise staëlienne. Si Mme de Staël évoque plusieurs fois dans sa préface l'idée de "confession", c'est apparemment sans se soucier de paraître se contredire comme romancière:

Observer le coeur humain, c'est montrer à chaque pas l'influence de la morale sur la destinée: il n'y a qu'*un secret* dans la vie, c'est le bien ou le mal qu'*on* a fait; il se cache, ce secret, sous mille formes trompeuses: *vous souffrez* longtemps sans l'avoir mérité, *vous prospérez* longtemps par des moyens condamnables, mais tout à coup *votre sort* se décide, *le mot de votre énigme* se révèle, et ce mot, *la conscience* l'avait bien dit avant que *le destin* l'eût répété. (*D*, préface, p. 335)

Les mots "âme", "secret", "conscience", évoquent une vérité intime et personnelle que le roman a pour fonction de révéler, de représenter. Mme de Staël reconnaît ici l'identité du sujet du roman et de son auteur: "le bien ou le mal qu'*on* a fait".

La préface présente donc un pacte autobiographique, mais pacte autobiographique partiel et ambigu, car on ne saurait nier que pas une seule fois le "je" de l'auteur ne prend la responsabilité du roman[7]. Il s'agit au contraire d'un "je multiple" ou plutôt du "nous", qui inclue à la fois le "je" de l'auteur et le "vous" du lecteur. Si le roman doit révéler un "secret intime", il s'agit à la fois du secret de l'auteur comme de celui du lecteur. L'oeuvre est bien une "confession", mais cette confession n'est pas seulement dérobée à l'auteur, "à ceux qui ont vécu"

[6] P. Lejeune, *Le Pacte autobiographique* (Paris: Seuil, 1975), p. 14.

[7] L'analyse attentive des préfaces de roman est très révélatrice des stratégies des romanciers comme l'ont d'ailleurs différemment montré G. May, *Le Dilemme du roman au dix-huitième siècle* (Paris: PUF, 1963), *passim*. H. Mitterand, "Le Discours préfaciel", *La Lecture socio-critique du texte romanesque*, éd. Mitterand (Toronto, 1975), p. 3.

mais à tous les lecteurs futurs, "à ceux qui vivront". Le secret du roman se trouve être à double fond: le secret individuel ne finit par révéler que le secret de la personne en général. L'ambiguïté fondamentale de la vérité romanesque réside donc dans cette incroyable aptitude de l'oeuvre à révéler tout homme dans chaque confidence humaine:

> Les romans que l'on ne cessera jamais d'admirer, *Clarisse, Clémentine, Tom Jones, La Nouvelle Héloïse, Werther*, etc., ont pour but de révéler ou de retracer une foule de sentiments dont se compose, *au fond de l'âme*, le bonheur ou le malheur de l'existence; ces sentiments que l'on ne dit point parce qu'ils se trouvent liés avec *nos secrets* ou avec *nos faiblesses* et parce que *les hommes passent leur vie avec les hommes sans se confier jamais mutuellement ce qu'ils éprouvent.* (*D*, préface, p. 335)

Le caractère éminemment confidentiel du roman est évident mais la notion de confidence est, ici, bien particulière puisqu'elle est à la fois, et de façon indiscernable semble-t-il, individuelle et universelle, secret intime et vérité générale, intériorité et extériorité. L'écriture romanesque apparaît donc ici comme un processus d'extériorisation, d'objectivation de l'expérience intime. On ne peut donc parler d' "autobiographie" que si l'on ajoute immédiatement le corollaire d'objectivation qui lui est implicite. La forme du roman épistolaire se prête extrêmement bien au projet staëlien, et va permettre, nous le verrons, de réconcilier le subjectif et l'objectif en laissant à la fois une large part à l'expression personnelle, mais en l'objectivant sur le mode du drame.

En fin de préface, Mme de Staël ne se présente plus, paradoxalement, que comme l'éditeur et le metteur en scène d'une correspondance:

> *Les lettres que j'ai recueillies* ont été écrites dans *le commencement de la révolution*; j'ai mis du soin à retrancher de ces lettres, autant que la suite de l'histoire le permettait, tout ce qui pouvait avoir rapport aux événements politiques de ce temps-là. Ce ménagement n'a point pour but, on le verra, de cacher des opinions dont je me crois permis d'être fière; mais je souhaiterais qu'ont pût s'occuper uniquement *des personnes qui ont écrit* ces lettres. (*D*, préface, p. 337)

La distance narrative que l'éditeur ménage ainsi entre lui-même et l'histoire qu'il présente, permet alors au lecteur d'envisager l'histoire— présentée dans les pages précédentes comme confession immédiate—

comme une histoire passée, révolue. Nous retrouvons en cette fin de préface, le point de vue rétrospectif, que nous avons défini selon P. Lejeune, comme un des critères de l'autobiographie.

La préface contient finalement chacun des critères qui nous ont permis de définir l'autobiographie, mais de façon non unifiée et constamment contradictoire. L'auteur, par un glissement de définitions qui ne se fait pas dans un ordre indifférent, parle tout d'abord du roman comme d'une pure fiction, puis d'une confidence romanesque et enfin comme d'une correspondance réelle dont elle ne serait que l'éditeur. Le pacte narratif que la romancière établit ainsi dans cette préface est particulièrement ambigu.

La stratégie de ce discours préfaciel est, on le voit, aussi prudente qu'audacieuse. A la fois romancière, éditeur, et narrateur, Germaine de Staël, qui a posé sa signature sur la couverture de *Delphine*, défend au lecteur de la préface de lui fixer un rôle déterminé, de l'emprisonner dans le rôle de l'un quelconque des personnages. Elle revendique en quelque sorte la liberté d'être partout et de n'être nulle part; présence à laquelle nous ne cesserons de nous heurter sans pourtant la saisir parce qu'elle est toujours fuyante dans le va-et-vient de ce commerce épistolaire qu'elle dirige, organise, interrompt à plaisir, mais aussi qu'elle revit et fait revivre à son lecteur comme l'élucidation de sa propre vie:

C'est ainsi que l'histoire de l'homme doit être représentée dans les romans; c'est ainsi que les fictions doivent nous expliquer, par *nos* vertus et *nos* sentiments *les mystères de notre sort*. (*D*, préface, p. 335)

Les derniers mots de la préface ne peuvent que frapper par l'ambiguïté de la nature du pacte narratif qui s'y inscrit: présentant l'ouvrage comme un recueil de lettres qu'elle a "recueillies", elle ne revendique pas moins, par "nos vertus" et "nos sentiments", la responsabilité des opinions qui y sont exprimées. Or ses opinions, du fait de la multiplicité des points de vues du commerce épistolaire, ne peuvent que discorder et le lecteur est en droit de se demander comment dans ce discours multiple il pourra lire la confession annoncée. C'est bien là le point obscur de ce discours préfaciel qui, tout en promettant au lecteur la révélation d'un secret, ne le lui donne apparemment que sous la forme d'un énigmatique message épistolaire plurivoque.

2. Le langage éclaté

Le seul titre de *Delphine*, aurait pu suffire à impliquer une certaine identité du sujet romanesque et de la voix narrative. La tradition des romans féminins a cependant montré que la prédilection de l'ono-mastique romanesque pour les noms de femmes ne commandait que rarement le féminocentrisme narratif. Le plus souvent au contraire, l'histoire féminine est transmise par le biais d'une autre voix narra-tive que ce soit celle de l'amant, de la mère ou d'une amie, ou par la narration impersonnelle. En choisissant la forme de la plurivocité épistolaire, l'auteur retournant à son premier modèle, *La Nouvelle Héloïse*, autrefois critiqué, se met en mesure d'y substituer le sien. Riva-lité d'outre tombe d'où ressortent les choix fondamentaux de l'auteur féminin. On ne peut ne pas remarquer que l'Héloïse staëlienne occupe, dans l'économie narrative, une place autre que celle de Julie. Outre la fonction d'amante, Delphine assure en fait aussi celle de Saint-Preux comme observateur philosophe. Elle se trouve ainsi occuper tout à la fois une position centrale comme objet d'amour et ex-centrique comme commentatrice de la vie mondaine. Delphine, comme Saint-Preux et non comme Julie, vit entre deux mondes, celui de la haute société parisienne et celui de la province. Position particulièrement instable et dangereuse pour une femme dans l'univers social et cultu-rel de l'époque. Le féminocentrisme n'est souvent, on le sait, un culte rendu qu'aux héroïnes vouées à un seul lieu—qu'il soit bourgeois, aris-tocratique ou familial. Les données du personnage staëlien, pose donc d'emblée un dilemme à la tradition romanesque. Ecartelée entre deux mondes et par là deux systèmes de représentation, l'esthétique des romans mondains et celle des romans romantiques, le sujet staëlien ne trouvera-t-il à donner de son histoire qu'un tableau fragmentaire et éclaté?

Le roman commence, nous l'avons vu, au moment où Delphine fait son entrée dans le monde aristocratique parisien, thème tradi-tionnel s'il en est de l'éducation mondaine du héros de qualité; mais il ne se trouve pas traité ici comme dans *La Princesse de Clèves*, *La Vie de Marianne*, ou *Les Egarements du coeur et de l'esprit*, avec la distance intel-lectuelle d'un narrateur averti et rompu aux usages du monde[8]. Durant

---

[8] Nous devons beaucoup à l'étude de P. Brooks, *The Novel of Worldliness*, dans cette partie de notre étude.

toute la première partie, nous prenons connaissance du "monde" parisien dans lequel Delphine pénètre surtout par le biais de la vision subjective qu'elle en donne dans sa correspondance à sa tutrice, Mlle d'Albémar, retirée à la campagne près de Montpellier. Plutôt qu'un récit-mémoire à la première personne, nous avons affaire à une communication épistolaire ouverte où se joue quotidiennement l'affrontement de deux mondes.

Par son regard à la fois candide, mais lucide, l'héroïne se trouve d'emblée assumer deux fonctions narratives apparemment incompatibles: celle de la novice empressée d'entrer dans le monde et celle de l'observateur philosophe qui se doit de garder le bénéfice de la distance critique[9]: "...La société de Paris est peut-être la société du monde où un étranger cause le plus de gêne" (I.11). Ces deux exigences ne peuvent coexister en un seul personnage que par une foi véritable en la réconciliation possible des deux mondes et des idéologies qu'ils impliquent: l'idéologie mondaine et l'idéologie des lumières. La correspondance que l'héroïne entretient avec les tenants des deux mondes constitue le meilleur garant de cet espoir. Le choix de la forme épistolaire, mode privilégié de l'échange des idées, se trouve ainsi parfaitement légitimé mais ne laisse pas de trahir le caractère malgré tout illusoire de cette utopique harmonie à la fin de l'Ancien Régime.

Alors que Delphine vit l'euphorie d'une communication directe avec Mme de Vernon, reine du cercle mondain, celle-ci, nouvelle Merteuil s'empresse de briser, pour le lecteur, le rêve de pure transparence d'un langage unifié:

> ...c'est [Delphine] une personne de tout premier mouvement et ne se servant jamais de son esprit pour éclairer ses sentiments, *de peur peut-être qu'il ne détruisit les illusions* dont elle a besoin. Elle a reçu de son bizarre époux et d'une soeur contrefaite une éducation à la fois toute philosophique et toute romanesque; mais que nous importe? Elle n'en est que plus aimable; les *gens calmes* aiment assez à rencontrer ces caractères exaltés qui leur offrent toujours quelque prise. (I.9)

Soulignant l'origine philosophique de la vision romanesque que Delphine se fait du monde, Mme de Vernon se présente alors comme la conscience omnisciente de ce cercle mondain aux valeurs conservatrices: "*Je suis témoin* de *tout ce qui se passe*; Delphine et Léonce n'ont pas un seul mouvement qui m'échappe" (I.28).

[9] Cf. allusion aux *Lettres persanes*, dans *De la littérature*, I.283.

L'affrontement de ces deux visions du monde est en fait suffisamment net pour se concrétiser dans une opposition de langage que Mathilde de Vernon souligne dès les premières lettres:

> Ma cousine, où en serions-nous si toutes les femmes prenaient ainsi pour guide *ce qu'elles appeleraient leurs lumières*? Croyez-moi... les hommes qui sont les plus affranchis *des vérités traitées de préjugés* dans *la langue actuelle,* veulent que leur femme ne se dégage d'aucun lien. (I.2)

Dès le début du roman nous apprenons qu'il y a deux langues, l'ancienne et la nouvelle, qui représentent les deux conceptions du monde en conflit en ce début de la révolution.

Le roman commence ainsi sur une bataille de mots. Dissidence langagière qui se traduit le plus souvent comme l'a fait remarqué R. Girard chez Stendhal, par la technique de la multiplicité des points de vues romanesques[10].

A partir de l'opposition fondamentale que nous venons d'indiquer, la correspondance épistolaire de Delphine se partage dans les trois premières parties selon les divers personnages qui appartiennent tous, à un plus ou moins grand degré, à l'un ou l'autre camp. A Mme de Vernon et sa fille se joint en effet l'amant Léonce, qui malgré son caractère passionné, se déclare dès sa première lettre le défenseur des valeurs aristocratiques qu'il ne craint pas de nommer fièrement les "préjugés de [ses] aïeux" (I.18). De l'autre côté, se trouve Mlle d'Albémar dont les interventions servent entre autres à rappeler à Delphine le point de vue éclairé du philosophe M. d'Albémar.

> Il croyait Mme de Vernon fausse jusqu'à la perfidie. Pardon si *je me sers de ces mots*; mais je ne sais pas comment *dire leur équivalent*, et je me confie à votre bonne amitié pour m'en excuser. (I.7)

L'hésitation entre les mots souligne encore une fois ici, la démarcation entre les deux visions du monde qui ne cessent de s'affronter tout au long du roman.

Dans la quatrième partie s'immisce heureusement un nouveau point de vue et langage conciliateur, celui du couple Lebensei dont l'intérêt réside dans une sorte de juste milieu "libéral" entre les illusions philosophiques et romanesques de Delphine et les froids calculs du code mondain. Devenus le seul espoir de dialogue entre les amants,

[10] Girard, p. 145.

ils s'instituent alors les nouveaux arbitres du monde épistolaire. Républicains convaincus, ils proposent aux amants la seule issue "raisonnable": le divorce de Léonce. Dans sa lettre plaidoyer du divorce, véritable profession de foi libérale, M. de Lebensei fait aussi ressortir l'aspect réactionnaire du point de vue de Léonce:

> Je sais bien que M. de Mondoville a été élevé dans un pays où l'on tient beaucoup à toutes les idées, comme à tous *les usages antiques*; mais il est *trop éclairé* pour ne pas sentir que *les illusions* qui inspiraient autrefois de grandes vertus, n'ont pas assez de puissance maintenant pour les faire naître. (IV.17)

De nouveau le choix des mots trahit le décalage des valeurs et des visions: le mot "illusion" utilisé par Mme de Vernon pour souligner l'aveuglement de Delphine est repris ici mais du point de vue résolument opposé: le rapport des valeurs est ainsi complètement inversé. L'illusion renvoie maintenant aux valeurs mondaines et la clairvoyance supérieure a changé de mains. Ce n'est plus la lucidité aristocratique qui semble capable de contrôler le monde, c'est la lumière philosophique. Dans cette optique il ne s'agit plus de détenir cette intelligence calculatrice et cet esprit de pénétration, qui caractérise le regard mondain dans *La Princesse de Clèves*, comme dans *Les Liaisons dangereuses*. Il s'agit plutôt d'être "éclairé", c'est-à-dire de tenir sa vérité de la raison et du coeur. La proposition de divorce ne saurait être acceptée de Léonce. Delphine le sait et voit ainsi s'échapper la seule solution du dilemme amoureux. A l'échec épistolaire succède alors l'isolement de l'écriture intime et lyrique (partie V) sans destinataire réel, première infraction à la loi du pacte épistolaire. L'aphasie épistolaire de l'héroïne se traduit d'ailleurs finalement au niveau de la technique par l'arrivée en scène du narrateur omniscient.

Dans les parties I, II, III, le parallélisme des deux couples principaux héros-confident, de la correspondance intime, la circularité de la correspondance sociale et l'équilibre relatif du duo épistolaire amoureux, correspondent à l'expérience d'une structure fermée: le cercle social fonctionne sur le mode de l'échange. Dans les parties IV, V, VI le changement symptomatique de confident, la monodie lyrique de l'héroïne exilée, et le renouvellement des relations temporaires, reflètent l'éparpillement d'une correspondance qui ne se fait plus au sein d'un cercle social privilégié, mais entre divers groupes sociaux irréconciliables, et qui tout en expliquant la prise en charge finale du récit épistolaire fragmenté par l'éditeur-narrateur, traduisent l'éclatement du monde romanesque. Mme de Staël semble ainsi s'éloigner des romans à structure circulaire à la fois comme celui de Laclos où le monde constitue l'horizon et le sujet même de la correspondance et comme celui de Rousseau, où nous retrouvons dans la dernière partie, l'harmonie d'une société dont l'autosuffisance anti-mondaine se révèle en 1802 aussi dépassée qu'utopique. L'échange épistolaire, ce moyen privilégié de la communication directe et médiatisée de la société enfantine, se défait dans *Delphine* pour laisser place dans la deuxième partie, à l'écriture intime, et dans le dénouement à la narration impersonnelle. La forme épistolaire se trouve dans *Delphine* mise en cause par ces nouveaux modes d'écriture romanesques que sont au dix-neuvième siècle l'écrit autobiographique et la narration omnisciente.

3. Le langage obstacle: de la lettre à la scène

La subversion finale du médium épistolaire par d'autres techniques narratives pouvait d'ailleurs se pressentir dès la première partie dans les difficultés de la correspondance amoureuse. Correspondance où se trouve vite mise en échec la valeur des mots au profit des gestes, le langage verbal au profit du langage visuel. Dans le monde en plein bouleversement de la révolution, le langage n'est plus univoque et clair comme sous l'Ancien Régime. Le code mondain, dont les concepts éthiques et politiques sont désormais anachroniques, se vide peu à peu de son sens. Dans le roman, la fonction négative du langage est cependant poussé à l'extrême puisqu'il devient, après l'utilisation qu'en fait Mme de Vernon, véritable instrument de discorde et de corruption, au lieu de remplir la fonction de communication à laquelle il se trouve destiné par essence.

Delphine, l'étrangère et "la sauvage", refuse de se soumettre aux règles du jeu linguistique de la société policée qu'elle remet sans cesse en cause. C'est bien parce qu'elle refuse d'utiliser les mots avec leurs acceptions conventionnelles qu'un duel à mort va s'engager entre les amants dans le duo épistolaire de la troisième partie. Au moment où tout obstacle extérieur est suspendu, l'obstacle réel se révèle être au niveau du langage[11]. Le point névralgique de ce malentendu linguistique, moment central du roman, tient finalement aux fluctuations

---

[11] A ce sujet nous nous sommes inspirés de l'étude de J. Starobinski, *J. J. Rousseau: la transparence et l'obstacle*, p. 149. Ce mythe de l'existence d'une communication directe et non médiatisée se trouve d'ailleurs être en plein développement à l'aube du 19ème siècle. J. Derrida dans *De la grammatologie* (Paris: Minuit, 1967), a d'autre part analysé

sémantiques des mots "honneur", "noblesse", "bonheur", "union", qui selon l'acception de Léonce consiste à vivre avec Delphine "comme" une épouse-maîtresse. Pour Delphine cela ne peut, hors du divorce, signifier que l'avilissement de sa personne. Les amants utilisant les mots dans des sens opposés, la joute épistolaire ne peut alors que toucher à sa fin: "tout retomba dans le silence, je restais seule avec moi-même".

Au langage des mots semble pourtant devoir se substituer un autre langage, celui des gestes et des soupirs:

> Je restais dans ma chambre, debout, *derrière le rideau de ma fenêtre*, les yeux fixés sur l'entrée de la maison, tenant à ma main *la lettre* que je vous avais *écrite*... Enfin vous paraissez, vous fîtes quelques pas... il me sembla que je vous voyais chanceler et dans cet instant vous l'emportâtes sur toutes mes résolutions. *Je m'élançai hors de ma chambre* pour courir à vous. (III.4)

La seule vue de l'amant lui fait donc, un instant, oublier l'écran des mots. L'élan précipité de Delphine pour rejoindre son amant contredit le message du refus épistolaire. Un décalage semble alors exister entre le langage verbal, qui, parce que conceptualisé, se ressent toujours des impératifs du code social, et le langage du corps qui semble plus apte à rendre les mouvements de l'âme dans leur authenticité. Quelques lettres plus loin, alors qu'elle s'est contrainte à suivre la décision inscrite dans la lettre, Delphine, se retrouvant dans les bras de son amant, s'abandonne à l'extase silencieuse du regard: "Léonce me porta quelque temps, il me croyait *évanouie*. J'étais calme parce que l'expression de ses sentiments était vive" (IV.8). La narration épistolaire ne cesse ainsi de se trouver contaminée par le descriptif.

Il est de tradition depuis la *Poétique* d'Aristote de considérer la notion de représentation littéraire, selon les deux grandes divisions: "mimésis" et "diégésis", qui opposent la représentation pure et la narration pure. Des théoriciens modernes comme W. Booth et G. Genette ont repris cette distinction pour montrer que malgré son caractère trop tranché, elle restait toujours pertinente dans l'analyse des romans modernes[12]. W. Booth par exemple a souligné la réapparition d'une

toute la complexité de ce thème contradictoire dans les textes où Rousseau élabore sa théorie du langage (ch. 3, "Genèse et structure de *L'Essai sur l'origine des langues*", p. 235 et suiv.).

[12] G. Genette, "Frontières du récit", *Figures II* (Paris: Seuil, 1969), p. 50; "Modes du récit", *Figures III* (Paris: Seuil, 1972), p. 183; W. Booth, *The Rhetoric of Fiction* (Chicago: University of Chicago Press, 1961), *passim*, et "Distance et point de vue", *Poétique*, no. 4 (1970) (traduction).

valorisation extrême du mode scénique dans les grands romans du dix-neuvième siècle et du début du vingtième siècle au détriment du "récit" prédominant de la littérature de l'âge précédent. Les romans staëliens en sont un exemple certain. Il est frappant de noter que, malgré la rhétorique épistolaire qui tend plutôt à privilégier le récit sur la scène, on trouve un grand nombre de scènes, dialoguées ou non, qui se caractérisent par une forte concentration de détails visuels et de dialogues en style direct.

On voit même s'élaborer tout au long du roman, et par l'intermédiaire de la réflexion des personnages, une sorte de théorie de la communication qui tend à privilégier le visuel sur le verbal. C'est tout d'abord comme un effet de l'amour, ou plutôt, de ce phénomène bien connu du "coup de foudre", que Delphine déclare ainsi le primat de la vision sur le mot:

> Que vous disais-je dans ma dernière lettre, ma chère Louise! Il me semble que je vais le démentir. *Je l'ai vu...* Pourquoi le juger sur une *lettre*? *L'expression de son visage le fait bien mieux connaître.* (I.20)

La réaction de Léonce à la première rencontre se révèle même plus catégorique: "J'ai observé, je l'ai jugée, je la connais" (I.24) et l'amène à renverser toutes les idées préconçues qu'il s'était faites à son sujet.

Dans ces réflexions on retient non seulement le primat accordé au visuel mais aussi le caractère privilégié du regard amoureux qui pénètre du premier coup jusqu'à l'être authentique de l'autre. A la pénétration destuctrice du regard mondain s'oppose ainsi l'appréhension directe de la vérité des âmes. Ce genre de communication est évidemment facilité avec des êtres qui, comme Delphine, se moquent bien de cacher leurs émotions. Delphine, contrairement aux mondains, n'a pas de "paraître" et, comme le fait remarquer Léonce, "chacune des *grâces de cette figure* est *le signe* aimable d'une qualité de l'âme" (I.21). Il semble que le héros nous révèle, à côté du code mondain des apparences, le code naturel d'une sorte de "trans-langage" qui lui échappe. C'est au langage qui se passe des mots, ou presque (I.26) que Léonce et Delphine peuvent ainsi avoir l'impression de se comprendre intimement avant d'avoir "encore eu un quart d'heure de conversation ensemble" (I.27).

Cette sorte d'intelligence qui s'institue parfois spontanément entre les êtres est traditionnellement attribuée à l'amour, mais elle semble aussi correspondre ici à un rêve bien connu depuis Rousseau, celui d'une communication humaine non pervertie et que Starobinski a décrit et dénoncé comme le mythe de la transparence[13]. Mme de Staël poursuit en effet la rêverie de son maître dans son roman et en reprend un à un tous les thèmes: celui de l'inaptitude du langage à exprimer les émotions de l'âme, celui de la comparaison musicale (I.26, III.21) et celui de la perversion du code social[14]. Et c'est comme lui, pour échapper à l'ambiguïté du langage, qu'elle privilégie le langage visuel dans son roman. Elle en tire pourtant, nous allons le voir, des effets sensiblement différents et plus particulièrement lorsqu'on examine ce qu'il advient, dans cette optique, de la représentation de l'amour. Représentation où les strategies idéologiques du sexuel sont difficiles à neutraliser.

Avant Mme de Staël les romanciers ont tiré deux effets opposés de la forme épistolaire. Dans *Les Liaisons dangereuses* la lettre est principalement l'instrument stratégique de la séduction, de la manipulation des autres, et accessoirement de la révélation de l'aveuglement des dupes et des victimes. Dans *La Nouvelle Héloïse*, au contraire, la lettre est l'instrument du dévoilement de la passion, et plus tard le moyen d'élaborer et de maintenir l'utopie de bonheur de Clarens. Dans *Delphine* la lettre semble se charger de ces deux fonctions à la fois. Mais du fait de la coexistence de ces deux perspectives contradictoires, la romancière se trouve aussi dans l'obligation de trouver un troisième mode d'expression qui lui permette d'échapper à la situation conflictuelle qu'elle a mise en "scène". Mode d'expression supplémentaire et original, la "scène" intervient à chaque fois que le roman se trouve bloqué par une de ces situations de communication insolubles[15]. Témoin la rencontre symbolique des amants devant le tableau pathétique de Marcus Sextus de Guérin, où les amants silencieux ne

[13] Starobinski, *passim*.

[14] Cf. les études de Starobinski et de Derrida. Nous noterons que Mme de Staël n'a jamais développé une théorie du langage mais que ces problèmes l'intéressaient tout particulièrement. Elle a d'ailleurs pris soin dès 1800 de faire connaître un des ouvrages qui apparaît comme un des premiers traités de linguistique de l'époque, celui de M. Dégérando *Des Signes et de l'art de penser*, reproduit dans les *Cahiers staëliens* (1968). D'autre part on pourrait relever dans ses ouvrages théoriques de nombreuses analyses et réflexions qui sont en fait une ébauche d'une théorie personnelle du langage.

[15] Rappelons les descriptions détaillées que Rousseau envoie à son graveur Prudhon pour l'exécution des douze estampes qui figureront dans son roman. De même Bernardin de Saint-Pierre veille de très près à l'exécution des gravures pour *Paul et Virginie* par Moreau le Jeune. Il suffit par ailleurs d'ouvrir les romans féminins de l'époque pour être frappé par la présence de ces estampes.

peuvent plus cacher leur émoi partagé (II.8). Témoin encore la scène du jardin de Mme de Lebensei où Léonce, surprenant Delphine au pied d'une stèle dédiée à l'amour et, changeant d'opinion à son égard, redevient amant:

> J'aperçus *d'une des hauteurs du jardin*, à travers l'ombre des arbres, cette charmante figure que je ne puis méconnaître; elle était *appuyée* sur un monument qu'elle semblait considérer avec attention; une petite fille à ses pieds, habillée de noir la tirait par sa robe pour la rappeler à elle. Je m'approchais sans me montrer. Delphine *levait ses beaux yeux vers le ciel*, et *je crus la voir pâle* et *tremblante*, telle que son image m'était apparue en l'église... Le vent venait de son côté; il agitait les plis de sa robe avant d'arriver jusqu'à moi, en respirant cet air, je croyais m'enivrer d'elle; il m'apportait *un souffle divin*. (II.2)

Frappé par le caractère éloquent de cette scène silencieuse, Léonce est prêt à reconnaître son erreur quand il se rend compte que c'est la fatale lettre où il lui refuse un entretien qu'elle essaie "de lire au clair de lune". L'espoir de la communication directe est encore une fois coupée par la toute puissance des lettres et des mots. Par son caractère fortement visuel, l'absence de paroles et la minutie des indications scéniques, le récit épistolaire se transforme ici en "tableau de genre" qui fait penser à Greuze et qui semble esquissé pour faire ressortir toute l'innocence angélique de l'héroïne. Mais bloqués par le malentendu linguistique, les amants ne peuvent finalement communiquer. L'impuissance de Delphine à se défendre devant son amant par des paroles est ici démontrée.

La dernière rencontre silencieuse qui relance en fait la communication épistolaire entre les deux amants (II.14) s'organise encore autour d'un tableau, théâtral cette fois. C'est en voyant la *Tancrède* de Voltaire, que les amants silencieusement conscients de leur émotion mutuelle sont prêts à s'élancer l'un vers l'autre. Cette scène, racontée par Delphine, est tout en gestes:

> *Je vis son visage baigné de pleurs*, et je remarquai dans toute sa personne *un air de souffrance* qui m'effraya; je crois même que, dans mon trouble, je fis *un mouvement qu'il aperçut*, car à l'instant même il se baissa de nouveau pour se dérober à mes regards. (II.14)

Au-delà de la communication linguistique pervertie, le langage gestuel semble ramener la possibilité d'un dialogue des âmes[16]. Dans ces

---

[16] K. Holmström, *Monodrama, attitudes, tableaux vivants* (Uppsala, 1967), p. 39. P. Brooks, *The Melodramatic Imagination*, p. 65, en vient à propos d'autres auteurs à la

trois scènes le langage parlé se double d'un langage plus authentique, celui de l'âme, que seules les expressions du visage, les mouvements dérobés peuvent exprimer dans la transparence du silence.
Léonce semble pourtant plus apte à la fascination d'un tableau stati-
que, celui du jardin, ou d'une scène apprêtée, celle du tableau de Guérin, qu'à l'image désordonnée de son amante passionnée sous les traits
de Tancrède. La relation amoureuse ne peut finalement être sauvée
par le langage passionné de l'âme. Léonce se montrera incapable de
défendre la vérité de ce langage au détriment du code social de sa
caste. Les principales scènes du roman qui suivent montrent au contraire l'aveuglement progressif de celui qui, trop attaché aux "préjugés de ses aïeux", ne peut finalement s'empêcher, même en amour,
de s'en tenir "à la lettre".

4. Spectacle pour une lectrice

L'analyse des principales scènes du roman peut nous donner une idée
de l'utilisation stratégique que la romancière fait des scènes dans l'orchestration et l'économie générale du recit. Chacune d'elles se trouve
située au moment où l'héroïne, poussée par sa généreuse passion, se
retrouve dans une situation d'échec insoutenable qu'elle ne peut résoudre qu'en se lançant dans un nouveau conflit, c'est-à-dire un nouvel
épisode. L'insolubilité apparente des situations finales réside à la fin
de chaque partie, comme nous l'avons déjà suggéré, dans le fait que
l'opinion publique et donc l'amant s'y trouvent à chaque fois amenés
à condamner l'héroïne selon des apparences souvent trompeuses ou
du moins ambiguës. Le point de vue de l'opinion offrant cependant
une certaine crédibilité, par le caractère de distanciation objective qui
le caractérise, le jugement du lecteur resterait relativement difficile
sans le secours de ces points de repères visuels que constituent les
scènes. Cela ne se peut évidemment que dans la mesure où un des
thèmes du roman réside dans l'établissement d'un mode de communication, de compréhension et donc de lecture qui privilégie le langage non médiatisé de l'image. La mise en scène épistolaire ne se fait

même conclusion et situe précisément le glissement progressif du récit de parole au
récit visuel, du "discours" au "tableau", dans la période préromantique de ce début
du dix-neuvième siècle. S. Balayé a très bien fait remarquer que chez Mme de Staël
il s'agissait de l'apparition d'un nouveau langage romanesque: "Au temps de Mme
de Staël l'outil n'est pas forgé, ce qui explique la difficulté d'un travail sur l'expression des sentiments" ("Les Gestes de dissimulation dans Delphine", *Cahiers de l'AIEF*
[mai 1974], p. 196).

pourtant pas par l'abstraction d'un regard impersonnel. La lettre est toujours, par définition, destinée à un autre. Or cet autre se trouve être souvent, et de façon de plus en plus symptomatique vers la fin du roman, une femme.

L'orchestration des scènes souligne ainsi non seulement la progression du drame amoureux mais l'échec de la communication visuelle du point de vue de l'amant. La scène (I.27) où Delphine apparaît pour la première fois à Léonce au milieu du bal, dans la splendeur rayonnante de sa robe blanche, s'oppose ainsi à la scène (VI.10) où Léonce la retrouve enfin, derrière les grilles d'un couvent et dans ses habits noirs de religieuse. Le contraste des couleurs renforce l'opposition tragique des deux scènes; la reine du bal est devenue religieuse anonyme et intouchable. Un autre contraste plus subtil oppose la scène (III.11) où Delphine, vêtue de noir, est toujours reine des bals parisiens alors qu'à la fin de la partie IV (IV.37), elle court inconnue dans son "domino noir" et reste invisible et anonyme derrière son masque, même pour Léonce. L'opposition générale dégagée au niveau de l'action entre la vie mondaine et la retraite se double ainsi, du point de vue de l'amant, de l'opposition vision/cécité. L'amant perd en effet, pour ainsi dire, le pouvoir ou le droit de la vision dès la scène du bal masqué.

Le thème de l'aveuglement de l'amant se charge peu à peu au cours du roman d'une fonction significative. Il semble d'ailleurs être emblématisé, comme par un procédé de "mise en abyme", dans le tableau de bonheur conjugal du couple Belmont où l'époux se voit affligé de l'infirmité de la vision[17]. La rupture de communication entre les amants, que l'on a déjà localisée au niveau du langage, se retrouve donc au niveau de la vision. Dès lors la vision amoureuse ne suffit plus.

L'aveuglement progressif de l'amant se voit ainsi compensé, au niveau narratif par un mode de vision plus spécifiquement féminin. Les grandes étapes du drame féminin se trouvent mises en scène pour un lecteur-spectateur à la fois plus proche du point de vue de l'héroïne mais aussi moins unifié puisqu'il est pluriel: le gynécée ou le choeur des femmes. Les diverses confidentes de l'héroïne décrivent tour à tour, à l'ultime destinataire de la correspondance, Mlle d'Albémar, le spectacle des malheurs féminins. Ce mode de présentation scénique, évident dans les scènes finales — celle des voeux religieux de Delphine vue par Mme de Cerlèbe (V.29); celle de la visite derrière les grilles du couvent (VI.10) vue par le double masculin de

---

[17] Pour l'aveuglement de l'amant, cf. Irigaray, *Speculum*, p. 51 et suiv.

Mme de Lebensei; celle enfin du champ d'exécution vue par le narrateur omniscient—ne cesse en fait de concurrencer dès le début du roman (II.4, Mme de Lebensei décrit Delphine sur le lit de mort de Mme de Vernon), le mode narratif de la plurivocité épistolaire. Dans les quatre grandes scènes rituelles qui ponctuent les mouvements du récit (la scène du mariage de Léonce [I.36], celle des voeux de Thérèse [II.8], et celle des voeux religieux de Delphine [V.21]) le regard de l'amant se trouve donc progressivement mis en question pour être finalement supprimé par l'introduction de la narration omnisciente. Dans la première scène, celle du mariage de Léonce (I.36), l'amant était déjà incapable de reconnaître Delphine qui, dérobée sous un voile blanc, assistait au spectacle de son malheur. Au cours de la cérémonie des voeux de Thérèse, Delphine ne pouvait que fuir en s'évanouissant devant le regard possessif de son amant (III.48). Dans la scène de la prononciation de ses voeux, où l'héroïne se sacrifie en fait tout à la passion de Léonce, l'amant est symptomatiquement absent.

Ce rejet du regard masculin risque d'entraîner l'isolement total de l'héroïne. A l'isolement bien relatif du jardin protecteur des Lebensei où la poursuit le regard amoureux de Léonce (II.9) s'oppose au début de la cinquième partie (V) l'exil dans les montagnes escarpées du Jura. En l'absence de tout regard extérieur Delphine ne peut s'empêcher de songer au tragique de sa situation, en se représentant pour elle-même, puisqu'il s'agit de fragment lyrique, la scène de son isolement. Cette description est frappante à bien des égards et tout d'abord par son caractère purement visuel:

> Arrivée *sur la hauteur* d'une des rapides montagnes du Jura, et m'avançant à travers un *bois de sapins* sur le bord d'*un précipice*, je me laissais aller *à considérer* son immense profondeur... Dans ce moment des paysans passèrent, ils *me virent* vêtue de *blanc* au milieu de ces arbres *noirs*; mes cheveux détachés, et que le vent agitait, attirèrent leur attention dans ce désert; et je les entendis vanter ma beauté dans *leur langage*. Faut-il avouer ma faiblesse? l'admiration qu'ils exprimèrent m'inspira tout à coup une sorte de pitié pour moi-même. (fragments, V)

Le deuxième élément frappant de cette scène réside dans ce fait que l'héroïne se prend, comme le René de Chateaubriand ou le Werther de Goethe, comme propre objet de contemplation. A la similarité narrative, s'ajoute celle du décor et des attitudes pour prêter à Delphine dans ce moment, tous les attributs du héros romantique. Delphine ne pourra pourtant longtemps garder cette pose. La réintroduction "in extremis" d'un spectateur multiple et sensible qui met fin à la scène des paysans vient vite replacer l'héroïne en situation d'objet et substituer au sentiment d'admiration accordé au héros romantique, celui de la pitié plus approprié à l'isolement féminin. L'abandon du récit autoréférentiel lyrique reste non expliqué dans le roman. Tout se passe comme si l'héroïne ne pouvait assumer la responsabilité de se représenter comme héroïne romantique, tâche qui semble finalement ne devoir être remplie que par le narrateur omniscient de la conclusion. Pourtant, dans le silence de cette délégation ultime du récit, se trouve perpétrée symboliquement l'impossibilité de la narration autobiographique féminine.

Delphine ne peut en fin de compte pas plus raconter son histoire que l'auteur Staël n'a pu écrire la sienne. Ce que le roman présente, au contraire, c'est la femme parlant d'elle-même pour et par le discours de l'autre. C'est successivement le discours de l'amant, le discours de la société, le discours des confidentes. Mais jamais on ne trouve une coïncidence entre le discours romanesque et le discours féminin, jamais l'histoire féminine ne semble pouvoir s'assumer comme telle. Il est ainsi peu à peu démontré dans le roman que la structure narrative exprime l'impossible autonomie, la dépendance culturelle exemplaire de la femme par rapport au discours social. Mais il se trouve que dans le roman staëlien, cette dépendence est originale puisqu'elle s'avère en fin de compte déterminée le plus souvent par une relation à une instance plurielle féminine—le choeur des confidentes, substituts de la mère.

DELPHINE III:
L'AUTOBIOGRAPHIE ÉLUDÉE

> Une femme ne peut exister par elle seule, la
> gloire même ne lui serait pas un appui
> suffisant... les éloges détruisent *l'illusion à tra-*
> *vers laquelle toutes les femmes ont besoin d'être vues...*
> *L'homme* se complaît dans la supériorité de sa
> nature et, *comme Pygmalion*, il ne se prosterne
> que devant son ouvrage.
>
> *Des Passions*, I.3, p. 129

1. Narcissisme épistolaire

Si, par le récit de leur vie, comme par leurs versions de celle de l'héroïne, toutes les femmes du gynécée romanesque renvoient à Delphine l'image fragmentaire de sa propre vie, cela ne fait en fin de
compte que renforcer le mécanisme réfléchissant de l'écriture épistolaire confidentielle. La correspondance que Delphine entretient avec
sa confidente constitue en fait un véritable miroir épistolaire. L'écriture "intime" qui caractérise l'héroïne compte en effet — fragments de
journal intime inclus — les deux tiers du volume de la correspondance.
Un des aspects les plus caractéristiques de ce roman épistolaire réside
paradoxalement dans la prédominance de la narration autobiographique féminine. Inextricablement liée à l'échange épistolaire son statut
est pourtant ambigu. La technique de l'intimisme épistolaire se
différencie de la technique autobiographique des romans préroman-
tiques et romantiques masculins tels qu'*Obermann* ou *René*. L'autobiographie féminine se construit ici dans l'inconscience d'une confidence
quotidienne à l'autre. La première conséquence de cette situation narrative consiste dans l'aspect inévitablement fragmentaire du discours
autobiographique féminin. La seconde gît dans sa dépendance exemplaire par rapport à l'interlocuteur épistolaire. Nous avons remarqué

au niveau dramatique, l'étroite relation qui s'établit entre l'héroïne et l' "arbitre spectateur féminin". Au niveau de la vie intime, Delphine ne peut se définir et se connaître sans avoir recours à ce personnage intermédiaire aussi discret qu'omniprésent: la confidente. Si Delphine est le centre rayonnant de la correspondance, l'autre demoiselle d'Albémar, puisque, par une curieuse coïncidence l'héroïne se trouve porter le même nom qu'elle, en est le principal destinataire. Réceptrice des lettres de l'héroïne, elle l'est aussi de celles des autres personnages. Rares sont les lettres qui ne lui passent donc pas entre les mains. C'est elle qui reçoit les lettres de Léonce et des Lebensei quand dans la cinquième partie Delphine est partie sans laisser d'adresse; lorsque Delphine n'a plus la force d'écrire, c'est encore elle qui reçoit les lettres de ceux qui l'entourent; c'est elle enfin qui rassemble la correspondance et à qui on envoie les lettres postérieures à la mort des amants. N'écrivant elle-même que dix-sept lettres fort courtes, Mlle d'Albémar-soeur assume donc plutôt la "fonction" d'un récepteur que d'un véritable personnage. Image en creux d'un personnage sans caractéristique propre, si ce n'est sa figure contrefaite, elle n'a pas d'histoire, ne veut pas en avoir, et a décidé pour ainsi dire de vivre par l'intermédiaire des lettres de Delphine:

> Il ne faut pas me faire parler de moi... *je vis en vous...* Apprenez-moi successivement et régulièrement les événements qui vous intéressent, *je croirai* presque avoir *vécu dans votre histoire,...* je jouirai par vous des sentiments que je n'ai pu ni inspirer, ni connaître. (I.7)

Dans l'ombre, lisant ses lettres qui constituent ce roman et s'y identifiant de façon imaginaire, se profile la silhouette de Mlle d'Albémar, double patronymique de l'héroïne, et qui n'est que le modèle de chacune des lectrices qui ouvrira le volume pour les mêmes raisons.

Le roman semble nous indiquer ici son propre mode de lecture. Réduit au curieux privilège de pouvoir lire par dessus l'épaule de Mlle d'Albémar, le lecteur se voit ainsi assigné la situation de sa lecture. Notre propos n'est pas de confondre l'image du lecteur de la correspondance et celle que l'on vient de décrire du destinataire fictif de la correspondance de *Delphine*. G. Prince, après G. Genette, a spécifié toutes les fonctions de cette figure en la distinguant aussi bien du lecteur réel que du lecteur idéal par le nom de "narrataire"[1]. Le "narrataire" est en fait dans un récit cette personne "à qui le narrateur

---

[1] Genette, *Figures III*, p. 270; G. Prince, "Introduction à l'étude du narrataire", *Poétique*, no. 4 (1973).

s'adresse". C'est ainsi principalement grâce à cette image du confident-narrateur que s'institue sur le mode de la fiction le pacte narratif auto-biographique que la préface ne pouvait décrire que de façon ambiguë.

Dès les premières lettres, les deux femmes, au nom identique, se lient l'une à l'autre par un "pacte" bien particulier. Mlle d'Albémar jeune est narratrice du texte de sa vie qu'elle adresse à une demoi-selle d'Albémar plus âgée. C'est ainsi que s'institue curieusement l'écri-ture du journal intime: "Je vous ai promis en vous quittant de *vous écrire mon journal tous les soirs*. Vous vouliez, disiez-vous, veiller sur mes impressions. Oui, vous serez *mon ange tutélaire*" (I.6). Engagement auquel Mlle d'Albémar répond sans plus tarder: "Je vous remercie de conserver l'habitude de votre enfance de *m'écrire tous les soirs* ce qui vous a occupée pendant le jour. *Nous lirons ensemble dans votre âme*" (I.7). Bénéficiant de l'espace réflexif de la communication épistolaire, la nar-ration intimiste institue de cette façon, à l'intérieur du roman, une véritable structure spéculaire où l'être passionné peut se mirer dans le double d'une conscience spectatrice protectrice.

Cette structure se trouve particulièrement apte à retransmettre tou-tes les tentatives d'une conscience encore aveugle à elle-même mais qui cherche à se connaître. S'ensuit la grande fréquence des formules approximatives de l'introspection "je ne sais" (I.20, 22, 32, 37), "je crois" (I.20), "peut-être" (I.23, 25), et toutes les mascarades de l'in-conscient justifiant la passion interdite: "La lettre de Léonce avait changé mes idées sur lui. *Je ne sais pas* pourquoi elle avait produit ces impressions..." "C'est la pitié qui la produisit, *j'en suis sûre*."

Le choix de Mlle d'Albémar se trouve pourtant fortement motivé: le caractère tout romanesque qui la caractérise (I.7) fait d'elle la confidente la plus susceptible à convaincre. L'entreprise de la séduc-tion double donc celle de la confidence: "Mais vous raconter ce jour, c'est replonger mon âme dans le trouble qui l'égare" (I.27). Le jour-nal épistolaire se charge d'un grand nombre de scènes de remémora-tion qui ont autant pour fonction de faire partager au lecteur l'égare-ment d'une conscience amoureuse, que le dévoilement d'une cons-cience à soi[2].

---

[2] A. Girard, *Le Journal intime* (Paris: PUF, 1963), *passim*. Le système de classification proposé par Girard constitue un des meilleurs à ce jour. A partir d'une notion pré-cise de ce qu'il définit comme "technique d'introspection", il distingue le genre du journal intime des genres voisins: journal-chronique, mémoire, confession, souve-nir, correspondance, carnets, roman personnel.

La technique de l'intimisme épistolaire permet finalement de recréer, au sein du roman, ce qui constitue pour Mme de Staël le mérite essentiel des romans modernes de Rousseau et de Goethe, eux qui ont su les premiers: "peindre la *passion réfléchissante*, la passion qui se juge elle-même et se connaît sans pouvoir se dompter..." (*De la littérature*, I.XVII). Le maintien de cette situation narrative particulière s'avère pourtant problématique dans *Delphine*. Pour aussi solidaire qu'est Mlle d'Albémar, il arrive un moment où, usant du privilège de sa distance réflexive, elle ne peut que reconnaître les illusions de l'héroïne et les dénoncer. Le confident narrataire se voit ainsi assigner la fonction double et contradictoire d' "alter-ego" et de juge. La superposition troublante, dans ce même personnage, de la vision "avec" et de la "vision par derrière" — telles que les a décrites Pouillon — traduit l'oscillation constante du roman entre deux visions du destin[3]. Au niveau de la représentation que s'en fait l'héroïne (vision avec) les malheurs sont l'effet d'une fatalité extérieure; au niveau de la représentation de la conscience (vision par derrière), on a l'impression d'assister à l'étrange spectacle d'un individu qui se précipite tête baissée dans ce qu'il redoutait ou disait redouter le plus. Le seul moyen de faire coexister aussi longtemps des visions si contradictoires ne peut résulter que dans la coupure intermittente de la communication entre la conscience et l'être passionné. Coupure qui se concrétise, au niveau de l'intrigue et de la technique narrative par une succession de ruptures du pacte épistolaire.

Le récit de la passion féminine, ne se développant que par une succession de ruptures de la communication épistolaire, a pour premier effet l'aliénation croissante de l'héroïne par rapport à ses diverses confidentes. Après avoir progressivement rompu la correspondance avec Mlle d'Albémar, Delphine abandonne de nouveau celle qu'elle avait engagée avec Mme de Lebensei. Cela se passe à chaque fois que l'amie, délaissant son rôle de spectatrice impuissante, se charge de faire bénéficier l'héroïne de sa lucidité. Mlle d'Albémar, en conseillant à Delphine d'épouser Vallorbe, Mme de Lebensei, en lui suggérant la solution du divorce de Léonce. Ne pouvant écouter ce dernier conseil qui lui montrerait trop que Léonce est le véritable obstacle de son bonheur, Delphine fuit de nouveau pour couper cette fois véritablement tous les liens épistolaires qui la rattachent au monde. L'aliénation complète de l'héroïne dans le roman se traduit alors par la rédaction d'un journal de voyage, véritable journal intime:

---

[3] Cf. J. Pouillon, *Temps et roman* (Paris: Gallimard, 1946), p. 70.

Je suis *seule*, sans appui, sans consolateur, parcourant au hasard des pays inconnus, ne voyant que des visages étrangers, *n'ayant pas même conservé mon nom* qui pourrait servir de guide à mes amis *pour me retrouver!* C'est *à moi seule* que *je parle de ma douleur.* (V, fragment 1)

Mais comment s'abandonner à la contemplation de soi sans trouver en soi le germe du malheur. Elle entrevoit ce que son coeur lui a si longtemps dérobé:

Je suis bien faible; je me fais pitié!... Je tâche de *me préserver* des *retours sur moi-même,* comme si j'étais coupable et que le remords m'attendît *au fond du coeur.* (V, fragment 3).

Saisie de frayeur par cette prise de conscience, elle abandonne bientôt le journal de voyage, et se réfugie au foyer d'une nouvelle confidente, Mme de Cerlèbe.

A partir de ce jeu de relais de narrataires, on peut tirer deux conclusions provisoires. Le journal sans destinataire, marque de la plus grande aliénation, s'avère être aussi le recours le plus dangereux par le sentiment de la conscience coupable qui y semble inextricablement lié. Se trouve ainsi niée la possibilité d'un récit autobiographique féminin, hors du mode de la culpabilité. Le geste autobiographique féminin se trouve alors dans le roman, comme dans les écrits de jeunesse de l'auteur, aussitôt dérobé qu'exprimé. Les réflexions de l'héroïne, l'aspect fragmentaire du journal de voyage, tout comme son abandon définitif témoignent assez du caractère insoutenable d'une situation narrative où le "je" serait à la fois "acteur" et "spectateur". D'autre part, si la continuation du journal épistolaire peut se comprendre comme l'effort désespéré d'une conscience obscure à se révéler à soi, le changement obsessionnel des confidents résulte finalement dans l'impuissance angoissée d'une connaissance de soi.

Après une ultime tentative pour renouer avec sa première confidente, Delphine, se heurtant à une deuxième condamnation silencieuse, prend le parti de s'abandonner totalement à la passion:

Il y a *bien longtemps*, ma chère Louise, que *je n'ai reçu de vos lettres*; êtes-vous malade, ou plutôt ne voulez-vous pas me parler de ma situation? Vous avez raison, *je craindrais de connaître votre opinion* si elle ne s'accorde pas à mes désirs... Je suis fière de ma passion pour Léonce, elle est ma gloire et ma destinée. (VI.12)

Opter pour la fatale passion, c'est bien évidemment repousser loin de soi toute figure qui pourrait personnifier la raison: la dernière partie se caractérise donc par l'abandon complet de la confidente. Privée de sa conscience et de sa raison, Delphine se trouve complètement aliénée.

Le fait que le récit de la passion féminine se trouve ainsi lié au thème de l'aliénation ne présente rien d'original en soi: le lien passion-aliénation-folie n'est plus, depuis Foucault, à démontrer. Le roman de *Delphine* souligne pourtant, par l'originalité d'une technique qui souligne la scission acteur-spectateur, passion-raison, le caractère exemplaire de l'impossibilité de la connaissance de soi par l'être féminin. L'abandon total à la passion s'accompagne d'ailleurs vite de la rupture du pacte épistolaire qui entraîne immédiatement la fin du récit personnel: "Louise, je le jure, vous n'entendrez plus parler que de mon bonheur: sur la terre et dans le ciel vous me saurez heureuse" (Dénouement, XX), mais aussi, du même coup, la fin de la correspondance.

Au niveau du personnage, le roman se résume donc à une série de fuites à soi et se conclut par une aliénation complète. Mais si la connaissance de soi est perdue pour l'héroïne, on peut se demander à juste titre si elle ne se retrouve pas au niveau de ce personnage "protée" qui s'est vu assumer à tour de rôle la fonction de conscience spectatrice. Le fait que les confidentes perdent tour à tour cette clairvoyance supérieure impliquée par la position de contrôle épistolaire qu'elles assument, implique moins une perte qu'une transmission du droit de regard sur l'héroïne. Il est, de plus, un des destinataires de l'histoire qui, s'identifiant à chacun des narrataires, ne perd jamais ce droit de regard: c'est le lecteur éditeur-narrateur qui se trouve finalement le recepteur ultime de toute la correspondance[4]. Ce lecteur se distingue pourtant de ces narrataires à la fois par le fait qu'aucune lettre ne lui échappe vraiment et qu'à l'omniprésence momentanée des confidentes, il oppose une omniprésence absolue.

On peut dire ainsi que le narrateur anonyme, qui dans le dénouement prend en charge le récit, prend du même coup le relais dans la chaîne des narrataires, mais il le fait d'une toute autre façon que ses prédécesseurs féminins. En dernier ressort, c'est à un narrateur-témoin extérieur à l'histoire qu'il revient de comprendre le sens de la destinée de l'héroïne. On passe du coup de la technique épistolaire à celle de la narration omnisciente. Le discours féminin interrompu par les ruptures du pacte épistolaire ne saurait constituer comme tel la matière du roman. Seul le narrateur final, qui semble doué de la

---

[4] Cf. le narrateur et le narrataire extradiégétiques dans Genette, *Figures III*, p. 270.

lucidité et de la sagesse qui manquaient aux consciences temporaires, peut, reprenant en main les différents fils de l'histoire, en dévoiler l'issue et en souligner l'unité profonde. Isoler parmi les techniques narratives épistolaires la fragmentation de la confidence autobiographique, n'est donc pas suffisant. Il faut en relever la structure complémentaire, celle de la dépendance du discours féminin par rapport à la narration d'un narrateur omniscient et doué de raison. Ame sensible et philosophe, très proche de celle qui se trouve célébrée dans le *Traité des Passions*.

C'est donc finalement du point de vue de cette conscience spectatrice du philosophe qui recouvre toujours, chez Mme de Staël, celle du sociologue et du psychologue que l'on doit envisager le roman pour en saisir toute la signification. Cette structure dédoublée de la narration entre l'être passionné et l'observateur-narrateur semble d'ailleurs préfigurer le dialogue établi dans notre civilisation moderne entre le médecin et le malade, le psychiâtre et le patient. On retrouve ici une des conclusions de Michel Foucault qui dans son *Histoire de la folie à l'âge classique*, voit en ce début du dix-neuvième siècle une réévaluation de la place du fou, du malade et du poète dans la société dans le sens de l'aliénation[5]. Si, au dix-neuvième siècle, la folie retrouve en effet un langage, c'est un langage où l'homme apparaît comme autre que lui-même, que ce soit dans le discours poétique ou le discours scientifique. Il apparaît ici que le langage romanesque féminin obéit, dans les romans de Mme de Staël, à la même loi. La femme romanesque ne paraît pouvoir faire le récit du dénouement de sa passion insensée que par le discours aliéné de la narration impersonnelle où prédomine le mode visuel. La romancière semble ici nous indiquer l'ultime mode de lecture auquel doivent s'adonner ceux qui veulent saisir ce secret intime d'une vie qui se présente comme pur "spectacle". Ce n'est plus au niveau de la psychologie des personnages, de ce qu'ils disent d'eux-mêmes qu'il faut chercher "le mot de l'énigme", — le personnage romanesque qui vit dans la spontanéité nous est présenté ici un peu comme Oedipe qui ne cesse d'être aveugle à sa propre vérité — c'est au niveau du spectacle dramatique de sa destinée.

2. *L'autre scène: scénario d'elles*

Mme de Staël n'a pas manqué d'introduire à plusieurs reprises dans son roman toute une symbolique qui indique la perspective d'une lecture qui annonce l'interprétation psychanalytique. A la métaphore

[5] Foucault, *Histoire de la folie à l'âge classique, passim.*

de la préface qui présente "les événements romanesques" comme le symbole des "passions du coeur humain" (*D*, préface, p. 335), répond le tableau troublant de Delphine au bord de l'abîme des montagnes du Jura, vacillant au dessus du gouffre de la nature, comme au dessus du gouffre de l'âme humaine. L'enchaînement des péripéties ne nous apparaît alors que comme le masque événementiel de ces autres péripéties moins perceptibles, celles du coeur humain. Derrière le drame romanesque, Mme de Staël veut esquisser un autre drame, celui de la personne. Drame monté par un metteur en scène anonyme pour un lecteur inconnu, celui du roman. On pourrait dire que le roman, avec la majorité de ses scènes, se présente à cet archi-lecteur comme une grande fresque dont on a successivement examiné les détails mais qui se révèle dans sa totalité du point de vue de la perspective finale. La véritable fonction de cet oeil omniscient qui semble planer sur l'horizon épistolaire est donc d'inciter à un mode de lecture rétrospectif, susceptible de saisir la signification du roman non plus dans la psychologie des personnages mais dans les répétitions obsessionnelles des gestes, attitudes et situations que proposent, comme dans un rêve, la succession silencieuse des tableaux vivants que recèle le roman[6].

Le fait que la fascination de Delphine pour l'obstacle se répète presque constamment dans les parties I, II, IV, V par l'intermédiaire de son attachement à l'arbitre féminin (Mme de Vernon, Thérèse, Mlle d'Albémar, Mme de Ternan) frappe alors de curieuse façon. La fréquence insolite des promesses ou des contrats qui lient Delphine à chacune de ses amies ne peut alors ne pas apparaître symptomatique d'un scénario plus secret. Scénario plus spécifiquement féminin. Il s'agit tout d'abord du véritable contrat par lequel Delphine donne la terre d'Andelys à la fille de Mme de Vernon (I), de la solennelle promesse qu'elle fait à Mme de Vernon sur son lit de mort (II), de la promesse qu'elle fait à Thérèse de la laisser l'arbitre de son sort (III), de la promesse qu'elle fait enfin à Mathilde de quitter Paris, symboliquement renouvelée au pied du tombeau de Mme de Vernon (IV), et enfin des voeux qu'elle prononce devant Mme de Ternan (V). Ce sont évidemment autant de promesses ou de contrats que sa passion pour Léonce lui feront briser: tout d'abord en s'éprenant de l'homme

---

[6] Brooks (*The Melodramatic Imagination*, p. 78) a montré comment on pouvait lire ces scènes fortement théâtralisées et symboliques comme projection fantasmatique de la vie psychique, et en recourant à la technique d'analyse des rêves.

destiné à Mathilde, puis en acceptant de vivre à Bellerive avec Léonce, et en acceptant de revenir à Paris, et finalement en brisant ses voeux. L'aspect contradictoire de cette conduite se révèle particulièrement bien dans chacune des scènes qui ponctuent les grands mouvements du récit et qui, par leur situation stratégique, résument en quelque sorte par un tableau visuel le conflit de l'épisode. Présentée du point de vue de l'héroïne, ou d'une amie bienveillante, ces scènes, nous l'avons signalé, se présentent comme les tentatives désespérées d'exprimer la vérité la plus authentique de l'être. Cela se fait non par le recours à la description réaliste, mais par cet autre mode de vision hallucinante qui émerge des profondeurs de l'être penché au dessus de lui-même: le phantasme, le rêve ou le délire. Il est aisé de noter, en effet, que chacune des grandes scènes solennelles se trouve encadrée par une situation qui souligne le caractère fortement visionnaire de la scène[7]. Le mariage de Léonce (I.32) (décrit par deux fois par Delphine et Léonce comme une scène de cauchemar), le serment à Mme de Vernon dans la chambre mortuaire (II.43) (suivi du délire de Delphine), les voeux de Thérèse (III.33) (suivi d'un nouvel accès de délire de l'héroïne), le serment à Mathilde devant le tombeau de Mme de Vernon (IV.34) suivi de près par la scène du bal masqué (IV.37) (décrit à la manière d'une hallucination), la prise de voile de Delphine (V.29) (racontée par Mme de Cerlèbe comme un mauvais rêve).

Il faut d'abord remarquer que chacune de ces scènes, tout en refermant chaque épisode de façon solennelle, souligne aussi le caractère obsessionnellement répétitif de la structure narrative. Il n'est pas moins frappant qu'il n'est pas une scène où l'héroïne ne soit séparée de la présence contraignante de l'amie-arbitre ou obstacle. Cela est évident dans deux séries de scènes: 1) celles des serments à Mme de Vernon et à Mathilde qui, structurellement équidistantes de la scène de voeux centrale, se répondent et soulignent le caractère presque sacré de l'attachement de l'héroïne à celle qu'elle avait choisi pour mère; 2) celles des cérémonies nuptiales temporelles ou spirituelles qui ponctuent le

[7] Le caractère hallucinant et visionnaire de ces scènes a très bien été souligné par Balayé ("Les Gestes de dissimulation", p. 197). De la même façon, on retrouve dans les romans de G. Sand tout le symbolisme scénique de l'âme que Mireille Bossis a analysé de façon intéressante ("Répétition des situations dramatiques dans *Consuelo*: recherche d'une structure significative", *La Porporina, entretiens sur Consuelo*, prés. par L. Cellier, [Grenoble: Presses Universitaires de Grenoble, 1976], p. 174).

récit. La scène du mariage de Léonce et des voeux de Thérèse, présentent de curieuses ressemblances. Thérèse a en effet choisi l'église où Léonce fut uni à Mathilde dans l'espoir de rappeler les amants à leur devoir. Par la promesse qui la lie à Thérèse, Delphine se voit ainsi, par l'intermédiaire de la réaction de Léonce, rappelée ce qui la sépare de Léonce, une femme.

> Léonce *reconnaissant les lieux* qu'*il ne pouvait oublier*, dit avec un profond soupir: c'était ainsi que j'allais avec Mathilde; *elle était là*, s'écria-t-il en montrant ma place: Oh! pourquoi suis-je venu? Je ne puis. (III.48)

Dans la troisième cérémonie nuptiale, celle des voeux de Delphine, l'amante se sacrifie apparemment solennellement à sa passion pour Léonce. Pourtant cette scène de sacrifice n'est pas sans ambiguïté, puisqu'en l'absence de l'amant Delphine, comme dans un état second, se laisse séduire par les charmes de sa supérieure:

> Considérez Mme de Ternan, c'est la ressemblance de Léonce que je vois, c'est elle qui marche devant moi, puis-je me tromper en la suivant? N'y a-t-il pas quelque chose de *surnaturel* dans cette *ombre de lui* qui *me conduit à l'autel?* Oh! mon Dieu continua-t-elle à voix basse, ce n'est pas à vous que je me sacrifie, ce n'est pas vous qui exigez l'engagement insensé que je vais prendre; c'est *l'amour qui l'entraîne*, c'est l'injustice qui m'y condamne. (V.29)

Dans le moment même où elle veut proclamer son amour pour Léonce, elle se laisse inconsciemment séparée par son attachement à la femme obstacle.

Reste à envisager, de ce point de vue, la scène qui apparaît comme celle du véritable mariage des amants, celle de leur réunion sur le champ d'exécution:

> Tout à coup, en approchant de la plaine, *la musique* se fit entendre, et joua *une marche*, hélas! *bien connue de Léonce et de Delphine.* Léonce frémit en la reconnaissant: "Oh, mon amie! dit-il, cet air, c'est le même qui fut exécuté *le jour où j'entrai dans l'Eglise pour me marier avec Mathilde.* Ce jour ressemblait à celui-ci. Je suis bien aise que *cet air annonce ma mort.* Mon âme a ressenti dans les deux situations les mêmes peines; néanmoins je te le jure, *je souffre moins aujourd'hui.*" (*D*, p. 645, premier dénouement)

Musique, cérémonial, passion, tout est réuni pour la célébration la plus romantique des unions et d'où est finalement bani ce personnage gênant de l'obstacle féminin, mais qui ne peut véritablement avoir lieu qu'au prix de la mort. La succession des grandes scènes du roman se présente ainsi comme la répétition obsessionnelle d'un même rituel double et contradictoire auquel seule la mort peut mettre fin: celui d'une promesse à la mère ou à l'amie et celui de la transgression de cette promesse par la passion.

L'impulsion à la répétition s'explique, en terme psychanalytique, par la volonté de maîtriser et de comprendre une expérience douloureuse initialement refoulée au niveau de la conscience[8]. L'identification des éléments récurrents dans chaque scène peut nous permettre d'imaginer ce qu'aurait pu être cette situation angoissante. Outre l'identité du lieu, du décor, des gestes, on ne peut ne pas être frappé par le retour quasiment symptomatique de trois figures, celle de l'amant, celle de l'héroïne et celle de l'amie qui se trouvent reconstituer non seulement le triangle traditionnel des romans de la passion, mais aussi, par l'équivalence fortement ritualisée de l'amie et de la mère, le triangle oedipien.

Il est en effet apparu à plusieurs reprises que le seul point par lequel le roman de *Delphine* échappait à la simplification du schéma traditionnel, résidait dans l'ambiguïté psychologique du lien qui rattachait l'héroïne à l'obstacle par l'intermédiaire de l'amie. Cela est particulièrement évident dans la première situation dramatique, celle qui déclenche tout le dispositif romanesque: l'épisode du mariage de Léonce. Villers le premier reproche à la romancière cette première situation comme trop invraisemblable. Il semble pourtant que c'est là que réside "le mot de l'énigme" et que les autres épisodes ne feront que répéter.

Dès la première lettre (I.2) se trouve soulignée l'importance que Delphine accorde à Mme de Vernon, puisque c'est pour la suivre qu'elle est venue à Paris. Delphine compte d'ailleurs la ramener en

---

[8] La répétition obsessionnelle des mêmes structures dramatiques et des mêmes scènes typiques se rapprochent inévitablement de ce que Freud a décrit comme "compulsion de répétition" qui révèle et cache à la fois un secret intime de l'être. Cf. Freud, *On Creativity and the Unconscious*, "The Uncanny" (New York: Harper, 1965), p. 131. T. Todorov (*Poétique de la prose* [Paris: Seuil, 1971], "La quête du récit", p. 129), a montré comment, dans certains récits, la structure narrative traditionnelle se trouvait doublée d'une structure dont la logique ne relève pas de l'enchaînement narratif, mais d'un rituel de répétition qui donnait au récit cette double valeur d'histoire et de quête dont l'objet échappe à l'histoire même. Il analyse plus particulièrement de ce point de vue *La Quête du Graal* dont l'objet se trouve résider dans la transcendance divine. Dans un roman plus moderne comme celui de *Delphine*, la quête est celle de cette transcendance d'une connaissance suprême, celle du coeur humain. Nous retrouverons le même phénomène, mais plus marqué dans *Corinne*.

province après le mariage de Mathilde. C'est en partie pour accélé-
rer cette étape qu'elle lui offre de pourvoir à la dot de sa fille. Dès
le début, on a l'impression que Delphine, orpheline dès son plus jeune
âge, essaye ainsi de s'attacher à son amie comme à une mère (II.5).
Pourtant, quelques lettres plus tard, désirer Léonce, c'est désirer ce
que cette mère adoptive désire elle-même pour sa fille légitime. Delphine se trouve donc prise dans la situation cruelle où elle doit choisir d'être bonne fille ou bonne amante en devenant la rivale de la mère.
Rejouant le dilemme ancestral du complexe de l'oedipe féminin, l'héroïne semble incapable de vraiment choisir, ce qui entraîne, par un
mouvement d'oscillation constante, le caractère répétitif de l'action.
La superposition et la coexistence, dans chaque scène principale, d'un
rituel de promesse à la mère et du rituel de transgression, traduit au
niveau visuel l'impossibilité pour le sujet féminin de dépasser ce qui
constitue, dans la topique freudienne, le premier stade du développement de la personnalité. L'intégration normale du complexe d'Oedipe consisterait dans le désir de mort de ce rival qu'est le personnage du même sexe. Or, si l'on retrouve dans la fiction staëlienne
le sacrifice inévitable de la figure maternelle, c'est toujours d'une façon
contradictoire et fragmentaire.

Cette découverte ne nous intéresserait que médiocrement si elle
ne rendait compte de cet autre geste obsessionnel romanesque que
constitue le changement épisodique de narrataire. Interprété dans le
roman comme le refus d'intériorisation de la conscience spectatrice,
il trouve sa correspondance, selon la théorie freudienne, dans l'incapacité d'intérioriser l'interdiction parentale ou d'intégrer le "sur-moi"
dans l'appareil de la personnalité[9]. En fait, si l'on relit le roman dans
cette perspective, on se rend compte que dans chaque partie, ou presque, on assiste à la liquidation de l'obstacle féminin: Mme de Vernon, à la fin de la partie II; Thérèse, à la fin de la partie III: Mlle
d'Albémar, fin de partie IV; Mme de Mondoville et Mathilde, fin de
partie V. La dernière scène se détache donc de toutes les autres par
l'absence de ce personnage "protée" qui n'avait cessé de différer la passion. Mais paradoxalement cette absence met fin à l'histoire. La mort

---

[9] Il serait peut-être possible d'analyser cette impossible intégration de la conscience
féminine au moi comme l'effet d'un complexe d'Oedipe non résolu tel que les psychanalystes l'ont souvent décrit dans la structure psychique de la personnalité féminine
(cf. Laplanche et Pontalis, *Dictionnaire de la psychanalyse* [Paris: PUF, 1967], p. 472).
Le sur-moi féminin semble en effet bien souvent non ou mal intériorisé et cela est
souvent interprété comme sequelle de cette phase de l'attachement à la mère, non
complètement achevée.

de l'obstacle médiateur entraîne celle du sujet désirant. Tout se passe comme si les rouages de l'action ne pouvaient que se bloquer au moment de la disparition de l'obstacle extérieur féminin. La liquidation répétée de l'obstacle féminin qui, une fois qu'elle se révèle définitive (VI), entraîne la mort automatique de cette autre part féminine que représente la spontanéité de l'être désirant, nous semble traduire l'impossibilité finale pour l'être féminin de jamais réconcilier son moi et sa conscience, et par conséquent l'impossibilité de ne jamais devenir le seul narrateur de sa propre histoire.

En fait, il apparaît peu à peu que cette seule survivance dans le schéma romanesque du stade pré-oedipien de l'attachement à la mère, suffise à expliquer le blocage partiel—dans le système narratif—du dispositif narcissique indispensable à la représentation autobiographique. Selon la stricte application de la psychanalyse traditionnelle, le roman de *Delphine* manque donc de se constituer comme roman de l'autobiographie féminine parce que s'y projette, sur le mode de la fiction, l'irrésolution fondamentale du processus psychique qui permet à l'enfant de sexe féminin de se constituer pleinement comme sujet, suivant le rituel préétabli du complexe d'Oedipe[10]. Le rejet de la forme autobiographique apparaît dès lors comme le résultat d'une compréhension profonde, chez la romancière, de l'inextricabilité tragique des formes esthétiques et de l'idéologie dominante de la société qui leur donne naissance. Dans une société où la femme ne peut se raconter—percevoir l'unité de son destin—que sur le mode masculin de l'oedipe, toute entreprise autobiographique est vouée à l'échec de l'aliénation,—que ce soit dans la tradition de la nouvelle classique calquée sur le schéma tragique de la reconnaissance de la faute; ou dans le discours pseudo-scientifique de la psychanalyse traditionnelle, dont le parti-pris androcentrique n'est plus à démontrer[11].

La solution staëlienne réside, par le biais de la fiction, à s'accommoder de la tradition oedipienne et, tout en la mettant en question par une série de stratégies narratives, à en bloquer suffisamment les rouages pour laisser apparaître à l'horizon romanesque, l'espoir d'une restructuration du destin. Restructuration qui s'est révélée, au niveau de l'action, par la substitution du mélodrame à la tragédie, et qui s'exprime, au niveau narratif, par le glissement du mode du récit au mode de la scène. A la nouvelle vision correspond donc un nouveau langage. C'est ainsi que se justifie la substitution finale de la narration

---

[10] Laplanche et Pontalis, p. 472.
[11] Cf. L. Irigaray, *Speculum de l'autre femme* (Paris: Minuit, 1974), et S. Kofman, *L'Enigme de la femme* (Paris: Galilée, 1980).

omnisciente à la narration épistolaire. L'heure du jugement dernier romanesque semble avoir sonné, chaque parti ayant défendu sa cause, le mot de la fin revient au juge suprême qui s'avance sur la scène puisque ce n'était finalement qu'à une conscience, extérieure au drame, qu'on pouvait le demander.

3. *Les voi(es) de l'écriture*

Du point de vue subjectif de l'obscurité à soi, on passe à l'objectivité de la narration omnisciente. Il faut pourtant noter que si la distance temporelle donne une certaine objectivité au récit, celui-ci ne se caractérise pas vraiment par la neutralité la plus complète. Pour être distant du personnage par toute la neutralité du "il", le dernier narrateur-narrataire ne semble pas moins être en quelque sorte plus proche de l'héroïne qu'aucun de ses amis. Il connaît ses pensées les plus intimes et ne nous cache aucune de ses espérances ou de ses angoisses devant la mort. C'est à ce moment d'ailleurs qu'un lecteur qui pourrait échapper au pathétique s'apercevrait du caractère tout à fait invraisemblable de ce récit. Qui donc peut-il être ce narrateur inconnu, pour connaître si bien les moindres pensées de Delphine? La raison pour laquelle le lecteur serait en droit de voir ici une invraisemblance, c'est qu'il a été amené tout au long du récit à accepter le type de vraisemblance déterminée par l'esthétique épistolaire. Sa réaction alors peut être double: décider qu'il s'agit là d'une des fautes du romancier; ou, ce qui nous semble en fait être imposé par la forme romanesque, lire la conclusion selon les normes du roman épistolaire. Mais cela revient alors à attribuer à ce narrateur incognito une valeur de personnage réel.

En fait le texte lui-même semble donner bien des indices qui attestent de la réalité de ce personnage mystérieux. En faisant le récit de sa mort, l'éditeur-narrateur ne craint pas de faire acte de partialité en accordant toute sa pitié à l'héroïne, "l'infortunée Delphine" (*D*, p. 637), et même en laissant échapper l'expression de sa propre douleur:

> Ah! qui s'est jamais vu dans une situation si cruelle? La *malheureuse* Delphine éprouva pendant cette nuit tout ce que l'âme peut souffrir de plus déchirant. (Conclusion, premier dénouement, p. 647)

Quel est donc ce mystérieux personnage qui semble tirer toute sa réalité de cette profonde pitié qu'il fait partager au lecteur? Ce spectateur-narrateur qui est à la fois si distant et si proche de l'héroïne ne nous rappelle-t-il pas ce double de l'être passionné si souvent décrit dans la correspondance, mais qui se trouve ici provenir de cet au-delà de la scène épistolaire où se passe le véritable drame de la création romanesque? La voix narrative qui semble prendre en charge le récit personnel abandonné par l'héroïne, pour être anonyme, ne nous est pas moins familière. Et dès les premiers mots de la conclusion, on reconnaît l'éditeur, mais un éditeur qui après s'être fait lecteur se charge maintenant de la fonction de narrateur:

> Les lettres *nous* ont manqué pour continuer cette histoire. Mais M. de Serbellane et quelques autres *amis* de Mme d'Albémar nous ont transmis les détails qu'*on va lire*. (*D*, conclusion, A.D., p. 683)

Le récit épistolaire se trouve ainsi encadré par le discours préfaciel et l'épilogue à la troisième personne. Cela ne saurait frapper tout d'abord comme très original, si l'on ne s'apercevait bientôt que le narrateur anonyme du dénouement n'est autre qu'une des dernières métamorphoses de ce personnage protée de la préface qui s'était révélé tour à tour romancier, lecteur de confession, et éditeur. On ne peut s'empêcher alors de lui attribuer dans cette dernière apparition sur l'avant-scène, les caractéristiques qu'il s'était attribuées durant les précédentes, et c'est alors qu'on se rappelle ce conseil, soufflé au lecteur de lire son roman comme "une confession dérobée" (*D*, préface, p. 335).

Cette invisible voix du narrateur, qui semble prendre soin de la créature comme d'un autre soi-même, se révèle ainsi indirectement n'être autre que l'ombre ou l'écho d'une autre Delphine, d'une Delphine plus éclairée et plus expérimentée en un mot, d'une Delphine vieillie qui regarde l'être spontané qu'elle était avec la distance mais aussi la sagesse du temps révolu. Le mot "confession" implique l'identité du personnage romanesque et le "je" du discours préfaciel comme celui de l'épilogue assure par ce jeu de relais un des critères principaux de l'autobiographie. La situation de ce personnage hors du microcosme scénique épistolaire et la posture de lecteur dont il ne se départ jamais nous avertit pourtant que nous avons affaire ici à une "autobiographie" d'un genre bien spécial. Ecrire c'est "parler" de soi, mais de ce point de vue assez abstrait où l'on peut le faire comme si l'on parlait d'un "étranger" (*Des Passions*, p. 163). Ecrire c'est mourir à soi ou exister hors de soi, comme si l'on était deux:

> On ne sait pas quelle funeste réunion c'est, pour le bonheur, qu'être doué *d'un esprit qui juge* et d'un *coeur qui souffre* par les vérités que l'esprit

lui découvre. Il faut un livre pour ce *genre de mal* et je crois que *Delphine* peut être ce genre de livre. (*Réflexions*, p. 646)

Ecrire *Delphine*, c'est donc être atteint de ce "mal" d'être deux: Delphine/Staël. Reste pourtout l'énigme de la voix. Qui parle le roman? Enigme qui ne se voit résolue que par les voies de la littérature, en l'occurrence, les voi(es) du roman.

Pure voix désincarnée, Mme de Staël s'introduit sur la scène romanesque, et dévoilant sa présence comme manipulateur de marionnettes elle peut ainsi contrôler l'issue du drame. Ce geste a une signification contradictoire. D'une part il permet à l'auteur de prendre ses distances par rapport à sa créature, d'autre part il prend une valeur d'exhibition personnelle. Cette contradiction caractéristique de l'écriture romanesque staëlienne contient pourtant tout le mécanisme de ce type spécial d'autobiographie que représente *Delphine*.

Mme de Staël ne termine pas son roman comme dans *La Nouvelle Héloïse* ou plus encore dans *Les Liaisons dangereuses* où la clôture épistolaire de l'histoire est en quelque sorte le succès avoué de la société romanesque et des valeurs qu'elle perpétue[12]. Le monde du roman épistolaire éclate avec la voix de l'éditeur-narrateur. Or ce narrateur-éditeur constitue, nous l'avons vu, une sorte d'intermédiaire entre le monde épistolaire et le monde réel, celui du lecteur. Ne pas entourer Delphine par le concert des voix amies au moment de sa mort, ce serait condamner l'héroïne au plus cruel des isolements. Ce n'est évidemment pas l'intention du narrateur qui, par le lien épistolaire qui le rattache aux amis de Delphine, peut d'une part se ranger du côté de Delphine et lui témoigner la pitié qu'elle mérite; mais peut aussi d'autre part, en tant qu'éditeur, faire appel à des lecteurs amis hors du monde romanesque.

...car après une longue révolution, les coeurs se sont singulièrement endurcis, et cependant *jamais* on n'eut *plus besoin de cette sympathie pour la douleur* qui est le seul lien des êtres mortels entre eux. (*Réflexions*, p. 138)

En prenant la responsabilité du récit et en s'adressant à la pitié de ses lecteurs, l'éditeur-narrateur recrée en quelque sorte une autre société d'âmes sensibles; lecteurs dispersés qui n'en sont pas moins

---

[12] T. Todorov (*Littérature et signification* [Paris: Larousse, 1867], p. 72) en analysant *Les Liaisons dangereuses* fait remarquer que la clôture épistolaire finale du roman donne finalement raison à l'ordre social.

amenés à se sentir bien proches des plus chers amis de Delphine[13].
L'intégration, dans les dernières lignes de la conclusion, d'un fragment de lettre de M. de Serbellane constitue le mode de lecture que
le narrateur suggère à ses lecteurs. M. de Serbellane revenu en France
pour méditer une dernière fois sur le tombeau dans lequel il a fait
ensevelir Delphine et Léonce ensemble, près d'une rivière bordée de
peupliers, tente de comprendre le sens de la destinée de ses amis et
médite sur le sort des hommes:

> Je me répétais sans cesse qu'*ils n'avaient point mérité leur malheur*; Léonce
> aurait dû braver l'opinion dans plusieurs circonstances où le bonheur
> et l'amour lui en faisaient un devoir, et Delphine, au contraire, se fiant
> trop à la pureté de son coeur, n'avait jamais su respecter cette puis-
> sance de l'opinion à laquelle *les femmes doivent se soumettre...* (Conclusion,
> *D*, p. 646)

M. de Serbellane répète alors l'épigraphe maternel que l'éditeur avait
mis en exergue de cette correspondance: "Un homme doit savoir braver
l'opinion, une femme s'y soumettre". Il est intéressant de retrouver
ici les termes de l'austère maxime maternelle retournée selon une
morale plus humaine. A la morale puritaine de Mme Necker, M.
de Serbellane oppose la morale naturelle de la mère Nature. Appel
ultime à une dernière mère-substitut:

> ...mais la *nature*, mais la *conscience* apprend-elle cette *morale instituée par
> la société* qui impose aux *hommes* et aux *femmes* des *lois presque opposées*?
> et mes amis devaient-ils tant souffrir pour des *erreurs si excusables*? Tel-
> les étaient mes réflexions, et rien n'est plus douloureux pour le coeur
> d'un honnête homme, que *l'obscurité* qui lui cache la justice de Dieu sur
> la terre. (*D*, conclusion, P.D., p. 646)

Interrogation d'un individu isolé du monde et séparé à jamais de ses
amis. M. de Serbellane, par cette dernière lettre, qui est comme le

[13] Le sentiment esthétique ne peut finalement se détacher chez Mme de Staël, comme
c'était le cas chez Rousseau, de celui de la *pitié*. Elle prend d'ailleurs soin de définir
longuement ce sentiment comme un de ceux qui sont à la source de la communication humaine dans *Des Passions*: "Un seul sentiment peut servir de guide dans toutes
les situations, peut s'appliquer à toutes les circonstances, c'est la pitié... l'esprit observateur est assez fort pour se juger, découvre dans lui-même la source de toutes les
erreurs. L'Homme est tout entier dans chaque homme. Il faut que ce secret intime
qu'on ne pourrait revêtir de paroles, sans lui donner une existence qu'il n'a pas, il
faut que le secret intime serve à rendre inépuisable le sentiment de la *pitié*"(*DP*,
Conclusion, pp. 1, 3).

dernier mot de cette société dispersée qui entourait Delphine, traduit particulièrement bien l'aliénation de la femme sensible sur la terre. Ses meilleurs amis ont disparu, victimes de leurs ennemis, mais aussi de l'oppression sociale: il reste seul mais pas complètement découragé de trouver un jour d'autres âmes sensibles qui comprendront sa douleur et la partageront. Ainsi peuvent être interprétées les dernières lignes du roman qui semblent vouloir laisser ouvert l'espace de la communication: "On ne me répond pas, mais peut-être on m'entend" (*D*, conclusion, P.D., p. 646). Un cri dans le désert du monde à l'écoute d'une autre voix qui l'entende. Voix mythique sans doute de cette nature humaine qui pour ces successeurs de Rousseau est seule capable du sentiment maternel de la "pitié".

Si le message épistolaire s'est en effet révélé tout d'abord plurivoque et contradictoire, ce n'est qu'à ce premier niveau de signification que nous avons tout d'abord décrit, et non pas au niveau plus profond de la confession autobiographique. Constamment dérobé, le deuxième message personnel n'en est pourtant pas moins celui que la romancière veut réellement communiquer, mais seul ce public choisi d'âmes sensibles pourra un jour comprendre ce langage secret qui caractérise pour Mme de Staël le véritable but de l'écrit romanesque[14]:

> On se sentirait saisi d'*une véritable terreur* au milieu de la société, *s'il n'existait pas* un *langage* que l'affectation ne peut imiter, et que l'esprit à lui seul ne saurait découvrir. (*D*, préface, p. 335)

[14] Mme de Staël définissait ainsi dans *De la littérature* le rôle des ouvrages littéraires comme le seul moyen de communication qui reste aux âmes sensibles: "*Ces écrits créent* pour nous *une société*, une communication avec les écrivains qui ne sont plus, avec ceux qui existent encore... Dans les déserts de l'exil, au fond des prisons, à la veille de périr, telle page d'un auteur sensible a relevé peut-être une âme abattue: moi qui la lis, moi qui la touche, je crois y retrouver encore la trace de quelques larmes; et par des émotions semblables, j'ai quelques rapports avec ceux dont je plains la destinée" (Introduction, p. 206).

TROISIÈME PARTIE

CORINNE OU L'ITALIE

"Le séjour de Rome", comme dit Chateaubriand "apaise l'âme". Ce sont les morts qui l'habitent...
Mme de Staël à J.B. Suard, 9 avril 1805, Rome.

CORINNE I:
STRUCTURES DU DESTIN FÉMININ

1. Le roman double: roman de voyage ou roman de femme?

Trois ans après la publication de *Delphine*, Mme de Staël toujours en exil, prépare son deuxième roman, *Corinne ou l'Italie*, qu'elle place comme le premier sous le signe du silence et des ruines. Ces ruines ne sont plus les ruines métaphoriques "de toutes les pensées" de la France de 1802, mais les ruines "archéologiques" de la civilisation:

> "Le séjour de Rome", comme dit Chateaubriand, "apaise l'âme"; se sont les morts qui l'habitent et chaque pas qu'on fait ici est éloquent comme Bossuet sur les vanités de la vie. J'écrirai une espèce de roman qui serve de cadre au voyage d'Italie et je crois que beaucoup de pensées et de sentiments trouveront leur place là.[1]

Après le voyage en Allemagne, le voyage en Italie produiront ces deux oeuvres qui consacreront la gloire de Mme de Staël, *Corinne ou l'Italie* (1807) et *De l'Allemagne* (1810). Dès l'abord, ces deux écrits de l'exil ressortent par leur valeur d'opposition si bien emblématisée par leurs titres. Dans le contexte de l'impérialisme napoléonien, déplacer le sujet d'intérêt de l'écrit littéraire sur l'Italie ou sur l'Allemagne, c'était dénoncer, en matière de Lettres, le scandale de l'exil. Le symbolisme topographique de l'intitulé des deux ouvrages est donc loin d'être insignifiant. Il suffit d'ouvrir *Corinne* ou *De l'Allemagne* pour voir qu'il

---

[1] Lettre du 9 avril 1805 dans R. de Luppé, *Mme de Staël et J. B. Suard. Correspondance inédite, 1786-1817* (Genève: Droz, 1971). L'importance du motif des ruines sera repris plus tard. Notre étude doit beaucoup, à cet égard, à l'ouvrage de R. Mortier, *La Poétique des ruines en France* (Genève: Droz, 1974).

n'est pas un moment où Mme de Staël ait abandonné cette conviction de *De la littérature* qu'un rôle spécial lui était échu comme écrivain. Seul le ton change. La théorie de la nécessaire mélancolie du
génie qui apparaît dans *De la littérature* semble désormais occuper le
centre du roman comme dans *De l'Allemagne*. Provocation ouverte ou
non de la part de l'auteur, la censure napoléonienne ne s'y trompera
pas en accusant, tour à tour, les deux écrits d'être antifrançais. *De
l'Allemagne* ira au pilon; *Corinne ou l'Italie* jouira d'un succès d'opposition français mais surtout européen. On ne compte pas moins de 14
éditions et contrefaçons en France, en Angleterre, en Suisse et en Allemagne entre 1807 et 1810[2].

Ecrite dans le silence de l'exil, la fiction staëlienne se présente ainsi
comme écrit du retrait: retrait forcé de la vie politique, retrait personnel du voyage en Italie en 1805. Retrait aussi de la voix, semble-
t-il. La fiction staëlienne, loin d'être, comme dans les romans romantiques contemporains, le lieu de l'épanchement lyrique de la personne,
est, nous allons le voir, comme le lieu de sa dispersion ou de son exil.
Retrait problématique pourtant puisque dans *Corinne ou l'Italie*, le voile
de la fiction, pour parer aux tracasseries de la censure, ne lui retire
aucune des séductions du roman à scandale.

Selon les aléas de la critique *Corinne ou l'Italie* a été classé tour à
tour comme récit de voyage, roman d'intrigue sentimental, roman
poétique, roman autobiographique. Nous essayerons dans notre étude
d'éclairer chacun de ces aspects et de montrer comment ils s'intègrent
dans le dessin général de l'oeuvre, mais nous retiendrons, au premier
chef, les classifications qui se réfèrent plus particulièrement à la structure de l'intrigue souvent décrite selon deux schémas contradictoires: celui, décousu, du récit de voyage, et celui, unifié, de la crise
passionnelle. Le Breton a fort bien souligné le caractère surprenant

---

[2] Pour une analyse des rapports de l'oeuvre et du public nous ne pouvons que renvoyer aux excellentes analyses de S. Balayé, dans son ouvrage *Madame de Staël: lumières
et liberté* (Paris: Klincksieck, 1979), ainsi que "Mme de Staël, Napoléon et la mission
de l'écrivain", *Europe* (avril-mai 1969); "Mme de Staël, Napoléon et l'indépendance
italienne", *Revue des Sciences Humaines* (janvier-mars 1969); "*Corinne* et la presse parisienne de 1807", *Approches des lumières* (Paris: Klincksieck, 1974); "Benjamin Constant: lecteur de *Corinne*", *Actes du Colloque de Lausanne, octobre 1967* (Genève: Droz,
1968), qui éclaire remarquablement la problématique de la situation critique en 1807.
Le livre de Madelyn Gutwirth, *Madame de Staël Novelist: The Emergence of the Artist
as Woman* (Chicago: University of Illinois Press, 1978) est par ailleurs essentiel pour
comprendre la force de l'impact de *Corinne ou l'Italie* sur la génération romantique
en Europe et aux Etats-Unis. La lecture de ces deux importants ouvrages est recom-
mandée pour toute analyse des écrits de Mme de Staël.

de ce double aspect mais il y voit plutôt un des défauts du roman
en alléguant que ni Chateaubriand ni Stendhal n'intègrent leur récit
de voyage dans leur oeuvre de fiction[3]. La remarque est contestable,
surtout si l'on se rappelle que *René* et *Atala* ne sont que des épisodes
du long roman *Les Natchez*, première ébauche romancée du *Voyage
en Amérique* (1826). Il n'est pas moins vrai que la relation étroite qui
relie, dans le roman staëlien, le fil de l'histoire au fil du voyage est
bien particulière. "J'écrirai une espèce de roman qui serve de cadre
au voyage d'Italie"[4]. D'emblée, dans *Corinne ou l'Italie*, qui n'a pourtant cessé d'être lu comme roman autobiographique, la relation de
voyage, selon le propre aveu de son auteur, prend le pas sur la fiction
sentimentale. Par un curieux renversement de la hiérarchie classique, le voyage d'Italie se trouve ici présenté comme le sujet privilégié de l'écrit romanesque—le sujet fictif n'y tenant plus lieu que de
"cadre".

Déplacement inquiétant du "sujet" romanesque puisqu'il met en
cause la hiérarchie anthropomorphique qui est de tradition dans l'écrit
fictif occidental: une chose, objet inanimé, ne pouvant y prendre la
place de la personne sauf dans le genre fantastique, où le passage d'un
règne à l'autre—de l'animé à l'inanimé—se trouve, en quelque sorte,
être la règle du jeu[5]. Est-ce à dire qu'il faudrait lire le roman de Mme
de Staël sous le signe du fantastique? Rien ne semblerait, à première
vue—en l'absence de tout commentaire d'auteur—nous y autoriser,
si ce n'est peut-être la figure du double—personne ou pays—si étrangement emblématisée dans l'intitulé du roman: *Corinne ou l'Italie*.

Dans la floraison d'éditions et rééditions des récits et guides de voyages qui témoignent au tournant des Lumières de cette nouvelle vogue
touristique, archéologique et philosophique, le roman *Corinne ou l'Italie*
occupe une place privilégiée par son excentricité même. Description
détaillée d'un pays, il se trouve aussi être celle d'une femme. Transmutation troublante d'une toponymie en anatomie biographique. Le
lecteur qui ouvrirait le livre à la page de la table des matières dans
l'attente d'un roman féminin pourrait se croire justifié de le refermer
aussitôt. Après les deux premiers chapitres consacrés respectivement
aux deux héros, on peut compter une succession de huit chapitres—
(approximativement 80% de l'ouvrage)—indiquant simplement les
lieux d'excursion touristiques: chapitre V Rome; chapitre VI les tom-
beaux, les églises et les palais; chapitre VII de la littérature italienne,

[3] A. Le Breton, *Le Roman français au XIXème siècle*, p. 140.
[4] Lettre du 9 avril 1805 dans *Mme de Staël et J.B. Suard*.
[5] T. Todorov, *Introduction à la littérature fantastique* (Paris: Seuil, 1970).

etc. Pourtant cette attente était parfaitement légitimée par le prénom féminin que le lecteur avait pu lire sur la couverture du livre.

Mme de Staël intitule en effet son deuxième roman comme elle l'avait fait avec ses nouvelles et *Delphine*, en ayant recours à un prénom féminin sans désignation patronymique. L'effacement du nom du père se trouve cependant ici compensé, contrairement aux autres romans, par l'indication vague d'un nom de lieu: *Corinne ou l'Italie*. Substitution du toponyme au patronyme qui ne laisse pas d'être, pour le lecteur, problématique. La perte de la référence paternelle est-elle véritablement réparée par le nom de lieu—Italie, qui relié au prénom par la copule "OU", s'inscrit, en effet, comme une autre énigme? S'agit-il d'un *OU* de coordination, Corinne (et) l'Italie impliquant par là une liaison métonymique, liaison "in presentia"—proximité toponymique du "contenant" Italie pour le "contenu" Corinne? Est-ce plutôt un *OU* de substitution, Corinne (ou bien) l'Italie—liaison "in absentia" indiquant l'interchangeabilité métaphorique du nom de personne et de pays[6]. Question essentielle puisqu'elle déciderait, si l'on pouvait y répondre, de la typologie romanesque. Lisons-nous un guide touristique qui fonctionne, en ce sens, tout d'abord comme complément du réel, dans une relation concrète de proximité au référent; ou lisons-nous un discours fictif, la fiction se définissant plutôt comme supplément au réel, le référent étant alors posé comme purement imaginaire?

Véritable sphynx littéraire, l'intitulé romanesque, ne parle-t-il au lecteur des paroles de pierres, dans un paysage de ruines, que pour mieux évoquer celles, secrètes, d'une femme? C'est cette indécidabilité lexicale et, par conséquent, générique du titre qui lance d'emblée le lecteur sur la piste d'une énigme. Enigme qui semble susceptible dès le départ, d'une double résolution, celle d'une mise en scène métonymique, Corinne en Italie; ou celle de la description métaphorique, Corinne ou bien l'Italie. Ouvrage touristique ou ouvrage de pure fantaisie où, comme dans les contes de fée, les objets et les paysages auraient une âme?

Si l'histoire d'Oswald déployée chronologiquement évoque l'univers des voyages et du retour à la patrie anglaise, dans la mémoire de tout lecteur enthousiaste, le lieu véritable du roman, c'est l'Italie, et le sujet central Corinne. Parti à la découverte d'un pays, Oswald découvre une femme. Ou plutôt la quête du héros se résout dans la révélation

---

[6] Pour l'analyse de la distinction métaphore/métonymie, voir R. Jakobson et J. Lacan *Ecrits* (Paris: Seuil, 1966), pp. 506-09.

fascinante de cet objet hybride et énigmatique d'une Femme-Pays. Quittant sa patrie pour atténuer les effets d'un deuil annihilant, le deuil du père, le voyageur anglais, nouvel Ulysse, se trouve détourné, dans son impulsion itinérante, par les chants séducteurs d'une nouvelle sirène, mi-femme mi-pays, qui célèbre les charmes des ruines antiques de la terre maternelle, l'Italie. Episode moderne d'un roman ancien dont Denis de Rougemont a révélé les origines mythiques: le roman de la passion en Occident.

2. *Passions occidentales: le tragique et la loi du père*

Dès leur première rencontre, il semble que les héros sont faits l'un pour l'autre et que leur passion est inévitable. Comme à leurs ancêtres romanesques, ce moment semble, pour les amants, prévu depuis le début des temps. C'est ainsi qu'Oswald s'explique cet étrange sentiment de "reconnaissance" qui l'envahit alors:

> On a souvent dans le coeur *je ne sais* quelle *image innée* de ce qu'on aime, qui pourrait persuader qu'on *reconnaît* l'objet que l'on voit pour la première fois. (II.4)

Le mythe platonicien de l'amour qui anime toujours les feux de la passion occidentale s'exprime ici dans toute sa force et l'on peut être sûr, à ce seul signe, que le premier rouage du mécanisme de la fatalité est déclenché[7]. Le mythe de la passion qui ne peut se nourrir que de souffrance et d'obstacles se retrouve ici exprimé avec son hâlo traditionnel de fascination: "On eût dit que les défauts mêmes d'Oswald étaient faits pour relever ses agréments" (VIII.3). Il semble même pendant toute cette première partie que les amants soient sous l'emprise d'un filtre d'amour qui leur ôte tout libre-arbitre sur la situation. Oswald, loin de son pays, se laisse enivrer par la douceur du climat, la beauté des arts et, surtout, le charme tout puissant que Corinne répand autour d'elle. L'effet qu'elle produit sur lui semble selon ses propres mots "tenir de la magie": "...son *charme* tenait-il de *la magie* ou de l'inspiration poétique? Etait-ce Armide ou Sapho?" (III.1). Corinne de son côté se laisse subjuguée par le magnétisme troublant qui émane de ce personnage étranger et s'efforce d'oublier les souvenirs importuns d'un passé qui pourrait lui rappeler les rigueurs du caractère anglais.

---

[7] Cette fascination de l'amour interdit et de l'obstacle a déjà été décrite dans *Delphine*, à l'aide des analyses de D. de Rougemont, *L'Amour et l'Occident*, p. 61.

Faire de Corinne une Italienne et d'Oswald un Anglais c'était déterminer leur histoire en fonction de tout un passé romanesque. Richardson, Rousseau, et Mme de Krudener, pour ne citer que les plus connus, avaient déjà illustré toute la fatalité qu'entraînait la réunion d'un tel couple[8]. Mais, comme l'a fait remarquer Benjamin Constant, Mme de Staël est la première à tirer de ce poncif romanesque une matière aussi riche et personnelle[9]. Le choix de l'Angleterre s'imposait par cette sorte de déterminisme national qui veut que ce soit le pays de la liberté et de l'indépendance politique, mais paradoxalement aussi celui où l'opinion est la plus "mêlée de préjugés" en particulier en ce qui concerne la vie domestique. La fatalité semble donc résider dans le conflit de deux forces traditionnellement opposées dans les romans: celle de la passion italienne brûlante et aveugle, celle de la loi sociale bien réglée qui s'impose de tout le poids de l'atavisme national anglais:

> Croyez-moi, mon cher Oswald, il n'y a que les Anglaises pour l'Angleterre... tout aimable qu'est Corinne, je pense comme Thomas Walpole: *que fait-on de cela à la maison?*... Mais chez nous où les hommes ont une carrière active, *il faut que les femmes soient dans l'ombre*, et ce serait bien dommage d'y mettre Corinne. (VIII.1)

Ce qui est pourtant particulier dans ce roman, c'est que la loi n'y est pas présentée comme absolue. Son universalité se trouve mise en question par un impératif qui la transcende, l'impératif géographique. Catégorique en Angleterre, cette loi ne peut s'appliquer en Italie:

> Il [Oswald] aurait jugé très sévèrement une telle femme en Angleterre; mais il n'appliquait à l'Italie aucune des convenances sociales, et le couronnement de Corinne lui inspirait d'avance l'intérêt que ferait naître *une aventure de l'Arioste*. (*C* II.1)

A la terre des pères d'Oswald, où la loi du réel réduit le devoir féminin à l'espace domestique, s'oppose ainsi la terre de l'Arioste, terre romanesque de l'utopie italienne où les femmes sont célébrées publiquement par le peuple comme des déesses. Si l'on considère le roman du point de vue synthétique, il est aisé de repérer, par les répétitions

[8] Rappelons *The History of Sir Grandison* (1759) de Richardson, *A Sicilian Romance* (1790) et *The Italian* (1797) d'Ann Radcliffe, *Ardinghello* (1781) de J. Heinse, *Florentin* (1801) de D. Schlegel, et *Valerie* (1803) de Mme de Krudener. L'épisode des "Amours de Milord Edward Bomstom" tiré de *La Nouvelle Héloïse* doit être mis à part. Il semble en effet que *Corinne ou l'Italie* soit une réponse romanesque et critique de Mme de Staël à son maître Rousseau.
[9] Balayé, "Benjamin Constant: lecteur de *Corinne*"; *Benjamin Constant: Actes du Colloque de Lausanne, octobre 1967*.

et les contrastes, que l'opposition géographique qui régit tout le roman décide aussi de la vie publique ou de l'isolement de l'héroïne. Dans le premier versant de l'histoire, par exemple, les nombreuses scènes de Corinne en société ne diffèrent que par le regard toujours plus amoureux qu'Oswald porte sur elle: Corinne au Capitole (II.1); Corinne dans son Salon (III); Corinne reine du bal, dansant la Tarentelle (VI); Corinne jouant Roméo et Juliette (VII.2); Corinne improvisant au Cap Misène (XIII).

Dans le deuxième versant de l'histoire, les gradations soulignent au contraire, l'isolement toujours plus grand de l'héroïne qui sont la conséquence de son attachement malheureux à l'Angleterre par l'intermédiaire d'Oswald: Corinne seule à Londres (Hyde Park et le concert) (XVII.1), Corinne invisible en Ecosse (XVII.2), Corinne réfugiée à Florence cachant sa passion malheureuse (XVIII). L'Italie des derniers chapitres s'oppose radicalement à celle des premiers comme la mort à la vie, l'hiver au printemps, la nuit au jour, autant de nuances qui semblent se déduire de la présence ou de l'absence de Corinne au milieu du peuple italien.

L'insouciance d'Oswald et de Corinne, dans la première partie du roman, ne saurait d'ailleurs tromper le lecteur qui sait qu'il n'est, même en Romancie, que deux options pour les héroïnes, celle du devoir conjugal ou celle, toujours tragique, de la passion. On ne saurait en effet oublier que le suspens dramatique romanesque se trouve aussi soutenu par une certaine attente du lecteur. Le fait que la majorité des romans féminins du dix-huitième siècle condamnent la passion féminine à une issue tragique, s'ajoute dans l'esprit du lecteur aux sourds avertissements de Lord Edgermond. L'héroïne elle-même doute de plus en plus, dans la deuxième partie de l'histoire, d'échapper à la fatalité. En arrivant à Venise, dernière étape de l'excursion italienne avant le retour d'Oswald en Angleterre, elle comprend ainsi que les trois coups de canon qui annoncent la prise de voile d'une religieuse, s'adresse peut-être à elle: "...c'est un *avis solennel* qu'une *femme résignée* donne aux femmes qui luttent encore contre le destin" (XV.7). Dans une lettre d'adieu à Rome et au Prince de Castel-Forte, alors même qu'elle s'apprête à poursuivre Oswald une dernière fois, elle révèle sa lucidité: "Ce qui se passe à présent est *le dernier* acte de mon histoire; après, viendra *la pénitence* et la mort" (XVII.2). La formulation même de la lettre laisse transparaître la croyance en l'implacabilité d'un destin auquel nulle femme ne peut échapper: destin qui limite la vie féminine au déroulement d'un drame prédestiné.

Il convient donc maintenant de comprendre quelle est la faute qui motive une punition aussi tragique et surtout quelle est cette loi si implacable dont la transgression vaut la peine de mort d'une héroïne si touchante et si digne de pitié. Il semble difficile d'accepter que le préjugé anglais contre "les femmes qui ne restent pas dans l'ombre" en soit l'unique cause. C'est seulement au livre XII et XIV, dans la confession réciproque que se font les héros de leur passé, qu'on entrevoit l'origine toute familiale de la loi qui condamne la passion. L'intrigue laisse dès lors place à une révélation tragique ou "reconnaissance" qui découvre sous le pittoresque de l'histoire d'amour italienne, les données d'un véritable drame familial.

Le roman qui commence "in medias res", ne livre l'histoire d'enfance d'Oswald, comme celui de Corinne, qu'au milieu du volume. Procédé épique qui se trouve pourtant lourd de conséquences quant au développement dramatique. Dès le début Oswald semble paralysé par les souvenirs qui se rattachent à la mort de son père. Ayant quitté l'Angleterre pour adoucir le deuil paternel, Oswald parcourt l'Europe exhibant une mélancolie de circonstance qui semble pourtant déborder par ses manifestations, celle de la perte réelle du père. En perdant son père, Oswald semble avoir perdu toute raison de vivre et se présente comme le principal responsable de sa mort sans pourtant cesser de se présenter comme véritable victime. On pourrait reconnaître là le mécanisme familier de ce que Freud a décrit comme l'état de "mélancolie"[10]. La mélancolie se distinguant du véritable sentiment de deuil en ce que la perte de l'objet aimé se double par identification narcissique à celui-ci (ici le père) d'une perte au sein du moi. Dans l'état mélancolique le moi se scinde en deux instances dont l'une juge l'autre. Cette scission, Mme de Staël, on l'a vu, la reconnaît comme spécifique de l'âme sensible moderne. Ce qui est pourtant intéressant dans *Corinne ou l'Italie*, c'est le double traitement de l'histoire de cette scission selon que le personnage soit masculin ou féminin. On pourrait dire que l'on retrouve dans ces deux confessions, finalement libérées de la censure, le double retour mélancolique à l'image du père.

La jeunesse d'Oswald est doublement tragique par l'échec d'un premier amour et par la mort de son père qui lui semble directement liée. C'est parce qu'il a aimé une femme que son père ne jugeait pas digne de lui qu'il se trouve puni à jamais par le remords. La relation implicite qui semble être instituée dans cette première histoire entre

[10] S. Freud, "Mourning and Melancholia", *Standard Edition* (London: The Hogarth Press, 1959), IX.244-57.

la mort du père et l'amour de la femme interdite, suggère un scénario oedipien qui se trouve répété, à l'insu du héros, dans sa relation avec Corinne[11]. La confession que Corinne fait à son tour du secret de sa jeunesse anglaise (XIV) révèle une histoire de famille doublement fatidique. La même figure paternelle—le père d'Oswald—se trouve à la source du malheur des deux héros. Ce même personnage implacable qui semblait avoir tout pouvoir sur le bonheur ou le malheur de son fils, réapparaît ainsi dans l'histoire de Corinne pour la réduire à l'exil et pour condamner, comme par avance, l'amour qui se développera sept ans plus tard entre elle et Oswald.

Ces deux courtes histoires adventices, histoire d'enfance respective des deux héros, curieusement gardées secrètes jusqu'aux livres XII-XIV, présentent, écrite en lettres de "feu", la loi paternelle. Cette loi ne semble pourtant ne pouvoir être révélée qu'une fois transgressée par les amants. Nous retrouvons là le mystère qui entoure le plus souvent le destin des héros de tragédies grecques, mystère que le déroulement de l'intrigue tragique comme dans *Oedipe Roi*, a pour fonction de dévoiler[12]. Oswald ignorera jusqu'au livre XIII que Corinne est la fille de Lord Edgermont et plus particulièrement celle que son père n'avait pas cru devoir retenir comme sa future épouse.

La passion instinctive qui pousse Oswald vers Corinne, femme interdite selon la loi du père mort, reproduit les phases du conflit oedipien qui ne se résoud qu'avec la fin du roman. La révélation de l'interdiction secrète ne se fait en effet que de façon partielle dans les récits rétrospectifs puisqu'il y manque le plus important, les raisons du père d'Oswald pour s'opposer au mariage de Corinne avec son fils. L'intrigue se trouve donc véritablement construite par la dispersion de révélations partielles selon la structure d'une énigme. Reparti en Angleterre, Oswald obtient la tragique preuve qui condamne à jamais sa passion pour Corinne: Lord Nelvil père a changé les projets de mariage après avoir jugé Corinne inapte à le rendre heureux:

> Votre fille est charmante, mais il me semble voir en elle une de ces belles Grecques qui enchantaient et subjuguaient le monde... mais elle a besoin de *plaire*, de *captiver*, de *faire effet*... Il lui faut une existence

[11] La plupart des biographes ont vu l'importance de l'histoire d'Oswald dans sa ressemblance avec celle d'Adolphe dont le père joue également un rôle décisif quoique indirect dans l'histoire. La comparaison de *Corinne* et *d'Adolphe* paraît, de ce point de vue, très éclairante.

[12] Cf. le complexe d'Oedipe, Laplanche et Pontalis, *Vocabulaire de la psychanalyse* (Paris: PUF, 1967).

indépendante qui n'est soumise qu'à la fantaisie... et dans les pays où les institutions politiques donnent aux hommes des occasions honorables d'agir et de se montrer, *les femmes doivent rester dans l'ombre*. (XVI.8)

Corinne est coupable de ne pas suivre la loi commune qui fixe la destinée féminine. Ces mêmes mots semblent répéter la loi édictée par Lord Edgermond et que n'ont cessé de répéter M. Dickson et Lady Edgermond. L'identification de M. Dickson et de son père défunt se fait d'ailleurs réellement pour Oswald par le biais d'une hallucination. Bouleversé de retrouver la maison de son père, il confond cette "ombre chérie" avec celle de son ami qui lui répète "au nom du père d'Oswald... qu'un tel mariage serait une offense mortelle à sa mémoire" (XVI.8).

La relation intime qui unit la figure paternelle à la loi tragique se dégage ainsi clairement au fil des épisodes. Dans l'histoire d'Oswald la loi qui prescrit aux femmes une destinée obscure se double en effet de cette autre loi qui lui semble inextricablement liée et qui se rapporte au "devoir des enfants envers leurs parents". La parole paternelle se trouve d'ailleurs non seulement retransmise par les amis et représentants sociaux du père, mais inscrite directement dans le roman par le biais de ce recueil qu'Oswald porte toujours avec lui et qu'il fait lire à deux reprises à Corinne (VIII.1; XII.1):

> Voilà votre devoir, enfants présomptueux, et qui paraissez impatients de courir seuls dans la route de la vie. Ils s'en iront, vous n'en pouvez douter, ces parents qui tardent à vous faire place; *ce père, dont les discours* ont encore une teinte de sévérité qui vous blesse;... ils s'en iront, et dès qu'ils ne seront plus, ils se présenteront à vous sous un nouvel aspect;... (XII.1)

La seule découverte de ce recueil dédicacé par l'auteur lui-même dans le cabinet de Lucile précipitera le mariage d'Oswald avec celle que son père lui destinait.

3. L'inscription de la loi et l'innocence d'Eve

On serait peut-être en droit de se demander si l'on n'accorde pas trop de pouvoir à une figure qui joue traditionnellement après tout, dans la plupart des romans, ce rôle d'obstacle[13]. Mais une toute autre perspective s'ouvre au lecteur lorsqu'il apprend, s'il a le souci de lire la note qui s'y rapporte, que ce ne sont pas là les paroles d'une utilité

---

[13] M. Raimond, *Le Roman depuis la révolution*, p. 10.

dramatique ou d'un être mythique. Ce sont celles d'un personnage de chair; le propre père de la romancière puisqu'elles sont tirées du *Cours de morale religieuse* de M. Necker[14]. En plaçant au coeur de son roman le "Discours sur la mort" et le "Discours sur le Devoir des enfants envers leurs pères", extraits des ouvrages de son père, Mme de Staël déclare en note vouloir rendre hommage à l'auteur et à l'ami qu'elle a perdu deux ans plus tôt. Le recours à ce procédé qui lui fait braver les lois de l'illusion romanesque, en mêlant si ouvertement la réalité à la fiction, nous semble cependant avoir des motivations plus profondes qui tiennent au sujet du roman et à la conception même qu'elle se fait de l'écriture romanesque.

Ce problème d'écriture biographique se rapporte plutôt à l'étude de la narration mais il est loin d'être insignifiant dans l'analyse de l'intrigue puisque révélant l'origine non fictive de la loi qui semble régir l'univers romanesque, il nous permet d'atteindre d'un coup aux mystères de la création littéraire staëlienne. Mêlant la figure réelle à la figure de fiction, la romancière met ainsi en relief toute l'importance du personnage paternel.

Il serait difficile, de ce point de vue, de ne pas voir le roman comme l'esquisse d'une autopunition que l'auteur s'inflige dans le personnage de l'héroïne. C'est la thèse généralement soutenue, plus ou moins ouvertement, par un bon nombre de critiques qui ne lisent *Corinne* que comme l'illustration tragique de la punition d'une héroïne coupable[15]. Notre propos n'est pas de nier cet aspect du roman, mais de montrer qu'il n'est pas le seul et cela déjà au niveau de l'intrigue. L'attitude de Mme de Staël vis-à-vis de l'autorité paternelle se caractérise en effet par son ambiguïté comme nous l'avons vu dès ses premiers écrits; la louange et la soumission y sont souvent l'occasion, sinon le prétexte, d'une mise en question. Rappelons qu'une de ses premières tentatives de braver la loi paternelle contre les femmes écrivains consista simplement à rédiger le "Portrait" de son père.

Dans *Corinne*, on retrouve cet hommage rendu à l'autorité paternelle non seulement dans les remords d'Oswald mais dans le sacrifice

---

[14] Rappelons notre analyse de la genèse de l'écriture romanesque qui s'est trouvée intimement liée à la notion de l'interdit paternel. La relation père-fille se trouve par ailleurs éclairée dans la curieuse biographie de son père qu'écrit Mme de Staël, *Du Caractère de M. Necker et de sa vie privée*, OC II. Madelyn Gutwirth, *Madame de Staël Novelist*, pp. 223-27, montre que l'amour que l'écrivain portait à son père explique la victoire ultime de l'ordre paternel dans le roman.

[15] P. Fauchery, *La Destinée féminine*, p. 847.

de Corinne pour sa soeur Lucile. Sacrifice qui s'exécute symboliquement devant la tombe de leur père:

> Mais en présence de *ce tombeau, les obstacles* qui la séparaient de lui
> s'étaient offerts à sa réflexion avec plus de force que jamais; elle s'était
> rappelé les paroles de M. Dickson "*Son père lui défend d'épouser cette Ita-
> lienne*", et il lui semblait que *le sien aussi* s'unissait à celui d'Oswald, et
> que *l'autorité paternelle* toute entière *condamnait son amour.* (XVII.9)

Dans ce moment proche de l'hallucination, Corinne entrevoit la source
de son malheur: derrière le cortège des représentants de la société,
derrière les obstacles des préjugés nationaux, se dessine la figure du
père, non plus seulement du père ombrageux d'Oswald, ni même du
sien, mais celle toute abstraite qui se définit par sa fonction principale qui est d'être le détenteur de l'autorité. Dans ce même mouvement qui en fait une figure mythique, il se trouve superposé à l'image
divine. Lucile et Corinne s'adressent à leur père comme elles s'adressent à Dieu, par la prière. On ne peut que rappeler à cet égard les
moments où Corinne troublée croit entrevoir dans le ciel le regard
de son père courroucé:

> Je ne sais par quel hasard une superstition de mon enfance s'est rani-
> mée dans mon coeur. La lune que je contemplais, s'est couverte d'un
> nuage, et l'aspect de ce *nuage* était *funeste.* J'ai toujours trouvé que le
> ciel avait une expression tantôt paternelle, tantôt irritée; et je vous le
> dis, Oswald, ce soir *il condamnait notre amour.* (XI.1)

Trois fois cette image irritée semble lui apparaître comme un mauvais présage. La troisième fois semble celle du jugement fatal:

> ...[elle] vit *la lune* qui se couvrait *du même nuage* qu'elle avait fait remar-
> quer à Lord Nelvil quand ils s'arrêtèrent sur le bord de la mer en allant
> à Naples. Alors elle le lui montra de sa main mourante, et son dernier
> soupir fit retomber cette main. (XX.5)

C'est sur le signe du courroux divin que se clôt bientôt le roman: le
drame se consomme ainsi sous le regard de ce juge suprême mystérieux et omniscient. C'est donc cette "ombre chérie", cette voix d'outre-
tombe qui plane dans le ciel romanesque pour imposer au fils l'obéissance dans le devoir et aux filles la parfaite soumission.

Il faut pourtant remarquer que si les deux héros semblent finalement respecter les règles de conduite si magistralement énoncées dans
Le Cours de morale religieuse de M. Necker, c'est à des degrés bien

différents. Notons tout d'abord le curieux changement de parenté que le roman opère par rapport au réel. Les pensées de M. Necker ne sont pas attribuées au père de Corinne mais au père d'Oswald. Cette transmutation du réel resterait insignifiante si elle n'autorisait pas un partage des rôles qui laisse à Oswald tous les torts et à Corinne une liberté d'action complète. L'intrusion dans le roman des fragments des écrits de M. Necker montre assez la façon dont la fiction staëlienne s'élabore véritablement selon les lois de ce que Freud a décrit comme "le roman familial"[16]. Le roman familial est cette production de pure fantaisie où l'individu en train de se former face à l'autorité parentale, s'invente une famille selon son désir.

Corinne ou l'Italie est un écrit de deuil. Entrepris pendant son voyage au lendemain de la mort de son père, le roman présente l'histoire d'une double perte paternelle, celle récente d'Oswald et celle plus ancienne de Corinne. Le roman familial qui s'esquisse dans chacun des cas est pourtant en tout opposé. Si la figure paternelle domine l'histoire d'Oswald, c'est la figure maternelle qui domine celle de Corinne. Son père, Lord Edgermond, est en effet représenté comme un être tendre mais faible et impuissant devant la marâtre de Corinne (sa belle-mère). La véritable mère de Corinne, Italienne passionnée des arts et de son pays, est morte, mais son ombre semble planer dans le roman comme une véritable déesse bienfaitrice. Pour échapper à la cruelle faiblesse paternelle, Corinne se réfugie en terre maternelle. En fait, le dévoilement de l'intrigue est mené si adroitement que l'on peut oublier que Corinne outrepasse sciemment, depuis le début du roman, cette loi anglaise et paternelle parce qu'elle lui reste finalement assez étrangère. Il n'en est pas moins vrai que si Oswald transgresse la loi comme Oedipe, par ignorance, Corinne la provoque réellement. On voit donc s'esquisser un double scénario du conflit oedipien, dont la résolution, normale chez le héros masculin, se trouve remise en question par le comportement de l'héroïne.

Si l'on reprend donc la lecture du point de vue de la loi paternelle, il apparaît vite que toutes les actions de Corinne peuvent donc aussi se lire comme "conduite de séduction". Rappelons que c'est précisément cette volonté de plaire et de séduire qui est à l'origine de la condamnation de Lord Nelvil (XVI.8). Les expressions qui désignent ce

---

[16] S. Freud, "Family Romances", *Standard Edition*, IX.237-41. Notre étude s'inspire ici aussi de l'ouvrage de Marthe Robert, *Roman des origines et origines des romans* (Paris: Gallimard, 1972), ou elle analyse brillamment la relation entre le roman comme genre et le "roman familial" freudien.

trait caractéristique du personnage féminin parsèment le roman (VI.2: "le désir universel de plaire"; XIV: "je désirai de lui plaire"; XVI.1: "un vif désir de plaire"; XVI.8: "elle a besoin de plaire"; XVIII.6: "le désir de plaire ne l'animait plus") et même si lors de sa retraite à Florence elle abandonne ce désir (XVIII.6), elle ne peut s'empêcher avant de mourir de se donner l'occasion suprême de rappeler à son public comme à Oswald ses attraits et son génie passés (XX.5). Le rôle de séductrice est évidemment typiquement féminin, rien là donc que de très traditionnel, mais Corinne apporte pourtant un nouvel ingrédient au stéréotype de l'Eve séductrice. Le désir qui l'anime est en effet pas seulement de se faire aimer comme "femme" mais c'est "le désir universel de plaire" comme "femme poète". Désir doublement coupable par rapport à la loi du père, il incite Oswald à une double transgression. Le caractère sacrilège de l'amour d'Oswald pour Corinne apparaît alors plus clairement. Corinne ne peut aimer que de tout son génie et ne peut développer son génie qu'en étant aimée: aimer et séduire, passion et génie ne font qu'un chez elle et c'est bien là toute la source de drame (XVIII.5). La connaissance du secret intime des héros permet alors de comprendre que la séduction est le véritable mécanisme qui préside, dès le début, à l'enchaînement des situations dramatiques et le rôle central qu'y jouent respectivement Oswald et Corinne comme "être tenté" et "tentatrice"[17].

Le rapprochement que nous avons fait entre le schéma de l'action et le scénario biblique de la séduction pourrait cependant paraître trop facile ou trop outré s'il ne se justifiait discrètement au niveau thématique. Il est intéressant de noter à cet effet le décor et les détails de l'atmosphère et de la mise en scène romanesque des deux épisodes centraux où se révèle l'infraction à la loi paternelle. Remarquons tout d'abord que c'est à l'aller et au retour de Naples que Corinne fait remarquer à Oswald le regard courroucé qu'elle croit apercevoir dans le ciel. Les amants avaient fui les regards importuns de la société pour se livrer à l'amour, mais ils ne semblent pouvoir fuir le regard omniprésent du père céleste qui les contemple du haut du ciel romanesque.

L'épisode de Naples qui contient les deux confessions tragiques se présente tout d'abord comme celui de l'apogée de l'amour dans un décor de paradis terrestre. Véritable Eden, toute la campagne de Naples semble inciter au bonheur partagé:

---

[17] E. Souriau, *Les 200.000 situations dramatiques*, p. 278.

Toute la montagne qui domine Terracine est couverte d'orangers et
de citronniers qui embaument l'air d'une manière délicieuse... En appro-
chant de Naples, vous éprouvez un bien-être si parfait, une si grande
amitié de la nature pour vous, que rien n'altère les sensations agréa-
bles qu'elle vous cause... *la surabondance des sensations* inspire une *rêveuse
indolence* dont on se rend à peine compte en l'éprouvant... Il y a à la
fois dans cette nature une vie et un repos qui *satisfont en entier* les voeux
divers de l'existence. (XI.1)

Tout le passage qui décrit ce décor de l'amour est empreint de cette
euphorie expansive d'une existence de parfaite jouissance. Mais
pouvait-on oublier un instant qu'il n'est pas de paradis sur terre possible pour nos héros qui ne peuvent vivre longtemps un bonheur que
condamne toute la métaphysique occidentale dont le dogme central
est précisément le péché originel et la chute de l'homme[18]. Leur bonheur à peine entamé offense aussitôt l'autorité divine. Condamnés
à confesser leur faute envers lui, ils se voient bien vite comme Adam
et Eve contraints de quitter le paradis terrestre pour retourner dans
le lieu plus prosaïque des souffrances humaines.

Au niveau de la thématique, la source du tragique dans le roman
de *Corinne* semble ainsi remonter au mythe édenique de la Bible. P.
Fauchery, qui a souligné la permanence du thème de l'Eve séductrice
dans les romans féminins de l'époque, met bien en relief l'essence de
cette "faute capitale" auquel la femme romanesque semble prédesti-
née par la nature même de son sexe, le crime de la féminité:

C'est bien le vice originel d'être femme que nous voyons assidûment
poursuivi dans la société imaginaire, qu'il s'agisse des romans de la
vertu, ou de ceux de la galanterie.[19]

Nous venons de montrer comment, par la mise-en-scène de cet épisode, tout semble retracer le scénario de la faute originelle et annoncer l'imminence du jugement divin. Le rappel de l'implacabilité de
la justice divine se fait d'ailleurs dans le roman par le biais de détails
parsemés dans le décor romanesque. On peut ainsi remarquer que
deux représentations du "jugement dernier", celle de Michel-Ange à
la Chapelle Sixtine (X.4) et celle du palais des Doges de Venise (XV.9)

---

[18] Fauchery, p. 55, a montré comment cette interprétation métaphysique du monde
semblait expliquer la majorité des romans féminins et en particulier ceux de tradition protestante.
[19] Fauchery, p. 512.

se trouvent symboliquement situées de part et d'autre de l'épisode de Naples comme pour rappeler cette allusion. Au début du livre XV tout — décor, figurants, atmosphère, pressentiments — semble en place pour ce rituel tragique de la mise en accusation de l'héroïne[20]. L'atmosphère tragique, toute imprégnée de souvenirs bibliques, comme le schéma de l'action qui oppose un amant repentant et passif à l'activité passionnelle et séductrice de l'héroïne, semble indiquer l'issue du drame: la reconnaissance de la "faute originelle". Si l'on observe au contraire le schéma dramatique des quatre derniers livres, on peut observer que rien de tel ne se passe: au mécanisme attendu de l'intériorisation de la faute par l'héroïne, se substitue un autre mécanisme qui se caractérise par l'accumulation soudaine des obstacles extérieurs. C'est précisément au moment où l'héroïne semble le plus près d'assumer cette posture d'accusée imposée par toute la tradition romanesque, que la romancière vient à son aide en déchaînant contre elle l'adversité sociale. Lady Edgermond, Lord Edgermond, M. Dickson, tous les amis d'Oswald se liguent contre Corinne renforçant ainsi l'autorité paternelle. Le fatum tragique pour la femme de la chute originelle se trouve mis en échec par la nouvelle configuration manichéenne du drame romantique.

4. *Le drame romantique au féminin: la femme-poète*

Seule contre tous Corinne apparaît bien comme la victime d'une conspiration universelle. La posture de l'héroïne rappelle, comme dans *Delphine*, celle du mélodrame. Le narrateur prend alors bien soin de faire remarquer tous les dangers auxquels s'expose l'héroïne lancée sur les routes à la poursuite de son amant: "Elle n'était plus brillante cette Corinne qui errait seule d'auberge en auberge" (XVII). Par deux fois à la fin du livre XVI (8) et du livre XVII (9), le narrateur souligne ainsi le déchaînement de l'adversité contre l'héroïne:

> C'était ainsi que *tout se réunissait* pour renverser le bonheur de Corinne absente... Elle avait à combattre *la nature des choses*, l'influence de la patrie, le souvenir d'*un père*, la conjuration des amis en faveur des résolutions faciles et de la route commune, et *le charme naissant* d'une jeune fille, qui semblait si bien en harmonie avec les espérances pures et calmes de la vie domestique. (XVI.8)

C'est devant Dieu même que l'héroïne, individu infortuné, dénonce dans sa confession l'injustice de son sort:

[20] Fauchery, pp. 643-50.

Ai-je jamais trompé? Ai-je jamais fait de mal? Mon âme a-t-elle jamais été flétrie par de vulgaires intérêts! Sincérité, bonté, fierté, Dieu demandera-t-il davantage *à l'orpheline* qui se trouvait seule dans l'univers. (XIV.4)

Orpheline sur terre, Corinne s'adresse à l'image de la paternité céleste. Pour avoir liquidé les dieux de la fatalité tragique, l'univers mélodramatique se trouve ainsi toujours massivement dominé, comme l'a montré A. Ubersfeld, par une nouvelle transcendance: le mythe du père[21]. M.H. Huet et S. Petrey ont montré comment le mélodrame, issue de la révolution, perd vite son impulsion révolutionnaire en érigeant sur la scène cette nouvelle transcendance responsable de résoudre les nouvelles contradictions sociales et historiques de l'ère bourgeoise[22]. Ayant mis en question les données de la fatalité tragique en parant son héroïne des vêtements du mélodrame, Mme de Staël risquait de la faire retomber dans un univers tout aussi destructeur et annihilant. S'explique ainsi la correction du schéma mélodramatique par celui virtuellement contestataire du drame romantique. Ces deux genres, produits de la même époque, ont évidemment bien des points communs mais se distinguent plus particulièrement par la posture du héros romantique qui s'exhibe comme rival des dieux. Alors que l'héroïne de mélodrame subit de façon passive des malheurs qui sont totalement indépendants d'elle, Corinne souffre de cette façon pour ainsi dire active qui redouble les effets de la douleur. Corinne souffre en femme de génie.

Poète, comédienne, femme de lettres et italienne passionnée, Corinne incarne le type même de la femme doublement condamnée, comme femme et comme artiste, par la tradition romanesque de l'époque. C'est par ce qui aurait pu être sa plus grande faute, sa vocation et ses talents, qu'elle semble devoir échapper au coup de la loi. Et c'est là que réside le tour de force de l'auteur et toute l'originalité du roman. En fait *Corinne ou l'Italie* présente un véritable retournement de l'intrigue du roman sentimental traditionnel. Le sujet du drame de l'héroïne n'est plus le malheur de la passion mais devient le sacrifice de son génie:

J'aurai rempli ma destinée, j'aurai été digne des bienfaits du Ciel, si *j'avais consacré* my lyre retentissante à *célébrer la bonté divine* manifestée

---

[21] A. Ubersfeld, "Les Bons et les méchants" *Revues des Sciences Humaines*, p. 195.
[22] M. H. Huet, *Rehearsing the Revolution* (Berkeley: University of California Press, 1982), *passim*, et S. Petrey, *History in the Text: "Quatre Vingt Treize" and the French Revolution* (Amsterdam: Purdue Univ. Mon, 1980), *passim*.

dans l'univers... Ah! si je n'avais aimé qu'elle, si j'avais placé ma tête dans le ciel à l'abri des affections orageuses, *je ne serais pas brisée avant le temps*; des *fantômes* n'auraient pas pris la place de mes brillantes chimères. (XX.5)

Le drame romanesque de Corinne n'est pas celui de la femme mais celui de la femme de génie. Célébrée au Capitole comme une des descendantes de Sapho (II.2), elle proclame elle-même fièrement sa condition en prenant pour nom celui de la poétesse grecque amie et rivale de Pindare (XVI.4). Pour saisir toute la nouveauté de cette attitude, il suffit de rappeler comment on avait traité le thème de la femme artiste avant Mme de Staël. Il n'est pas de meilleur exemple de ce point de vue que le roman de *Caliste* de Mme de Charrière souvent vu comme le modèle de *Corinne*. Ancienne comédienne italienne, et femme sensible aux arts, Caliste cache, au contraire, ce passé comme celui d'une faute qu'elle ne pourra jamais expier. Toute sa conduite sociale et privée se caractérise, comme l'a bien montré J. Starobinski, par le désir de se racheter et son héroïsme "n'est non pas dirigé dans le sens de la révolte mais de l'hyperconformisme"[23]. Caliste veut se faire respecter selon les normes mêmes du monde qui la rejette. Tout l'héroïsme de Corinne consiste en revanche non pas à se révolter, mais à se faire accepter à la fois comme femme et comme poète. C'est ainsi avec ce même caractère passionné et le goût du risque qui caractérise les poètes romantiques qu'elle se jette dans le sentiment amoureux. Le motif de la passion romantique vient ici comme engloutir celui de la passion féminine[24]. "Il faut que je le revoie; croyez-moi, je ne suis pas responsable de moi-même; il y a dans mon sein des *orages* que *ma volonté ne peut gouverner*" (XVI.2). A la gloire et à l'amour romain succède bien vite les errances et les exils du héros romantique:

> Ainsi, dans tous les temps, les nations ont persécuté leurs grands hommes... La fatalité, continue Corinne, avec une emotion toujours croissante, la fatalité ne poursuit-elle pas les âmes exaltées, les poètes dont l'imagination vient de la puissance d'aimer et de souffrir?... Je ne sais quelle *force involontaire* précipite *le génie dans le malheur*; il entend le bruit des sphères que les organes des mortels ne sont pas faits pour saisir; il pénètre des mystères du sentiment *inconnus aux autres hommes*, et son âme récèle un *dieu* qu'elle ne peut contenir. (XIII.4)

[23] J. Starobinski, *"Les Lettres écrites de Lausanne* de Mme de Charrière: Inhibition psychique et interdit social", *Romans et lumières au XVIIIème siècle* (Editions Sociales, 1970), p. 133.
[24] Le drame romantique étant plus aisément accepté sert ainsi la cause féminine.

Ce passage nous frappe pour plusieurs raisons. Nous retiendrons tout d'abord l'hésitation qu'il souligne dans la conception que la poétesse se fait de son malheur attribué tantôt à la "fatalité extérieure", tantôt à l' "aptitude à souffrir" dans ce moment qui se situe au centre du roman. Mais si l'héroïne vacille toujours au dessus de l'énigme de son sort, ce n'est plus en coupable, c'est en poète exalté, et rival des dieux.

De nos jours ce thème ne paraît pas très nouveau et l'on y reconnaît d'emblée un des symptômes de ce "mal du siècle", que nous connaissons surtout par la description qu'en a faite Chateaubriand. Replacée dans son contexte, l'attitude de Corinne est toutefois assez nouvelle et marquera bien des poètes de la première génération romantique. Mme de Staël est une des premières à avoir lancé dans *De l'Allemagne* le culte du génie incompris et persécuté. Dans son roman cependant, c'est à une femme qu'elle assigne ce rôle. Célébrant, dans ses chants élégiaques, les génies malheureux du Tasse et de Dante, Corinne s'accorde les mêmes souffrances mais aussi la même force.

Dans ces passages où les plaintes d'une âme vibrant au diapason de l'univers se substituent à l'analyse du coeur féminin, on peut se demander ce qui rapproche encore cette héroïne prométhéenne de l'héroïne victime des romans féminins. Sous le souffle du lyrisme romantique le drame de la passion semble s'être enflé jusqu'à des dimensions hyperboliques. Il n'est pourtant pas un instant où nous perdons le sentiment du caractère spécifique de la souffrance féminine, mais c'est peut être aussi parce que l'héroïne ne peut finalement s'abandonner au seul lyrisme. Pour peindre la souffrance du poète, la poésie aurait suffi; mais *Corinne* est tout d'abord un roman. Le drame du poète romantique femme ne peut s'accommoder du pur lyrisme. Le lyrisme romantique de la première personne constituerait un autre piège pour la femme romantique.

Alors que dans *René* le "je" lyrique justifie la vision toute subjective du monde, on trouve dans *Corinne* deux modes de représentation de la même histoire, l'une sur le mode lyrique, l'autre sur le mode dramatique. On retrouve donc dans *Corinne ou l'Italie* une des caractéristiques des premières fictions staëliennes: le nécessaire dédoublement de l'histoire féminine selon le récit à la première personne et le récit à la troisième personne. Problème de narration qui ne peut certes être résolu au niveau de l'action dramatique mais qui y trouve pourtant son origine. Une des fonctions dramatiques essentielles au mécanisme de l'action, celle de l'arbitre, permet souvent de comprendre

la distribution narrative. Le problème essentiel de l'écriture romanesque féminine serait alors le suivant: sous quel oeil ou instance d'arbitrage la femme peut-elle se représenter sans retomber dans le piège
de la faute originelle?

5. *L'arbitre et son double: l'énigme de l'identité féminine*

La mise en question de la forme tragique par la forme mélodramatique puis romantique relève, nous l'avons vu, du personnage qui se
constituait alors dans chaque nouvelle situation dramatique comme
juge suprême[25]. Le changement des structures dramatiques correspond donc à un flou de la fonction d'arbitrage sur lequel il convient
de revenir pour en comprendre tous les effets. Le déroulement de l'intrigue révèle progressivement qu'il existe pour Oswald, un personnage (son père) qui bénéficie de cette vision panoramique et omnisciente par son assimilation à la figure du père céleste. Mais pour que
ce point de vue embrasse la perspective contradictoire des deux héros,
encore faudrait-il que Corinne reconnaisse comme Oswald l'existence
de ce juge suprême.

La divinité telle que la voit Oswald est intimement liée à l'idée de
la paternité et de la loi telle que les représente la Bible:

> La religion la plus pure est celle qui fait du sacrifice de nos passions
> et de l'accomplissement de nos devoirs, un hommage continuel à l'Etre
> suprême... *La paternité*, cette noble image d'un *maître* souverainement
> bon, ne demande rien aux enfants que pour les rendre meilleurs ou
> plus heureux? (X.5)

La réaction de Corinne devant un tel éloge de l'autorité ne se fait pas
attendre, elle plaide aussitôt la cause de l'enfant prodigue. Ce n'est
pas pour détruire le caractère paternel de la divinité, c'est simplement
pour réitérer toute sa confiance dans l'idée d'un Dieu plein de bonté,
de ce Dieu qui, plus humain, "laissait à une femme faible et peut-
être repentante arroser ses pieds des parfums les plus précieux" (X.5).
Or il n'est que de reprendre les moments de crise dans le deuxième
versant de l'histoire pour voir que Corinne en appelle à son tour à
un arbitre suprême. L'image de la transcendance nous apparaît alors
sous un tout autre jour que celui sous lequel nous l'avait tout d'abord
présentée Oswald. Les termes mêmes d' "ami", de "Providence", de
"Divinités bienfaisantes" (XVII, XIII.4, XVIII.5) qu'elle utilise dans ces

[25] Cf. Souriau, p. 280.

moments où, abandonnée, elle se tourne vers le ciel, trahissent le caractère bienveillant du Dieu de Corinne. Alors que le juge céleste nous était apparu par les yeux d'Oswald comme un Dieu du devoir (dans les 10 premiers chapitres), Corinne nous le présente comme un dieu d'amour (dans les cinq derniers). C'est ainsi par cet affrontement personnalisé du dieu sévère de la Bible à ce mystérieux dieu d'amour que se dégage peu à peu une nouvelle image de la femme, une nouvelle "Eve".

L'analyse des diverses structures dramatiques du roman montre comment peuvent se dégager du roman plusieurs images de Corinne. On peut alors se demander comment à partir de points de vue aussi contradictoires on parvient finalement à se faire une idée de l'héroïne. Corinne est au centre du roman et son image se reflète, nous l'avons vu, dans tous les personnages qui l'entourent: Corinne, c'est la femme de génie, prophétesse et Sibylle, telle que la voit le peuple italien. C'est la Juliette amoureuse que veut Oswald, c'est Sémiramis, mais c'est aussi l'infirmière et la cicérone attentionnée; c'est pour Lady Edgermond, une actrice, ou encore pour le père d'Oswald une dangereuse séductrice. Corinne ne nous apparaît finalement que d'après ces diverses visions comme dans des images "instantanées" (tableaux allégoriques, tableaux vivants, attitudes) qu'en saisissent les personnages qui l'entourent. Elle ne semble pouvoir exister que sous le regard des autres. Mais il n'est pas de vision qui semble capable de la saisir dans son entier. Les portraits de Corinne se trouvent ainsi hésiter entre divers modèles plus ou moins mythiques; la prophétesse ou la Sibylle, l'Eve séductrice, la femme idéale aimante et soumise. Corinne est présentée en quelque sorte comme une tentative de réconciliation de ces modèles opposés.

Est-il donc possible à partir de tous ces rôles dramatiques de reconstituer ce qu'est vraiment Corinne, et peut-on dire en fermant le livre que l'énigme qui entourait le personnage féminin est résolue? En fait il est intéressant de remarquer que le roman débute et se termine par la même question: qui est Corinne? C'est la question que se pose Oswald lors de la première rencontre du Capitole et à laquelle les Italiens qui l'entourent ne répondent que par des formules énigmatiques:

> Son *nom de famille* était *ignoré...* Personne ne savait où elle avait vécu, ni ce qu'elle avait été avant cette époque... C'est une femme d'une illustre naissance qui ne veut pas être connue... C'est une divinité entourée de nuages. (II.5)

C'est aussi la dernière question que la petite Juliette pose au héros et à laquelle il se trouve incapable de répondre:

> Elle dit qu'elle veut que je ressemble à Corinne. *Qu'est-ce que c'est* que Corinne, mon père? Cette dame n'a pas voulu me le dire, Oswald ne répondit plus. (XX.4)

Si Oswald n'a pas de réponse, c'est que Corinne est non seulement pour lui ange et démon, aimable et redoutable, innocente et coupable mais surtout qu'elle ne fait qu'échapper à tous les masques des différents rôles qu'elle a joués pour lui. De la même façon le lecteur se trouve incapable de définir l'héroïne malgré le plus grand nombre de rôles qu'il a à sa portée. La dispersion des images féminines semble avoir pour premier résultat d'identifier toujours incomplètement pour le lecteur comme pour Oswald qui est la "Corinne" que nous annonçait le titre. En fait le roman tout entier se trouve parsemé de cette même interrogation (IV.1; VI.2; VI.3; VI.4; XIV.1; XVIII.5). Le Prince de Castel Forte avoue lui-même qu'il est impossible de pouvoir rendre ce qu'est Corinne par un portrait: "Je ne me flatte pas, dit en terminant le Prince de Castel Forte, d'avoir pu *peindre* une personne dont *il est impossible d'avoir l'idée* quand on ne l'a pas entendue" (II.2). Il nous indique cependant la seule façon dont on peut prétendre la connaître: en l'écoutant improviser. On peut cependant s'étonner de ce conseil si l'on se rappelle que les improvisations de Corinne, loin d'être lyriques, ont pour sujet principal la gloire et la célébration de l'Italie. Pourtant ces deux sujets ne sont pas aussi étrangers qu'il y paraît tout d'abord et c'est bien à cela que veut en venir le Prince:

> Regardez-la, c'est *l'image de notre belle Italie*... Nous nous plaisons à la contempler comme une admirable production de notre climat, de nos beaux arts, comme un rejeton du passé, comme une prophète de l'avenir, et quand les étrangers insultent ce pays, d'où sont sorties les Lumières qui ont éclairé l'Europe nous leur disons: Regardez Corinne. (II.2)

Cette assimilation de la femme au pays pourrait paraître exagérée dans un tout autre contexte, mais elle ne fait que reprendre le double thème du roman si bien annoncé par le titre: *Corinne ou l'Italie*. Partir à la recherche de Corinne, c'est d'abord trouver ce pays poétique où elle vit. La quête de la femme impose d'emblée un voyage ou un exil dans cette contrée merveilleuse et extraordinaire qu'est l'Italie, berceau des poètes et des artistes.

On a souvent délibéré sur les diverses façons de lire le roman, soit comme un roman d'amour, soit comme un récit de voyage ou, enfin, comme un roman autobiographique. Nous allons voir qu'aucune de ces interprétations n'est fausse et qu'il suffit de bien lire le titre pour trouver la clé du roman. L'équation entre "Corinne" et l' "Italie" qui est impliquée par la copule "ou" du titre romanesque nous invite en effet à penser, comme le répète le Prince de Castel Forte, que connaître Corinne et connaître l'Italie constitue une seule et même entreprise; le tout étant de savoir comment de la découverte de l'une découle la connaissance de l'autre. Il suffit pourtant de relire le premier livre pour se rendre compte que l'équivalence symbolique s'y trouve déjà mise en place. Oswald part à la découverte de l'Italie où il découvre du même coup Corinne. Le voyage d'Oswald peut ainsi être interprété à deux niveaux, comme un voyage touristique ou comme l'itinéraire symbolique d'une recherche, celle de l'autre féminin. Le roman apparaît alors comme une quête entreprise par le héros pour retrouver la vérité de ce personnage divers et énigmatique qu'est l'héroïne féminine.

CORINNE II:
LE ROMAN FÉMININ ET LA QUÊTE ROMANTIQUE

1. *Pays de ruines / Pays de légendes*

Corinne fut longtemps classé, dans les anciens catalogues de la Bibliothèque Nationale, à la rubrique "Italie" plutôt qu'à la rubrique roman[1]. Ce détail seul suffirait à attester de la prédominance donnée à la description dans le roman mais souligne aussi jusqu'à quel point le roman peut être lu comme un vrai roman de voyage, voire même comme un guide touristique. Lebreton a fait remarquer que le roman présentait un itinéraire touristique presque complet de l'Italie. On retrouve d'ailleurs dans le roman de nombreux passages directement inspirés des "guides de voyages" alors en circulation[2]. Les dix premiers chapitres contiennent proportionnellement plus d'un tiers de descriptions de monuments, églises, paysages, proportion élevée par comparaison aux romans de l'époque[3]. La romancière semble donc avoir pris

[1] S. Balayé, *Les Carnets de voyage de Mme de Staël* (Genève: Droz, 1971), p. 16.

[2] Balayé, *Les Carnets de voyage*, et G. Gennari, *Le premier voyage de Mme de Staël en Italie et la génèse de Corinne ou l'Italie*, ont montré que la romancière tenait ses références les plus précises des ouvrages de ceux qu'elle connaissait dans son entourage: du voyage de Goethe et de la *Lettre sur la campagne romaine* (1804) de Chateaubriand, des *Lettres sur l'Italie* (1788) de Dupaty, et du *Voyage sur la scène des six derniers livres de l'Enéide* (1804) du philanthrope Bonstetten avec qui elle reste en correspondance durant son voyage italien. Notons que *Le Voyage en Italie* de Chateaubriand ne sera publié qu'en 1826.

[3] Nous nous sommes reportés à ce sujet aux études de P. Reboul et de M. Hirsch que rassemble l'ouvrage *La Description* (Paris: Publication du Centre de Recherche de Lille, 1974). Reboul, dans "Paysages chez Nodier" fait remarquer que le pourcentage des paysages descriptifs des romans de Nodier, contrairement à toute attente,

un soin extrême à la reconstitution exacte du décor dans laquelle elle met en scène l'histoire d'amour.

G. Gennari et S. Balayé ont, par ailleurs, montré comment dans la génèse du roman la fiction se nourrit non seulement du réel mais en particulier de la biographie du voyage en Italie[4]. L'utilisation de l'expérience vécue vient donc valider du sceau du réel celle de la documentation érudite. Les itinéraires des promenades des amants dans Rome sont minutieusement calculées pour permettre à Oswald, comme au lecteur, de jouir de la meilleure appréciation des trésors d'architecture et de peinture tout comme de la beauté de la campagne romaine. Corinne s'étant chargée du rôle de guide supplée à la représentation du décor par le commentaire historique et les réflexions philosophiques. Le lecteur a, de ce fait, l'impression d'assister, spectateur invisible, à une véritable excursion touristique à la suite des deux héros. Notations des dimensions, des lignes, des détails d'architecture, de la perspective, tout contribue à l'illusion visuelle:

> ...Oswald et Corinne *s'arrêtèrent* sur la place du Panthéon pour *admirer* le portique de ce temple et les colonnes qui le soutiennent. Corinne fit *observer* à lord Nelvil que le Panthéon était construit de manière qu'il paraissait beaucoup *plus grand* qu'il ne l'est. L'Eglise Saint-Pierre, dit-elle, produira sur vous un effet tout différent. (IV.2)

Par la précision des remarques, mais surtout par "ce coup d'oeil de géomètre": qui rappelle celui du peintre décomposant un paysage pour le reconstituer sur sa toile, le narrateur rend le décor sous un aspect pictural. La description des éléments du paysage s'ajoute au détail des attitudes, des mouvements et des commentaires des héros. De tels passages paraissent tout d'abord susceptibles de se prêter à la représentation théâtrale ou cinématographique sans beaucoup de retouches.

Les indications géographiques, topographiques, et les autres précisions de direction et de dimensions semblent par ailleurs, reproduire sans erreur possible non seulement les endroits exacts où les héros s'arrêtent, contemplent, contournent, reviennent sur leur chemin, mais

oscille entre 7% et 17%. M. Hirsch, "*Madame Bovary*: l'éternel imparfait et la description", estime de la même façon que dans *Eugénie Grandet* les paysages descriptifs occupent 17% du roman et les "à plats descriptifs" 10% dans *Madame Bovary* (p. 51). Cela nous amène évidemment à la nécessité de réexaminer plus avant la notion de description et les modes intermédiaires de description-récit qui vont se multiplier de Flaubert à Proust. L'étude plus générale de P. Hamon, "Qu'est-ce qu'une description", *Poétique*, no. 12 (1972) nous fut aussi utile.

[4] Balayé, *Les Carnets de voyage, passim.*

l'itinéraire même de leur regard. Le tableau acquiert une certaine profondeur. Le chapitre 4 du livre IV par exemple est ainsi entièrement structuré par les locutions spatiales:

> Corinne et lord Nelvil suivirent d'abord ce qu'on appelait autrefois la voie Sacrée... En avançant vers le Capitole moderne, on voit *à droite* et *à gauche*... Quand Oswald et Corinne furent arrivés *au haut* du Capitole Corinne lui montra les sept collines... De *l'autre côté* de la Place, l'on voit... *Non loin de là... En face de* ces arcs de Triomphe... (IV.4)

Dans tous les chapitres consacrés aux excursions italiennes, ce travail de mise en scène a pour première fonction de garantir l'authenticité de l'aventure amoureuse par l'édification d'un espace scénique concret. Les descriptions de Naples, Venise, Florence, Bologne, comme celle de la campagne romaine sont moins élaborées mais l'on y trouve toujours la mention de détails topographiques frappants par leur précision.

On chercherait pourtant en vain les détails vraiment concrets qui permettraient une véritable représentation visuelle. La rareté des mentions de couleur, l'absence des termes d'architecture précis, laissent à ce paysage d'édifices et de ruines un caractère d'abstraction tout idéale. Perspectives, volumes, lignes et noms semblent spécifiquement évoqués pour laisser le lecteur reconstruire lui-même à partir de cette structure réelle, le décor spatial de l'amour. A.W. Schlegel a fait ainsi remarquer que les descriptions du roman, loin de prétendre "rendre une idée exacte", visent à recréer "l'essence des formes"[5]. Il souligne par là que toute l'importance des descriptions est attachée au pouvoir d'évocation des mots et non à l'exactitude de la chose représentée. Si tel avait été le but, l'introduction de quelques gravures aurait suffi:

> De droit, on a accordé une place prépondérante aux monuments de l'antiquité ainsi qu'aux scènes de la nature: en effet, pour ces sujets qui demandent une vue d'ensemble, *les mots*, *écho musical* des impressions, et qui semblent ici dérober habilement leur *secret*, ont un plus grand pouvoir d'évocation que les *reproductions réduites* qui permettent de se faire une idée approximative des oeuvres des peintres et des sculpteurs.[6]

En opposant la valeur évocatrice du "mot" à l'exactitude du tableau représenté, Schlegel présente les descriptions non plus comme le reflet

---

[5] A. W. Schlegel, "Une étude critique de *Corinne ou l'Italie*", *Cahiers Staëliens*, no. 16 (1953), p. 63.

[6] Schlegel, p. 62.

du réel, mais comme le lieu de l'évocation d'une autre réalité, réalité secrète et poétique. Nous verrons en effet que dans le roman, Rome n'est pas seulement la cité antique des touristes, mais le lieu privilégié de l'amour. Par les correspondances affectives qui s'instituent pour les héros entre les monuments et les sentiments, les scènes romaines, napolitaines, vénitiennes et florentines se chargent vite d'une autre fonction que celle de la description touristique à effet de réel. Si l'espace architectural romain devient espace de l'amour, cela n'est possible que parce que le paysage n'existe plus seulement en soi mais se transforme en une véritable enceinte protectrice pour les amants. De décor touristique, l'Italie, et plus particulièrement Rome, se fait vite amphithéâtre de la passion. Le décor des ruines prend une dimension humaine. Chaque colonne, portique ou statue rappellent non seulement un souvenir historique mais un souvenir personnel et du même coup suscite des émotions nouvelles.

La description qui apparaît tout d'abord objective se fait alors le moyen d'exprimer indirectement les sentiments. Les ruines, les monuments et trésors artistiques et naturels parlent tour à tour de la mort, de la nostalgie de l'enfance, mais tout d'abord d'amour. Décrire Rome, pour Corinne, c'est parler de ce qu'elle aime, c'est parler d'elle-même:

> Peut-être aussi croyait-elle que, même en se parlant sur des sujets étrangers... *un aveu secret* d'amour était peint dans leurs regards et dans le *langage* mélancolique et voilé qui pénètre si profondement dans l'âme. (VI.6)

Lorsqu'elle se retrouve seule à Venise et à Florence, les pierres parlent toujours mais dorénavent de souffrance comme la statue de Niobé de la Galerie des Offices:

> Niobé lève les yeux au ciel, mais sans espoir, car les dieux mêmes y sont ses ennemis. Corinne, en retournant chez elle, essaya de réfléchir sur ce qu'elle venait de voir... (XVIII.4)

Elles parlent aussi d'isolement comme "La Nuit" de Michel Ange ou les tombes de Santa Croce: "Seule à mon aurore, seule à mon couchant, je suis seule encore ici" (XVIII.3).

Dans ce langage indirect, nous le verrons, le paysage se fait état d'âme et la frontière entre le réel et l'idéal, l'objectif et le subjectif devient indécise. Le statut du narrateur, comme celui du descripteur, est donc ambigu. Si le plus souvent les morceaux descriptifs semblent être faits par le personnage extérieur à l'histoire qu'est le narrateur impersonnel, ils sont, selon l'histoire, en grande partie attribués à Corinne. Mais si les monuments s'instituent à leur tour comme "narrateur", cela opère un renversement complet de la relation narrative. L'objet de la narration en devient le sujet. Véritable inversion qui met en question le statut même de la représentation impersonnelle de mode réaliste[7]. Nous sommes alors dans le registre du fantastique, ou des contes de fées, où la quête du héros ne peut s'évaluer qu'à la mesure des mystères qui entourent, dans le pays merveilleux, la princesse endormie. Du mode touristique on passe alors au mode légendaire.

Il est un autre type de description qui glisse vite de l'objectif au merveilleux. Pour construire l'image d'un héros, il est plusieurs procédés possibles mais le plus ancien est peut être celui qui consiste à le présenter par le regard émerveillé de l'enthousiasme populaire. Ce procédé d'origine épique rend les amplifications les plus laudatives vraisemblables. On ne peut en effet qu'être frappé par la qualité héroïque du protagoniste dans un épisode tel que celui d'Ancône, où Oswald sauve la ville. Sur un arrière fond de flammes, au milieu des silouettes pittoresques et variées des habitants effarés, se détache celle du héros "les cheveux épars", le regard fier et doux qui défie impunément le danger. On se rend alors rapidement compte que cette description de six pages qui capte tout d'abord l'attention du lecteur par le déroulement de l'action, des gestes, des couleurs et des bruits, vise bien moins au réalisme qu'à la mise en relief du héros qui est le véritable sujet de la description. L'évocation détaillée de la ville en flammes sert de cadre à l'exploit d'Oswald qui se trouve symboliquement représenté dans les attitudes du chevalier héroïque.

Dès l'arrivée dans la première ville d'Italie, c'est par la vision populaire, enthousiaste et naïve que nous apparaît le héros:

> Le seul plaisir de lord Nelvil était de parcourir *les montagnes du Tyrol sur un cheval écossais* qu'il avait emmené avec lui...; il s'écartait de la grand'route pour passer par *les sentiers les plus* escarpés. *Les paysans étonnés* s'écriaient d'abord avec effroi, en le voyant ainsi sur le bord des abîmes; puis ils battaient des mains en admirant son adresse, son agilité, son courage. (I.2)

---

[7] Pour une discussion du statut de l'"objet" et du "sujet" dans la description romantique, nous renvoyons à l'article de P. Reboul, "Paysages chez Nodier" (*La Description*, pp. 7-18).

La description perd même ici de sa réalité. Ce qui est décrit ne correspond pas en effet à un événement particulier mais à une scène qui s'est répétée au cours de la traversée des Alpes. De la description "en direct" on passe pour ainsi dire à une description susceptible de résumer tout le courage du héros dans une représentation unique. Ce n'est plus l'incident qui est raconté, c'est l'essence du courage qui est mise en scène.

Il est évident que ce type de représentation se trouve mise en place plus particulièrement pour cet être mi-légendaire mi-réel qu'est la poétesse Corinne. Corinne apparaît pour la première fois au milieu de la foule du Capitole comme une véritable déesse:

> Corinne était *assise* sur ce char construit à l'*antique*. Et des jeunes-filles vêtues de blanc marchaient à côté d'elle. Partout où elle passait, l'on jetait en abondance des parfums dans les airs; chacun se mettait aux fenêtres pour la voir... *tout le monde* criait: "Vive Corinne! vive le génie! vive la beauté! L'émotion était générale... (II.1)

Le recours à l'esthétique antiquisante et aux modèles mythologiques risquerait pourtant de condamner le personnage à l'abstraction allégorique si l'auteur n'avait pas introduit dans le dessin idéal nombre de détails "pittoresques" propres à évoquer le goût du merveilleux d'une population tout entière[8]. Nouvelle déesse populaire, Corinne est à la fois Sibylle et Madone:

> Elle était vêtue comme la sibylle du Dominiquin, un *châle des Indes* tourné autour de sa tête, et ses cheveux du plus beau *noir*,... *sa robe était blanche*, une draperie *bleue*... *et son costume était très pittoresque*... (II.1)

On ne laisse cependant ni au héros ni au lecteur le temps de se demander comment peut exister une telle femme. Les seigneurs et poètes romains se succèdent aussitôt pour attester de son génie par l'hommage d'un discours ou d'un poème. Corinne appartient à la lignée de ces femmes légendaires qui, déesses mythologiques ou poètes comme Sapho, ne peuvent que frapper par leur caractère extraordinaire.

Ce tableau romanesque qui nous semble aujourd'hui outrancier et compassé se justifie aussi au niveau esthétique par le nouveau goût de l'époque pour les figures féminines antiquisantes mais aussi par

---

[8] M. Gutwirth dans son étude "Corinne et l'esthétique du Camée", *Le Préromantisme hypothèque ou hypothèse?* (pp. 237-46) analyse différemment, mais de façon que nous trouvons complémentaire, la présentation de l'héroïne.

la biographie personnelle de l'auteur. Le monde utopique de l'enfance et de la jeunesse où l'auteur jouait les poétesses antiques ou les sibylles, se trouve être la matière première du romanesque. On se souvient de l'effigie poétique du Chevalier Guibert à Zulmée *"prêtesse d'Apollon"*; A.W. Schlegel était aussi le dernier à l'avoir célébrée dans une élégie romaine[9]. C'est de même au milieu de l'enthousiasme populaire de la cérémonie du Capitole qu'Oswald voit Corinne pour la première fois[10]. Cloches, coups de canon, musique, annoncent la solennité qui se prépare à rendre hommage à "la femme la plus célèbre en Italie" (II.1). L'hyperbole donne le ton. Oswald a l'impression d'être transporté dans le royaume du merveilleux. Il interroge les passants sur la signification de cette cérémonie qui le frappe par son caractère extraordinaire. On lui répond par toujours plus de louanges sur la personne de Corinne, "elle a la voix la plus touchante de l'Italie", "c'est une divinité entourée de nuages" (II.1). Le caractère "poétique" des expressions populaires allié à la mélodie du langage italien, tout semble contribuer à faire accepter le caractère extraordinaire de cet événement, et il justifie aussi la curiosité de l'étranger. Il lui semble alors entrer dans le domaine de l'imaginaire et de la poésie et il accorde dès l'abord à cet événement "l'intérêt que ferait naître une aventure de l'Arioste".

La frontière entre l'idéal et le réel n'est déjà plus nette, et l'Italie s'oppose immédiatement à l'Angleterre comme le monde des arts, de la passion et de l'imagination à celui de la réalité positive.

2. *Le théâtre des amours enfantines: l'utopie*

Il est un autre type de description où la frontière entre le réel du monde paternel s'oppose à l'imaginaire de la terre maternelle, ce sont les scènes du théâtre italien. Au Capitole et au Cap Misène, c'est sous le regard du peuple admirateur que Corinne apparaît à Oswald, sur la scène de théâtre, c'est sous le regard enthousiaste et au milieu des applaudissements du Public:

Corinne était revêtue d'un habit de fête charmant, et cependant conforme au costume du temps; ses cheveux étaient artistiquement mêlés avec des pierreries et des fleurs. Elle frappait d'abord comme une personne nouvelle; puis on reconnaissait sa voix et sa figure, mais sa figure

[9] Sainte-Beuve, *OC*, p. 111.
[10] On pourrait rapprocher cette technique de celle du "héros témoin admirateur" définie par J. Rousset dans *Narcisse romancier*, p. 11.

divinisée, qui ne conservait plus qu'une expression poétique. Des applaudissements unanimes firent retentir la salle à son arrivée. (VII.3)

Dans le cours du roman, l'héroïne joue différents rôles, au sens moral—prêtresse d'Apollon, poétesse, guide—comme au sens propre du rôle de théâtre. Or ce qui semble alors caractéristique de l'héroïne, c'est sa capacité d'être si vraie et si candide qu'elle en oublie comme les enfants, et fait oublier aux autres, la frontière entre la fantaisie et la réalité.

Incapable au théâtre, comme dans la réalité, de scinder l'être et le paraître, son rôle et sa personne, elle proclame son amour tout en jouant "Juliette". Forçant ainsi Oswald hors de sa réserve habituelle, elle l'amène à retrouver toute la spontanéité du coeur et le langage naturel de l'âme. La voyant sous les traits de Juliette, il devient Roméo:

...il se leva dans un transport insensé, puis se rassit, ramené à lui-même par les regards surpris de ceux qui l'environnaient; mais son émotion devenait si forte qu'elle ne *pouvait plus se cacher.* (VII.3)

Le thème du théâtre est souvent repris dans le roman. Corinne elle-même apparaît par deux fois au théâtre et ces scènes sont capitales par leur charge émotionnelle et la vision du monde qu'elles reflètent[11].

Dans ces deux scènes, moments privilégiés qui marquent le début (VII.3) et la fin de l'amour partagé (XVI.1), l'analyse de la situation respective des amants est très révélatrice de la complexité du type de vision que tente d'instituer le roman. La vérité de l'amour se trouve en effet exprimée par un système de relais. Corinne manifeste sa passion par le biais d'un personnage de théâtre, Juliette, mais c'est paradoxalement dans cette superposition des rôles que réside le moyen suprême d'atteindre l'amour. De la même façon, Oswald ne peut participer à ce type de communication que parce qu'il est spectateur de tragédie au milieu du public qui l'entoure; mais c'est précisément par le biais de cette assimilation qu'il peut recevoir le message de Corinne. La communication n'est possible que parce que la frontière entre acteur/héroïne, héros/public semble momentanément disparue. On peut aussi conclure que dans ces moments exceptionnels toute frontière entre les êtres est supprimée: c'est l'euphorie de la pure transparence de soi à l'autre[12]. Euphorie d'un amour sans partage, doux

[11] K. Holmström, *Monodrame, attitudes, tableaux vivants: Studies on Some Trends of Theatrical Fashion, 1770-1815* (Uppsala, 1967), p. 39. Cette étude montre combien ces scènes sont du goût de l'époque.
[12] Rappelons ici l'étude de J. Starobinski, *La Transparence et l'obstacle*, et celle de J. Derrida, *De la grammatologie*, qui analysent ces mêmes concepts chez Rousseau.

comme celui de l'innocence enfantine, euphorie d'avant la faute originelle et de la différence sexuelle. Par le biais du simulacre théâtral, se trouve rejouée cette relation amoureuse désexualisée de l'enfance : amour où la différence entre le soi et l'autre, le masculin et le féminin, se trouve oblitérée dans l'enthousiasme du jeu de la représentation[13].

Ainsi, paradoxalement, ces expériences de théâtralisation de la vie sont celles où les héros sont le plus près d'accéder à l'authenticité de l'être. Mais il s'agit, rappelons-le, d'un mode de théâtralisation qui nie les critères du spectacle aussitôt qu'ils sont posés : tout peut être extériorité et spectacle parce que dans ce monde il n'y a plus de vrai spectateur. Tout le monde est engagé dans la mise en spectacle de soi.

Cette transparence de l'être s'étend ainsi tout naturellement au lecteur. Dans les scènes de théâtre, le lecteur n'accède en effet au spectacle que par la double identification au public, le lecteur ne peut alors longtemps garder la posture de spectateur, il est engagé dans l'action par l'échange du regard devenu pure transparence et se fait, à son tour, amoureux fasciné.

L'abolition de la distinction spectacle/spectateur et la suppression du regard des autres caractérise bien des épisodes du roman et en particulier celui du carnaval de Rome où les amants jouissent d'un autre moment de bonheur sans mélange : "Toute la ville se déguise, à peine reste-t-il aux fenêtres des spectateurs sans masque pour regarder ceux qui en ont" (IX.1).

Cette participation à l'euphorie universelle ne supprime pas seulement l'opposition voyeur/voyant mais aussi celle des rangs, des âges et des états. Elle confond ainsi "tous les êtres mortels ensemble... comme s'il n'y avait plus d'ordre social" (IX.1). L'utopie sociale d'une réunion sans ordre, c'est-à-dire sans loi, renforce l'utopie personnelle d'un monde sans censeur, d'un monde avant que ne s'abatte la loi paternelle. On pense, on lisant de telles pages, à la "fête" rousseauiste où il s'agit aussi de donner "les spectateurs en spectacle" pour conjurer la source de l'aliénation sociale et de l'aliénation à soi : le regard de l'autre[14]. De ce point de vue, il est intéressant de remarquer que

---

[13] L'imbrication roman/romantisme/sexualité a été judicieusement analysé par M. Robert (*Roman des origines, origines du roman*). En suivant son interprétation de l'Oedipe romanesque, nous croyons pouvoir identifier dans les romans de Mme de Staël, une valorisation du stade pré-oedipien — moment où la relation amoureuse à l'autre, se fixerait à celui qui précède la différentiation sexuelle, et qui se définit comme l'horizon de l'amour maternel.

[14] Le thème de la fête où les spectateurs sont "en spectacle" est longuement analysé par Starobinski, p. 116 et par J. Derrida, p. 433.

pratiquement toute la première partie de *Corinne* se trouve nimbée de cette atmosphère de "fête". Qu'ils parcourent les ruines et la campagne romaine, qu'ils s'adonnent aux jeux littéraires des salons, aux représentations théâtrales, ou aux célébrations populaires, les amants en restent aux prémisses des amours enfantines. Seuls amours qui soient permis à ceux qui se réfugient et s'attardent dans la douceur du sein maternel[15].

Seule la voix du père était susceptible d'interrompre cette fête. L'aveu de Corinne, qui révéle l'interdiction paternelle, met fin à l'euphorie amoureuse. Corinne et Oswald ayant décliné leur identité — et biographie familiale — reprennent leur rôles et attributs respectifs selon l'état civil. C'est alors un autre type de vision qui s'impose par le biais de l'amant. Ce n'est déjà plus le regard de l'amour qu'il pose sur Corinne lors de la représentation de Sémiramis à Venise, c'est un regard qui se fait presque critique. Corinne n'apparaît plus comme une reine touchante et timide mais comme une reine orgueilleuse et surtout dangereusement séductrice. C'est alors un autre portrait de Corinne qui se trouve indirectement esquissé par le biais du rapprochement entre le personnage d'amazone de Gozzi et l'héroïne:

> La fille de l'air ou Sémiramis dans sa jeunesse est la *coquette* douée par l'*enfer* et le *ciel* pour subjuguer le monde... *habile* comme une enchanteresse, impérieuse comme une reine, elle réunit la vivacité naturelle à la grâce préméditée, le courage guerrier à la *frivolité* d'une femme, et l'ambition à l'étourderie. (IX.6)

L'image de l'amante vénérée se trouve ici scindée nettement en deux: celle de la femme idéale et celle de la séductrice. La dualité de la vision d'Oswald n'est d'ailleurs pas nouvelle. Dès les premières rencontres l'image de la séductrice se présente à lui mais elle est alors vite repoussée:

> Oswald était tout à la fois surpris et charmé, inquiet et entraîné... elle passait ainsi presque dans un même instant de la mélancolie à la coquetterie d'une femme qui cherche à plaire et qui veut captiver... (III.1)

Dans la deuxième partie du roman, l'introduction de l'histoire de Lucile fait aussi ressortir l'étrange dualité de l'être féminin. Oswald voit d'un côté Lucile, symbole de l'innocence, de l'autre côté Corinne. Lucile blonde au teint clair, timide et sensible, qui rappelle ces sylphides inspiratrices des poètes et des romanciers de l'époque, s'oppose

---

[15] Nous reviendrons sur l'importance du thème de la mère, *infra*, pp. 157-60 et p. 171.

en tout point à la noirceur d'ébène et à la présence toute en couleurs de Corinne qui fait plutôt penser aux séductrices orientales. Le destin de ces deux personnages ne se trouve-t-il pas ainsi déjà inscrit dans les modèles stéréotypés de l'imagination littéraire et populaire? La femme n'est-elle pas condamnée depuis longtemps dans notre culture à être ange ou démon? Le caractère irréconciliable de la vision masculine et romanesque se trouve d'ailleurs illustré dans le roman par le rapprochement de deux tableaux qui évoquent symboliquement le charme des deux femmes. Lorsqu'au cours d'une visite d'un musée Lucile "lui demande timidement si la Sibylle du Dominiquin parlait plus à son coeur que la Madone du Corrège", Oswald ne peut répondre que de façon ambiguë comme un sophiste pris au piège de son propre schéma de pensée[16].

Cette scission menace en fait, dès le début de l'histoire, les chances de succès de cette quête utopique de l'amour. Quête héroïque des fables enfantines que ne cesse de mettre en péril la loi du père. Même dans ce pays merveilleux, Eden italien "où les orangers fleurissent", Oswald ne peut véritablement oublier les lois de son pays. La quête héroïque légendaire se double ainsi de la quête mélancolique du héros romantique.

Le voyage d'Oswald peut ainsi être interprété à deux niveaux, comme un voyage touristique ou comme l'itinéraire symbolique d'une recherche, celle de l'autre féminin. Le roman apparaît alors comme une quête entreprise par le héros pour retrouver la vérité de ce personnage divers et énigmatique qu'est l'héroïne féminine. Mais nous allons voir qu'au-delà de la distinction des personnages, le roman peut être lu comme une entreprise de connaissance de soi.

3. Le roman comme quête: l'objet féminin ou le pays-femme

En visitant l'Italie, Oswald, héros témoin, trouve une femme inconnue au langage poétique et mystérieux qui le fascine et le trouble dangereusement mais qu'il veut connaître. La structure de cette quête symbolique rappelle curieusement celle que nous avons soulignée dans le premier conte de Mme de Staël, *La Folle de la forêt de Sénart*. Dans le roman c'est Corinne qui déclenche en fait la lecture symbolique en rapprochant, dès sa première improvisation, le voyage italien d'Oswald et celui de Dante dans la *Divine Comédie*. Le voyage de Dante

---

[16] Une analyse très intéressante de ces tableaux se trouve dans l'ouvrage de Gutwirth, *Mme de Staël*, pp. 237-41.

débute aussi par l'égarement du poète dans une forêt sombre, méta-phore de la quête spirituelle: "On dirait que le Dante, banni de son pays, a transporté dans les régions imaginaires les peines qui le dévo-raient..." (II.2).

Dans son étude des thèmes symboliques du roman de *Corinne*, Maija Lethonen a relevé les réminiscences de la *Divine Comédie* et a montré que l'excursion à Naples était fortement inspirée de la descente aux Enfers de Dante et de Virgile[17]. Les allusions à Dante, aux situations ou aux personnages de la *Divine Comédie*, ne manquent pas. L'appa-rition presque surnaturelle de Corinne sur un char antique semble directement inspirée de celle de Béatrice au chant XXX du *Purgato-rio*, mais les allusions à *L'Enéide* sont tout aussi nombreuses. Le voyage d'Oswald à Naples avec Corinne qui est si souvent assimilée à la Sibylle (II.2; VIII.4; XIII.3), et leur excursion jusqu'aux bords du fleuve de feu du Vésuve, rappellent celui d'Enée qui, accompagné de la pro-phétesse de Cumes, descend aux Enfers. Le rapprochement de la quête d'Enée et de celle d'Oswald semble même aller plus loin qu'on pour-rait tout d'abord le croire. Enée descend aux Enfers pour retrouver son père et recevoir ses conseils; il ne peut alors que s'éloigner de Didon, son amante. Dans *Corinne*, c'est aussi au bord de ce "volcan" qui rappelle l'enfer qu'Oswald reconnaît toute la sagesse de son père et se destine ainsi, encore inconsciemment, à quitter Corinne. La quête semble alors suspendue. Après un long séjour en Angleterre, Oswald se résoud pourtant à un second voyage en Italie. Ce deuxième voyage s'avère immédiatement bien différent du premier. La tristesse du voya-geur et le caractère douloureux de ses souvenirs semblent se retrou-ver dans le paysage:

> Lord Nelvil croyait voir partout l'empreinte de la tristesse; il ne recon-naissait plus l'impression que l'Italie avait produite jadis sur lui. L'ab-sence de celle qu'il avait tant aimée désenchantait à ses yeux la nature et les arts. (XIX.5)

A la fin du roman, l'équivalence qui existe entre Corinne et l'Italie semble aller de soi. Même pour Lucile qui accompagne Oswald, l'Italie semble en deuil et comme "couverte d'un voile sombre" (XIX.5), ce

[17] M. Lethonen, "Le Fleuve du temps et le fleuve de l'enfer: thèmes et images dans *Corinne* de Mme de Staël", *Neuphilologische Mitteilungen*, Helsinski, no. 3 et 4 (1967), et no. 1 (1968). Rappelons en particulier les allusions au livre IV (épisode de Didon) et au livre VI (La descente aux enfers) de *L'Enéide* qui sont réunis dans la partie inti-tulée "Quête de la Terre Promise".

même voile que Corinne n'a pas quitté depuis son retour de l'Angleterre. Lucile ayant progressivement deviné le drame secret que partageaient son époux et sa soeur, est parfaitement consciente de l'étroite relation qui existe entre le pays et l'amante. Il n'est pas une de ses questions qui ne soit à double entente et qui par là révèlent l'évidence grandissante de l'équivalence symbolique qui était à peine suggérée dans les premiers chapitres. C'est ainsi que, frappée par le caractère lugubre du paysage, Lucile fait part de ses impressions à Oswald:

> Lucile pendant ce temps, se promenait pensive et glacée, le brouillard était tel, que le fleuve se confondait avec l'horizon, et ce spectacle rappelait bien plutôt les rayons du soleil... "Où est donc votre belle Italie?" dit Lucile en soupirant à Lord Nelvil. "Je ne sais *quand je la retrouverai*", répondit-il avec tristesse. (XIX.6)

La quête d'Oswald touche bientôt à sa fin. L'allusion mythologique au fleuve de la mort en fait foi. Après la traversée du Taro, Oswald ne retrouve plus que l'ombre de Corinne dissimulée derrière son voile. Oswald ne parviendra pas à la revoir. Il retournera en Angleterre.

Réfugiée en terre maternelle, Corinne choisit le pays où l'on échappe à la loi du père, où du moins on est plus indulgent envers les femmes. Ce thème de l'Italie comme royaume des femmes reparaît de façon constante dans tout le roman. On pourrait contester la validité de ce postulat romanesque en faisant remarquer que l'Italie de 1805 est loin d'être alors la nation la plus libérale de l'Europe. Mais ce serait bien sous-estimer l'auteur que de lui prêter une si mauvaise perception politique. On connaît mieux les intérêts staëliens en cette matière. Si la romancière a choisi l'Italie comme patrie de la femme, c'est précisément dans la mesure où l'Italie lui apparaît comme une nation asservie et bien peu démocratique, mais c'est aussi parce qu'elle représente pour elle, de façon assez contradictoire, le pays de la passion, de l'énergie, et de tous les instincts. En fait, il semble même que c'est dans cette combinaison étrange d'asservissement et d'anarchisme passionnel que résident les affinités les plus profondes qui lient le pays à l'être féminin. En apprenant à connaître l'Italie, Oswald découvre peu à peu la femme.

On se souvient que c'est Corinne elle-même qui entreprend de se faire connaître à Oswald par le biais de la visite de Rome. Il apparaît d'ailleurs bien vite à Oswald que la découverte de Rome se double d'une autre découverte, celle de l'amante:

Je ne sais pas si je me trompe, reprit Corinne, mais il me semble qu'on
se devient plus cher l'un à l'autre en admirant ensemble *les monuments
qui parlent* à l'âme par une véritable grandeur... Oui, reprit lord Nelvil,
mais en *vous regardant*, mais en *vous écoutant* je n'ai pas besoin d'autres
merveilles. (IV.3)

Le compliment amoureux mis à part, on peut noter ici le premier
stade d'une assimilation entre le paysage italien et le caractère de
Corinne. Cette assimilation se fait de façon progressive dans le roman
pour aboutir à une superposition complète du pays et de la femme
par la bouche même d'Oswald:

Ne trouvez-vous pas, dit Corinne, en contemplant avec Oswald la campagne dont ils étaient environnés, que *la nature* en Italie fait plus rêver
que partout ailleurs? On dirait qu'*elle est ici plus en relation avec l'homme*,
et que le Créateur s'en sert comme d'un langage entre la créature et
lui—sans doute reprit Oswald, je le crois aussi mais qui sait si ce n'est
pas l'attendrissement profond que vous excitez dans mon coeur, qui
me rend sensible à tout. (V.3)

La description du paysage, que ce soit monument ou nature, devient
ainsi le moyen de la peinture féminine. Rappelons le nouvel intérêt
de Mme de Staël dans *De l'Allemagne* pour ce nouveau mode d'expression symbolique qu'elle découvre dans les poèmes et les romans allemands: "Le poète sait rétablir *l'unité du monde physique* avec *le monde
moral*, son imagination forme un lien entre l'un et l'autre" (*De l'All.*,
II.13)   On sait que ce procédé se retrouvera diversement illustré
chez Balzac, Flaubert et Zola. Si la technique est encore ici en train
de se forger, et ne va pas sans lourdeur ni inconsistance, elle n'en
est pas moins efficace. Il suffit de reprendre les descriptions que
Corinne, ou la narratrice, font de l'Italie pour déduire plusieurs caractéristiques du personnage féminin qui ont échappé à la perception
psychologique des personnages témoins et qui permettent ainsi de
reconstituer l'être féminin dans toute sa complexité.

Rome apparaît tout d'abord comme ancienne déesse "détrônée"
(IV.3) qui gardant "quelques traces de sa grandeur antique", n'en est
pas moins "mutilée" (IV.4) par l'histoire[18]. Cette allusion à la grandeur romaine passée, qui contraste avec l'asservissement politique con-
temporain, a évidemment une première signification politique. L'Italie

[18] Le thème de la femme déesse détrônée figurait déjà dans *Des Passions* (I, IV.137).
On peut également le retrouver dans les connotations mythologiques du nom de
Delphine. Delphynné, premier possesseur de l'oracle de Delphes moitié femme, moitié serpent, fut détrôné et tué par les flèches d'Apollon. Cf. Grimal, p. 119. Nous
reviendrons sur l'analyse des connotations du nom de l'héroïne, cf. note 35.

était alors sous l'empire de Napoléon, mais cela n'exclut pas, bien au contraire, le deuxième niveau de signification qui évoque l'esclavage de la femme dans la société de l'époque. La comparaison pourrait sembler exagérée si l'on ne se souvenait pas des passages où les termes mêmes qui servent à décrire la tutelle politique sont repris pour décrire la situation de la femme: "En vain Corinne à force d'amour se faisait son *esclave*; le *maître*, souvent inquiet de cette reine dans les fers, ne jouissait point de son empire" (VII.3). Ce trait particulier se trouve d'ailleurs approfondi par l'accumulation des autres particularités psychologiques qui découlent de l'état d'esclavage. C'est Oswald qui accuse tout d'abord les Italiens d'être un peuple passif et hypocrite comme les femmes (VI.3). Corinne lui répond alors par une lettre où elle explique l'indolence italienne par la situation politique qui ne laisse à l'individu aucun moyen de faire ses preuves:

> Il n'y a ici d'émulation pour rien, la vie n'y est plus qu'un *sommeil rêveur*, sous un beau ciel: mais donnez à ces hommes un but, et vous les verrez en six mois tout apprendre et tout concevoir. *Il en est de même pour les femmes.* (VI.3)

Plus tard elle reprendra ce même thème en décrivant la ville de Venise, "ville des plaisirs", ville effrayante et envoûtante tout à la fois: "...le gouvernement soignait là ses *sujets comme un sultan son sérail*. Il leur demandait seulement *comme à des femmes*, de ne point se mêler de politique..." (XV.9). Le parallèle entre la condition féminine et la condition des Italiens se développe donc dans tout le roman, mais c'est dans la lettre plaidoyer par laquelle elle répond aux accusations d'Oswald dans la partie VI (3) qu'elle énumère tous les grands points de son argumentation[19]. Passivité, lascivité, hypocrisie y sont analysées comme autant de caractères produits par la situation politique et sociale. Toute cette lettre constitue une argumentation remarquable de l'influence des institutions sur les peuples et l'individu[20]. Elle explique aussi le penchant italien/ou/féminin à la flatterie par la nécessité de plaire qu'un peuple/ou/individu acquiert par l'habitude de la servilité. On trouve là bien des éléments de ce que Hegel analyse ailleurs comme la relation dialectique du maître et de l'esclave[21]. La flatterie, la séduction, le désir de plaire apparaissent alors comme autant

---

[19] Gutwirth a été une des premières à souligner l'importance de ce rapprochement, pp. 209-11. Notre analyse, quoique faite dans une perspective critique différente, retrouve en de nombreux points plusieurs de ses conclusions.

[20] C'est, rappelons-le, la thèse de *De la littérature*.

[21] Le thème de la servilité de la femme est dénoncée et finement analysé dans *Des Passions*, I, IV.137 et dans *De la littérature* II, IV.301. Cf. aussi *La Phénoménologie de*

de ruses que l'être asservi utilise pour échapper momentanément à sa condition de victime. Les Italiens, tout comme Corinne, se trouvent ainsi tour à tour comparés à ces odalisques de sérail dont le seul pouvoir réside dans la capacité de séduire.

C'est en tant que victime asservie que l'Italie mérite le respect d'Oswald. Dans cette conclusion épistolaire les revendications féminines transparaissent, à peine voilées, derrière les revendications italiennes:

> Enfin quand on voit tant de vie dans un cercle si resserré, *au milieu de tant d'obstacles* et *d'asservissements de tout genre*, on ne peut s'empêcher, ce me semble, de prendre un vif intérêt à ce peuple, qui respire avec avidité le peu d'air que l'imagination fait pénétrer à travers *les bornes qui le renferment*. (VI.3)

Les nombreuses descriptions et analyses que Corinne et la narratrice font de l'Italie et du peuple italien — rappelons que pendant la première partie du roman elles remplissent plus d'un tiers du roman — sont ainsi non seulement le moyen indirect de peindre le caractère de Corinne mais d'analyser sa situation et de défendre sa cause. Nous avons déjà fait remarquer que les descriptions constituent de loin la part la plus didactique du roman et sont celles qui contribuent à faire passer le roman pour un roman à thèse. Pourtant les nombreux critiques qui ont accusé la romancière de tomber dans cet excès l'ont assez souvent fait sans voir en quoi résidait l'originalité de la technique staëlienne. On lui reproche, par exemple, soit d'alourdir le roman avec des considérations sur les arts et les lettres étrangères au sujet romanesque, soit de s'attarder sur la reconstitution des monuments et paysages et du milieu social italien qui paraissent ainsi exister comme pur décor de l'histoire sentimentale. Il semble au contraire que, dès que l'on saisit l'équation symbolique à partir de laquelle se développe le roman, Corinne *ou* l'Italie, la cause italienne *ou* la cause féminine, on ne peut envisager le roman que sous un jour nouveau.

Cette équivalence symbolique implicite, entraîne, comme par une réaction en chaîne, toute une série d'équivalences qui en découle naturellement. On se rend compte ainsi que la prédisposition italienne pour les arts trouve son équivalence dans le talent poétique et artistique de l'héroïne, trait commun qui s'explique par cette qualité essentielle que partagent la femme et le pays — l'imagination. C'est toujours

l'esprit, où Hegel développe l'analyse dialectique des rapports du maître et de l'esclave, et qui fut publié en 1806. Alors que Mme de Staël fait allusion à Fichte et Schelling dans *De l'Allemagne*, le nom de Hegel n'y est jamais mentionné, mais les recoupements de leur réflexion respective doivent être soulignés.

par le biais de la description touristique de Rome que Corinne tente de défendre sa cause:

> C'est le *génie de l'imagination* qui fait notre seule gloire: mais ne trouvez-vous pas Milord qu'un peuple qui honore ainsi les talents qu'il possède mériterait une plus noble destinée? (IV.2)

A la réponse sévère d'Oswald qui estime que "les nations méritent leur sort", Corinne ne peut que répartir mélancoliquement:

> Cela est dur... peut-être, en vivant en Italie, éprouverez-vous un sentiment *d'attendrissement* sur le beau pays que la nature semble avoir *paré comme une victime*. (IV.2)

Tout le pouvoir de Corinne, elle le sait, réside donc dans le charme que les Beaux Arts, et celui de sa présence exercent sur Oswald. L'Italie et Corinne retiennent par l'imagination et les sens, domaine traditionnellement réservé aux femmes, alors qu'Oswald optera finalement pour les qualités plus viriles de la raison et de l'action. Il lui suffira de quitter l'Italie pour retrouver l'importance de ces valeurs. Cette division tranchée qui oppose Corinne à Oswald comme la raison à l'imagination se trouve ainsi traduite clairement dans le roman au retour d'Oswald en Angleterre:

> Oswald pensait à l'Italie pour la plaindre. Il lui semblait que dans sa patrie la *raison humaine* était partout noblement empreinte... il avait passé d'un pays où l'*imagination* est divinisée,... dans l'existence qui convient aux hommes l'action avec un but. La rêverie est plutôt le *partage des femmes*, de ces êtres faibles et résignés dès leur naissance. (XVI.4)

C'est au moment où les amants se séparent que leurs caractéristiques fondamentales apparaissent au grand jour. Mais c'est aussi le moment où se révèle le plus nettement les équivalences symboliques qui soutiennent le roman. Corinne ou (et) l'Italie s'oppose à Oswald ou (et) l'Angleterre comme l'imagination à la raison et comme le féminin au masculin[22].

---

[22] Le procédé qui consiste à révéler le personnage par la description de son milieu ambiant sera exploité plus tard par Balzac et Zola. (Cf. Bourneuf et Ouellet, *L'Univers du roman* [Paris: PUF, 1975], p. 113.) Mais on assiste ici à un type de description assez spécifique qui ferait plutôt penser au procédé de l'allégorie et du symbole. De ce point de vue les premiers essais de Mme de Staël annoncent plutôt le roman symbolique que le roman de moeurs, comme le prouve l'étude partielle de M. Lethonen, *passim*.

Notre intention n'est pas ici de simplifier l'oeuvre à l'extrême mais
de faire ressortir la structure symbolique à partir de laquelle s'organise le roman. Nous avons suffisamment montré à cet égard les ambi-
guïtés psychologiques qui existaient au niveau de la représentation
des portraits, tout comme au niveau de l'interprétation de l'action.
Ni Corinne ni Oswald ne sont réductibles à des entités aussi abstrai-
tes que la raison ou l'imagination, le féminin et le masculin, mais l'on
doit se rendre à l'évidence que le roman présente un autre niveau
de compréhension que celui de la compréhension psychologique ou
dramatique des personnages. Le voyage d'Oswald, personnage témoin,
à la découverte d'un pays qui est aussi une femme, peut alors s'interpréter comme une structure de la quête de soi où la conscience-raison
cherche à comprendre l'imagination ou le coeur. Le roman illustre
ainsi la coupure du coeur et de la raison selon les paradigmes traditionnels du masculin et du féminin.

4. *Le couple romantique: l'amour androcentrique et l'objet féminin perdu*

Nous avons déjà fait remarquer la fonction de spectateur que rem-
plissait Oswald. Corinne semble ainsi le plus souvent n'exister que
comme l'objet que le héros se propose de découvrir et de comprendre. Ce sont précisément les mystères qui entourent sa personne et
l'obstination avec laquelle elle se refuse à se découvrir qui donnent
aux quatorze premiers livres un caractère de quête. Or, comment
ne pas être frappé, en analysant l'intrigue, par le fait que l'objet de
la quête, le secret à découvrir, semble être principalement pour Oswald
le passé de l'héroïne. Toutes ses actions semblent dépendre de la découverte de ce mystère si longtemps entretenu. Si l'on envisage alors
Oswald et Corinne non plus comme des personnages mais comme
des entités d'une fiction dramatique, on peut voir que le premier ne
cesse de jouer dans cette partie du roman le rôle de conscience témoin
qui essaie de retrouver, au cours d'une constante interrogation de soi,
son passé, la vérité de son alter-ego mystérieux[23]. Cette structure que
nous avons déjà décrite, dans la *Folle* et dans *Delphine*, comme la structure du dédoublement introspectif de la personne qui se prend comme
propre objet d'observation, nous semble exister dans *Corinne* dans la
relation spectateur témoin-héroïne mystérieuse qui sous-tend la structure romanesque jusqu'à la partie XIII; c'est-à-dire avant que l'héroïne

[23] Cf. *supra*, p. 16 et pp. 95-101.

ne prenne l'initiative de révéler son secret. On remarque bien vite que chaque détail du voyage italien d'Oswald peut être lu comme la représentation symbolique de la quête d'une conscience à la recherche de sa vérité profonde. Le romanesque épisode de la Fontaine de Trévi qui incite les amants à reprendre leur quête romaine est révélatrice à cet égard:

> Le soir du quatrième jour de cette cruelle absence, il faisait un beau clair de lune... Corinne... se repose quelques instants près de la fontaine de Trévi... l'image de Corinne se peignit dans cette onde... Oswald, qui s'était arrêté dans le même lieu peu de moments après, aperçut le charmant visage de son amie qui se répétait dans l'eau... *il se pencha vers la fontaine* pour mieux voir, et ses propres traits vinrent alors se réfléchir à côté de ceux de Corinne. Elle le reconnut, fit un cri... (LV.6)

C'est de cette façon que les détails du décor italien se charge peu à peu de la signification symbolique. C'est plus particulièrement à ce niveau que les détails du décor italien jouent le plus grand rôle.

Cette quête intérieure du passé se trouve en effet symboliquement illustrée dans le roman par la découverte du passé italien enfoui sous les ruines romaines, les cendres de Pompéi, ou caché dans les grottes et les moindres détails du paysage italien si plein de souvenirs. L'assimilation de l'histoire publique et de l'histoire individuelle est faite en bien des endroits. Nous ne donnerons ici qu'un exemple qui illustre particulièrement bien tout le travail que représente cette recherche patiente du passé et de la vérité qu'il recèle.

> Ainsi, *ruines* sur *ruines*, et tombeaux sur tombeaux! *Cette histoire du monde,* où les époques se comptent de débris en débris; cette *vie humaine*, dont la trace se suit à la lueur des volcans qui l'ont consumée, remplissent *le coeur d'une profonde mélancolie.* (XI.4)

C'est en fait au moment de la révélation du passé des héros que les références symboliques se font les plus claires. Encore une fois c'est Corinne qui déclenche le jeu des métaphores et qui, dans son improvisation de Misène, située au coeur du roman, établit cette autre équivalence générale qui soutient toute la structure du roman, celle de la nature comme reflet de l'âme: "On dirait que le monde habité n'est plus qu'une surface prête à s'entrouvrir. La *campagne de* Naples est *l'image des passions humaines*" (XIII.3). La confession du passé prend en effet place à Naples où le héros qui est au bord du volcan semble se pencher sur lui-même. Le gouffre naturel se trouve assimilé dans une même phrase à celui de l'âme humaine:

> L'impression de ce lieu, sa solitude profonde, donnèrent à lord Nelvil plus de force pour révéler ses secrets sentiments... *jusqu'au fond de l'âme* de votre malheureux ami; eh bien! je vous avouerai tout: *mes blessures vont se rouvrir*, je le sens. (XI.4)

On pourrait s'étonner de ce qu'Oswald, conscience-témoin, soit amené lui aussi à révéler son passé, mais comme nous l'avons déjà fait remarquer, la confession d'Oswald se trouve précisément avoir pour fonction de marquer son adhésion complète à la loi paternelle. De ce fait Oswald paraît incarner véritablement l'instance interdictrice, ou ce qui se trouve désigné en psychanalyse par le terme de "sur-moi"[24]. L'héroïne souligne d'ailleurs cette fonction de juge suprême qu'elle lui accorde: "Vous connaissez maintenant l'histoire de ma vie... C'est *à vous d'en juger*, Oswald, car *vous me connaissez mieux que moi-même*" (XIV.4). Par sa confession Corinne s'oppose à cette conscience spectatrice comme l'ensemble anarchique des désirs, des pulsions incontrôlables que constituent le "moi" passionné:

> Il s'élève quelquefois des mouvements tumultueux dans mon âme qui sont *plus forts que ma raison*, et je ne serais pas coupable si de tels mouvements me rendaient l'existence tout à fait insupportable. (XIV.4)

La réunion des deux personnages permet de reconstituer en quelque sorte la personne selon les deux entités du coeur et de la raison ou, selon la terminologie plus récente, celle du moi et du surmoi.

Cette structure qui fait du héros la conscience spectatrice de l'histoire féminine n'est pas nouvelle. Rappelons que c'est la structure narrative traditionnelle des romans féminocentriques, c'est-à-dire de ceux qui prennent pour sujet et pour centre de roman l'histoire d'une femme. Dans le modèle du genre qu'est *la Princesse de Clèves*, J. Rousset a bien montré que, par le jeu combiné de la technique de la troisième personne et des points de vue sociaux, la princesse se trouve toujours être l'objet du regard et du récit social alors qu'elle est elle-même incapable de se comprendre et, à fortiori, de raconter sa propre histoire[25]. Dans la *Nouvelle Héloïse*, Julie, qui détient tout d'abord la parole épistolaire, l'abandonne peu à peu pour la confier à la fin du roman à

---

[24] Laplanche et Pontalis, *Vocabulaire de la psychanalyse*, p. 472.
[25] J. Rousset, *Forme et signification* (Paris: Corti, 1962).

ses amis et à Wolmar. On pourrait penser que l'avènement des confessions littéraires et des romans lyriques changerait la structure traditionnelle des romans féminins. Il semble que ce soit le contraire qui se passe. Contrairement à ce qu'on observe dans *René, Oberman,* ou *Adolphe,* où le héros raconte et se fait ainsi le spectateur de sa propre histoire, dans *Caliste, Cécile,* et *Valérie,* le rôle de narrateur-spectateur est confié à un personnage secondaire, l'amant ou une parente ou encore la mère de l'héroïne. On a pourtant décrit ces romans commes des "Werthers féminins", mais à y regarder de près rien ne présente le dédoublement personnel entre la "spectateur narrateur" et le "sujet souffrant" qui caractérise la structure de Werther. L'histoire de Caliste ou de Valérie ne nous parvient que par l'intermédiaire de la vision indirecte qu'en ont leurs amants, et se trouve ainsi englobée par celle de l'amant. Dans *Corinne* nous retrouvons donc la situation classique de la mise en perspective de l'être féminin sous le regard étranger de l'amant. Pour avoir rejeté la technique du narrateur-témoin, la romancière en garde tout d'abord le point de vue[26]. C'est dans la perspective d'Oswald que nous voyons Corinne pour la première fois, tout comme dans la plus grande partie du roman. Nous avons déjà montré que l'avantage de cette vision étrangère était principalement de nous livrer de l'héroïne un portrait idéal et enthousiaste. Il n'est guère d'héroïne féminine qui ne se soit offert le plaisir de se mirer dans le miroir idéalisant de l'amour. Nous allons voir si ce jeu de miroir peut remplir d'autre fonction que celle de l'admiration et tout d'abord celle de la connaissance.

La contemplation amoureuse présente des moments de révélation suprême qui rendent les deux amants transparents l'un à l'autre. Ce mythe de la transparence nous intéresse ici dans le mesure où, pendant ces moments privilégiés, un personnage perd son identité pour devenir miroir de l'autre[27]. "Lord Nelvil *devinait* les impressions de Corinne, avec une *sagacité parfaite,* et Corinne découvrait à *la plus petite altération du visage* de lord Nelvil, ce qui se passait en lui" (IV.1). Ce

---

[26] C'est dans cette non identité entre la voix narratrice impersonnelle et le point de vue personnel de l'amant que réside d'ailleurs un des aspects les plus intéressants du roman. C'est dans cet espace entre la *voix* et la *vision* que s'instituera l'impossibilité de l'écriture autobiographique.

[27] Cette structure qui se définit comme miroir au niveau des personnages nous ramène, au niveau de l'écriture romanesque, à celle de la spécularité. Spécularité qui, nous le verrons, se trouve culturellement définie comme androcentrique.

phénomène de réflexion prenant surtout l'héroïne pour objet, nous allons voir comment Oswald, miroir de l'amour, permet ou non d'accéder à une connaissance plus intime de l'héroïne. A la parole, instrument de la communication sociale, s'oppose la communication directe dont seules sont capables les âmes sensibles[28]. Ce langage échappe par exemple au comte d'Erfeuil, être purement social, qui s'imagine qu'on peut "tout dire" (III.1). Corinne paraît en revanche posséder tout les secrets du langage gestuel dans la danse, sur la scène, dans la conversation ou dans ses improvisations. C'est bien de cette faculté que semble venir tout son génie et tout son charme, "car l'âme se mêle à tout" chez les êtres sensibles.

En relisant chacun de ces passages descriptifs, on est frappé de la fréquence avec laquelle se répète la mise en scène qui consiste pour l'amant à choisir comme un peintre le point de vue idéal d'où il pourra contempler l'objet aimé. Cette situation est celle des épisodes où Oswald regarde Corinne sur la scène de théâtre. Dans de telles scènes, il est souvent tout d'abord difficile de distinguer le regard admirateur du public de celui de l'amant. Le point de vue du public s'y restreint pourtant presque toujours infailliblement à celui de l'amant. Le spectacle semble alors s'arrêter et l'oeil se rapprocher de Corinne comme pour la fixer dans une attitude picturale:

> Le théâtre à demi-éclairé, pour représenter la nuit, répandait sur *le visage* de Corinne une lumière douce. *Sa main levée vers les étoiles* semble invoquer les seuls témoins dignes de l'entendre. (VII.3)

Oswald, "placé en face du balcon", isolant comme dans un tableau, Corinne-Juliette, s'approprie la représentation. Son regard possessif finit par figer et pétrifier les mouvements les plus vivants. Ce double effet de restriction du champ de vision et de mise en tableau pétrificatrice est particulièrement évidente dans cet autre spectacle public qu'est la danse de la Tarentelle. Ici Oswald se tient dans la pièce voisine de celle du bal et contemple les évolutions de Corinne dans l'autre salle, la porte qui l'en sépare faisant, de cette façon, fonction de cadre:

> Lord Nelvil s'avança jusqu'à la porte, et vit... Corinne connaissait si bien toutes les *attitudes* que représentent *les peintres* et les sculpteurs antiques que, par un léger mouvement de ses bras, en plaçant son tambour de basque tantôt au dessus de sa tête... (VI.1)

[28] Cf. *supra*, note 12.

La description du bal semble ici s'arrêter pour fixer, comme dans un instantané, la mobilité tout vibrante de la danseuse. La fixité de l'attitude peut remplir deux fonctions: celle tout évidente de dérober au temps une image émouvante mais aussi, et ceci est d'autant plus probable dans ce passage où se dévoile toute la jalousie de l'amant, celle de contrôler l'amante en l'emprisonnant de façon fantasmatique dans les limites d'un tableau.

Cette capacité rigidificatrice et limitatrice du regard de l'amant par rapport à la liberté de l'héroïne se trouve subtilement suggérée par la narratrice dans le court épisode de la visite du bateau anglais dans la baie de Naples. Hors du décor italien, Corinne s'attriste au milieu de ce silence et de cette contrainte; Oswald se rejouit:

> ...Elle levait les yeux vers la belle Naples, vers ses bords fleuris, vers sa vie animée, et elle *soupirait*. Heureusement pour elle, Oswald ne s'en aperçut pas, *au contraire*, en la voyant assise au milieu des femmes anglaises, *ses paupières noires baissées* comme leurs paupières blondes, et se conformant en tout à leurs manières, il éprouva un grand sentiment de joie. (XI.3)

S'ensuit un dernier exemple frappant de cette volonté inconsciente de l'amant d'enfermer l'objet aimé dans le cadre rassurant d'un tableau de genre, et notons aussi la rapidité avec laquelle l'héroïne se dérobe à cette emprise réductrice:

> ...la douce lumière qui éclairait son visage pâlissait son teint sans affaiblir l'éclat de ses yeux. Oswald la contemplait ainsi *comme un tableau ravissant* et comme un être adoré. Quand sa prière fut finie elle se leva... Oswald était étonné de cette mobilité. (X.5)

Dans ce passage on voit nettement comment les seules scènes qui restent à l'esprit de l'amant sont significatrices de sa volonté d'appropriation, de limitation. Dès lors, comment pourrait-on faire confiance à ce témoin qui ne voit que ce qu'il ne veut voir et dont le premier désir est d'enfermer son amante dans le cadre d'une scène d'intérieur ou tableau intime.

Il faut, nous l'avons vu, que l'amante se conforme à l'image qu'il préfère. Dans la deuxième représentation théâtrale de Corinne, le rôle semble dissoner avec les désirs masculins. Corinne joue Sémiramis et c'est ironiquement au moment où elle apparaît dans la dernière scène en reine amazone "qui commandait aux hommes" qu'Oswald, ne pouvant plus se contenir, cache "sa tête dans ses mains". Il a décidé de repartir pour l'Angleterre.

Symptomatiquement, c'est dans cette scène qu'Oswald joue pour la dernière fois le rôle de spectateur-témoin. Ce changement d'optique est cependant progressivement préparé depuis l'épisode de Naples. Dans la vision du Cap Misène, où Corinne semble à son apothéose improvisant sur le promontoire qui domine la baie de Naples, au milieu de la foule de ses amis et du peuple napolitain, on chercherait en vain la mention de l'amant observateur. Durant tout ce spectacle, que Corinne a organisé spécialement pour lui, Oswald semble absent, aucune réaction de sa part, aucune mention de l'endroit où il s'est placé pour écouter Corinne, ne permet au lecteur de savoir quelles sont ses émotions ni son point de vue. Il semble, durant toute cette scène, que la fonction de spectateur témoin soit plutôt accordée au public tout entier qu'à l'amant. Nous retrouvons, au niveau de l'évolution de la perspective visuelle, l'aveuglement progressif qui caractérisait l'amant dans le premier roman.

On pourrait interpréter cet échec de la vision masculine — ou vision androcentrique — de diverses façons. On peut évidemment considérer qu'il s'agit de fuir le regard accusateur de l'amante. Mais le fait que tant d'aspects de la narration soulignent le caractère limitatif et erroné de la vision amoureuse suggère plutôt l'incapacité de la conscience masculine à saisir la vérité du caractère féminin. L'épisode du voyage de Corinne en Angleterre est révélateur à cet égard. Rentré dans le pays de son père, monde androcentrique par excellence, l'amant devient incapable de voir Corinne. Corinne, elle, voit Oswald au théâtre, à Hyde Park et dans le château de son père, mais se trouve dans l'impossibilité de lui apprendre sa présence. Devenue pure spectatrice, l'héroïne se trouve privée du regard amoureux, seul susceptible de lui accorder une existence réelle. La femme se trouve frappée d'invisibilité dans le monde androcentrique[29]. L'objet féminin, but ultime de la quête romanesque serait-il perdu?

Corinne vit désormais comme une ombre et le seul moyen de communication avec le monde qui lui reste consiste dans l'écriture d'un journal sans destinataire (qu'elle abandonne aussitôt qu'entrepris). Sa dernière apparition sur la scène symbolise bien son effacement final. N'ayant plus la force d'improviser, elle donne à lire à une jeune fille vêtue de blanc les vers qu'elle a composés pour faire ses adieux à l'Italie, à ses amis, à Oswald. Elle n'est plus, au fond de la salle, qu'une silhouette qui se dérobe aux yeux de tous sous un voile noir. Cette dernière scène souligne de façon symbolique l'échec de la connaissance

---

[29] Cf. L. Irigaray, *Speculum de l'autre femme* (Paris: Minuit, 1974), *passim*.

de la femme par le biais de regard spectateur. A l'image se substitue les mots désincarnés, au spectacle de la femme, l'écriture du "Dernier Chant". Reste à savoir si le journal et autres écrits de Corinne donnent un portrait plus authentique de l'héroïne. Pour avoir discrédité l'image qui résulte de la représentation androcentrique, le roman propose-t-il la narration autobiographique comme le moyen privilégié de la représentation féminine?

5. Ecriture autoréférentielle et aphasie: l'objet féminin (maternel) retrouvé?

N'ayant plus de spectateur, Corinne se prend elle-même pour spectacle. Ce dédoublement de soi, ce "triste don d'observer [elle-même] sa folie" (XVIII.2), a pour corollaire immédiat le recours à l'écriture épistolaire ou à l'écriture intime. On pourrait ainsi, à partir des lettres et des fragments de journaux intimes que le roman contient, tenter de reconstituer le récit autobiographique de Corinne. La rupture technique que représente la résurgence de la narration intime à la première personne dans le récit impersonnel, est de plus en plus fréquente dans la deuxième partie du roman. Le premier exemple d'écriture intime est l'écriture épistolaire. C'est dans une lettre à son amant que Corinne confie le récit de son histoire. Véritable récit autobiographique qui contient déjà les propres germes de sa destruction. La confession de Corinne n'est en effet qu'un aveu voilé de la transgression de la loi du père. Elle ne sera reçu par l'amant que pour être mise à l'épreuve de la vérité, puis invalidée et comme oubliée. L'héroïne elle-même ne reviendra jamais à l'écriture proprement autobiographique. Le récit autobiographique dans le roman est déclaré irrecevable.

A son retour à Florence, la solitude semble laisser à l'héroïne le seul recours auquel les êtres fatigués de la vie peuvent se livrer; non plus l'autobiographie mais l'examen de soi. Elle s'adonne alors à cet exercice, seul exemple d'écriture intime dans le roman, mais elle ne pourra guère le continuer. On retrouve dans *Corinne*, située à peu près au même moment stratégique de l'histoire que dans *Delphine*, cette même tentative avortée du journal intime — ou plutôt de l'écriture autoréférentielle impossible. Le terme même de "fragments de pensée", que l'on relève dans les deux romans, illustre la difficulté réitérée pour l'être féminin de raconter son histoire comme un tout unifié. Dans *Corinne ou l'Italie*, cependant, cette impossibilité trouve son origine dans la duplicité qui caractérise le "nom" de l'héroïne. Tout le drame de

Corinne tourne en effet autour d'une question de patronyme, comme elle le déclare au début de sa confession: "Oswald, je vais commencer par l'aveu qui doit décider de ma vie... mais si, lorsque vous connaîtrez et *le nom* et le sort auxquels j'ai renoncé, tout n'est pas brisé entre nous... (XIV.1). Corinne, c'est en effet non seulement la femme aux deux visages mais aux deux noms. Elle a renoncé au nom de son père et vit sous le nom d'auteur de "Corinne". Or l'authenticité du "nom propre" est, on le sait, une des premières données de l'autobiographie. L'emprunt du nom de la poétesse grecque est donc une première mise en question de l'écriture autobiographique, comme elle l'est de la loi du père[30].

Comme dans le journal de jeunesse, il devient vite évident que les difficultés de l'écriture autoréférentielle s'expliquent par l'impossibilité de parler de soi sans passer par la culpabilité envers le père. D'où les silences, les trous de l'écriture personnelle: "Il y a des peines en moi que *je n'exprimerai jamais* pas même en écrivant; je n'en ai pas la force, l'amour seul pourrait sonder ces abîmes" (XVIII.5). Ces mots semblent résonner comme les échos de ceux de la jeune Louise qui met fin à son journal intime[31]. Le discours autobiographique féminin semble aussi impossible pour l'héroïne staëlienne que pour Mme de Staël elle-même. Aux silences qui espacent les "Fragments de pensée", s'opposent pourtant les "cris" de douleur qui déchirent les essais d'improvisation:

> Chaque mot lui coûtait à trouver, et souvent elle traçait des paroles sans aucun sens; des paroles qui l'effrayaient elle-même quand elle se mettait à les relire, comme si l'on voyait écrit le délire de la fièvre... elle peignait ce qu'elle souffrait; mais ce n'était plus des idées générales... c'était *le cri de la douleur, cri monotone* à la longue comme celui des oiseaux de la nuit... (XVIII.4)

Scène de "délire" réminiscente de cette autre scène confessionelle des romans de jeunesse: celle du discours aphasique de *La Folle de la forêt de Sénart*. Les paroles et les écrits de l'héroïne — les fragments de pensées, les bribes de conversation, les improvisations, la lettre autobiographique — représentent autant de séquences entrecoupées de

---

[30] Lejeune, *Le Pacte autobiographique*, p. 19, a souligné l'importance du "nom propre" dans l'identification du genre autobiographique. J. Kristeva, *Polylogue* (Paris: Seuil, 1978), a par ailleurs montré comment la "fonction de *nomination*, instauratrice du sens", est en relation avec la "fonction paternelle" (p. 163).

[31] Cf. *supra*, p. 7.

silences du discours autoréférentiel féminin. Dans ce sens, Corinne est tout aussi aphasique que la "folle"[32]. Là s'arrête pourtant la comparaison car dans le dernier roman le récepteur masculin du récit se trouve, dès le livre XIV, liquidé. Dans le livre XVIII, Corinne est cruellement seule. La substitution de l'écriture intime à la confession orale en fait foi. Après avoir perdu la perspective visuelle, le héros masculin se voit aussi démuni de son rôle traditionnel de "récepteur" dans la perspective épistolaire.

Dans ces moments où elle se trouve réduite à l'aliénation la plus complète — par rapport à l'amant et au monde — l'héroïne ne semble pourtant pas désespérer de trouver une figure ou une "écoute" réconfortante. Dans le passage cité ci-dessus l'écriture se trouve déchirée par les silences mais aussi par les "cris". Au silence des mots, s'oppose le "cri", instance verbale qui, à la frontière du linguistique et du corporel, est toujours appel; appel à l'autre, appel à une présence. Présence qui, à l'opposé de celle de l'amant, serait tout amour. Il est intéressant, en fait, de noter que les tentatives de l'écriture intime se trouvent, dans le chapitre XVIII, comme initiées par l'image de l'amour maternel que représente la statue de Niobé:

> Les angoisses de l'amour maternel se peignent dans tous les traits de Niobé; elle serre sa fille contre son sein avec une anxiété déchirante... Corinne, en retournant chez elle, essaya de refléchir sur ce qu'elle venait de voir, et voulut *composer* comme elle le faisait jadis... (XVIII.4)

On retrouve ici une des premières caractéristiques de l'écriture intime staëlienne qui est de conjurer la solitude par l'appel de la figure maternelle[33]. Sans la "présence" d'une conscience réceptrice l'écriture autoréférentielle est finalement vouée à l'échec.

L'échec de la quête d'Oswald, héros masculin, se trouve pourtant, dans la dernière partie du roman, reprise en quelque sorte par une figure féminine, Lucile. A Florence, seule Lucile pénètre dans le secret des appartements de Corinne et reçoit ses confidences. En fait, Lucile se trouve implicitement engagée dans cette quête depuis qu'elle a compris que sa soeur, mystérieusement disparue est peut-être vivante, c'est-à-dire depuis la trahison de l'amant. La fin du roman célèbre donc, au moins sur le mode mineur, la résolution de cette longue recherche de deux soeurs. Résolution d'une quête où la figure maternelle se trouve indissolublement liée à celle de la soeur. Corinne a

---

[32] Cf. *supra*, pp. 13-15.
[33] Cf. *supra*, pp. 4, 56-60, 89.

joué, en son temps, le rôle de mère pour Lucile. A la fin du roman on assiste à un renversement des rôles. De soeur protectrice et maternelle, Corinne devient impuissante alors que Lucile, mère attentive, lui prodigue tous ses soins. La participation de la figure maternelle au schéma de la quête réveille d'ailleurs tout un réseau de connotations mythologiques attaché au nom même de Corinne. La fable mythologique se trouve pourtant dans le roman corrigé par l'imaginaire staëlien. Le nom mystérieux de Corinne a posé bien des énigmes à la critique biographique comme à la critique érudite. Corinne, on le sait, est le nom d'une poétesse grecque, tout comme celui d'une improvisatrice italienne très connue à l'époque où fut écrit le roman[34]. Mais "Cora" fut aussi le nom de Koré (la jeune-fille) ou Perséphone, fille de Déméter, enlevée à sa mère par le roi des ombres et des Enfers[35]. Cette association serait peu convaincante si elle ne se trouvait corroborée par la foule de correspondances qu'elle déclenche. Corinne est précipitée dans l'ombre à partir de sa confrontation avec son amant au bord du cratère de l'Etna, mythologique porte des enfers. Cora est condamnée à la nuit des Enfers pour avoir aimé Adonis ou, selon d'autres légendes, pour s'être penchée sur une fleur de narcisse. Le thème de la descente aux Enfers se retrouve donc, à la fin du roman, non plus seulement du point de vue "d'Enée — Oswald" mais de "Lucile-Déméter" que l'on peut imaginer courant de par le monde, une torche à la main, à la recherche de Corinne-Perséphone disparue. Le syncrétisme opéré par l'écriture romanesque à partir de différents mythes est évident lorsqu'on rappelle les différentes couches du symbolisme romain. Retourner à Rome c'est, pour Corinne, retourner à la patrie maternelle. Rome devient ainsi la cité de l'amour — Amor/Roma — tout comme la cité de la mère — dans le sens personnel comme dans le sens mythologique — Rome, mère de la république et des arts. Dans un passage où s'exprime la nostalgie de Rome, s'inscrit ainsi naturellement l'allusion au rythme des saisons, tirée du mythe de Koré-Déméter.

> Dès le premier jour de ma jeunesse, je promis d'honorer ce nom de *romaine*, qui fait encore tressaillir le coeur. Vous m'avez permis la gloire, ô vous, nation libérale, qui *ne bannissez point les femmes de son temple…*

[34] Gennari, p. 40.
[35] A cet égard l'analyse d'Eugénie Lemoine-Luccioni, *Partage des femmes* (Paris: Seuil, 1976), pp. 69, 85-89, éclaire particulièrement bien le mécanisme de la relation fille-mère selon la structure de la relation mythique de Koré-Perséphone.

O vous qui me survivrez *quand le printemps reviendra*, souvenez-vous com-
bien j'aimais sa beauté, que de fois j'ai vanté son air et ses parfums!
Rappelez-vous quelques fois mes vers, mon âme y est empreinte.
(XX.5)

Dans ces vers testamentaires, Corinne nous livre d'une certaine façon,
la clé de son énigme. L'énigme mythologique du sphynx romanesque, *Corinne ou l'Italie,* trouve pourtant une réponse où le mythique
est corrigé par le personnel. Ce n'est plus à la mère que Corinne-
Perséphone s'en remet, c'est à la soeur qui se substitue à la mère. L'objet féminin (maternel) serait-il retrouvé[36]?

L'aliénation de l'héroïne semble partiellement suspendue à la fin
du roman par la nouvelle relation qui la rapproche de Lucile, soeur
et mère. Pour la première fois, Corinne semble s'ouvrir en toute
confiance à une autre sans même les réserves que la passion lui imposait: "Alors commença entre *les deux soeurs un entretien* plein de fran-
chise de part et d'autre... Elle aborda avec Lucile les sujets les plus
délicats..." (XX.4). Seule enfin cette communication semblerait lui
permettre de retracer complètement son histoire: "Corinne se peignit
elle-même dans les jours brillants de sa vie, elle *se jugea comme* elle
aurait pu juger *une étrangère*" (XX.4). Il existe donc un récit autobiographique, mais il ne nous parviendra pas, ou plutôt il nous est déjà
parvenu mais indirectement et par bribes. La connaissance de l'histoire de Corinne ne va pas ainsi sans un certain travail de traduction
et d'interpretation. Dans le roman, seule Lucile, comme seule Déméter
est capable d'entendre les cris de sa fille enlevée, semble capable de
remplir cette tâche. Ce n'est que grâce à elle que l'amant peut entrevoir Corinne une dernière fois:

Oswald était *sur le seuil de la porte*, quelquefois voulant entrer malgré
la défense positive de Corinne, quelquefois anéanti par la douleur.
Lucile allait de l'un à l'autre ange de paix entre le désespoir et l'agonie.
(XX.5)

De la même façon que Lucile est le véritable intermédiaire entre
Oswald et Corinne, on peut se demander s'il existe dans le roman
une perspective narrative susceptible d'orienter le lecteur dans son
interprétation.

On pourrait en effet douter que personnage secondaire, Lucile soit
de force à contrebalancer le point de vue du père courroucé. Il est

---

[36] Voir conclusion, notes 6 et 7.

cependant une dernière figure protectrice à laquelle l'héroïne paraît s'adresser de plus en plus souvent. Figure ou plutôt "voix" qu'elle entend dans les moments de solitude: "Une communication secrète avec la *Divinité* semble placer en nous-mêmes *l'être qui se confie* et *la voix qui lui répond*: elle fait *deux amis d'une seule âme*" (XX.3). Cette divinité indulgente qui fait "deux amis d'une seule âme" se rapproche plutôt de cette nouvelle idée de Dieu qui apparaît chez Rousseau et chez Kant comme la divinité intérieure que chaque être porte en soi, nouveau principe moral de la philosophie en ce début du dix-neuvième siècle[37]. Tous les exemples de dédoublement de soi que nous avons cités peuvent s'interpréter comme autant de tentatives de représenter dans le roman cette nouvelle conception de la personne. Les difficultés et l'interruption de l'écriture autobiographique traduisent cependent, pour la femme, l'échec de ce nouveau procédé d'analyse de soi. Cela pourrait s'expliquer de plusieurs façons, mais la fluctuation constante de la technique entre celle de la première et la troisième personne nous semble correspondre, dans ce roman, à une hésitation dans la conception même de la personne[38].

Il semble en fait que la romancière ne puisse souvent représenter cette nouvelle conception de la personne morale qu'en recourant à l'ancienne thématique chrétienne. A la fin du roman, Corinne reçoit la promesse de la bienveillance divine par le biais d'un prêtre représentant de Dieu sur terre: "Croyez-vous mon père... que *Dieu me pardonnera*? Oui, ma fille, lui dit le vieillard, je l'espère" (XX.5). Le roman ne se clôt pourtant pas sur ces paroles d'un père de l'église à une fille contrite. Corinne meurt muette en interrogeant du regard le ciel courroucé. Une "voix" inconnue s'arroge alors le droit de suggérer subrepticement cet autre coupable qui, mélancolique, suit à Rome, les pompes funèbres de Corinne:

> Que devint Oswald?... [il] donna l'exemple de la vie domestique la plus régulière et la plus pure. Mais se pardonna-t-il sa conduite passée? le monde, qui l'approuva, le consola-t-il? se contenta-t-il d'un sort commun après ce qu'il avait perdu? *Je* l'ignore, *je* ne veux à cet égard ni le blâmer ni l'absoudre. (XX.5)

[37] Rappelons notre analyse de l'arbitrage dramatique qui place le monde romanesque sous l'influence d'un double arbitre. Cf. l'analyse de J. Starobinski, "Critique et principe d'autorité: Mme de Staël et Rousseau", *Le Préromantisme*, p. 329.

[38] Hésitation qui peut s'expliquer par la perspective androcentrique selon laquelle la personne se trouve définie de Kant à Freud (cf. I. Irigaray, *passim*).

C'est donc à une "voix" anonyme mais pourtant familière, double arbitre du monde romanesque, que revient le privilège du dernier mot de l'histoire. A côté du dieu de la Bible, il est un autre dieu qui, comme double de Lucile, domine la scène romanesque et dont la présence se trahit de plus en plus à partir de la séparation des amants: le créateur-narrateur[39]. Après s'être longtemps dérobé derrière les autres personnages-témoins, il se dévoile pour venir à l'aide de son héroïne abandonnée. Ce narrateur invisible joue plusieurs rôles, celui de metteur-en-scène et celui de spectateur témoin de l'héroïne solitaire, mais il est avant tout, nous allons le voir, celui qui détient la "parole" et qui, finalement, ne peut nous cacher longtemps sa fonction de conteur de l'histoire. "Voix" blanche, et qui se veut neutre et impartiale, mais dont les inflexions et les différents modes trahissent finalement une présence bien plus vivante qu'il n'y paraît au premier abord. "Voix" tout d'abord timide et discrète mais qui peut hausser le ton pour couvrir cette autre voix extérieure qui hante le roman, la voix du père, la voix de la loi[40]. Nous allons voir maintenant comment on peut relire l'histoire en écoutant cette voix qui, tantôt murmure, tantôt exclamation, s'adresse, par delà les personnages, à un autre personnage hors texte: le lecteur.

[39] Cf. P. Bénichou, *Le Sacre de l'écrivain* (Paris: Corti, 1973).
[40] Rappelons que les textes des *Réflexions de M. Necker* sont intercalés dans le roman. On pourrait approfondir cette analyse du conflit des multiples voix romanesques à l'aide des suggestions de G. Rosolato, "Voice and Literary Myth", *The Structuralist Controversy*, éd. E. Donato (Baltimore: Johns Hopkins University Press, 1970), p. 201.

CORINNE III:
L'AUTOBIOGRAPHIE DÉDOUBLÉE;
SI CORINNE M'ÉTAIT CONTÉE

1. La voix impersonnelle du philosophe

J. Rousset a montré dans son ouvrage *Narcisse romancier* comment l'autoportrait pouvait se réaliser de plusieurs manières. En comparant à l'autoportrait réel de Poussin, cet autoportrait indirect que le Bernin esquisse en faisant le buste de Louis XIV, il a défini les deux façons opposées dont dispose l'artiste pour donner une image de soi. Nous verrons qu'à cet égard Mme de Staël romancière se rapproche plutôt de ceux "qui tentent d'échapper à eux-mêmes pour se dire de façon dérobée"[1]. *Corinne*, tout en étant un roman à la troisième personne, ne cesse de présenter bien des aspects d'une fiction autobiographique. C'est cette tension et la contradiction constante qui s'établit entre les deux genres qui caractérisent l'écriture staëlienne dans le roman.

Après avoir étudié le roman comme une histoire, nous allons donc l'analyser comme le discours d'un "sujet écrivant" fictif: le narrateur. Nous nous situons ici au niveau où J. Rousset se propose d'analyser le statut du narrateur dans le roman comme celui d'un narcisse qui fait du récit le reflet de sa propre image. Pour saisir cependant le type bien particulier d'autobiographie dont il s'agit ici, il convient de rappeler que la définition traditionnelle du récit classique se fait, selon les narratologues, à partir de l'opposition entre l'histoire et le "discours"[2]:

---

[1] Rousset, *Narcisse romancier*, p. 15.
[2] Nous reprenons la distinction histoire-discours telle que l'a définie Benveniste et qu'ont repris après lui des critiques aussi divers T. Todorov ("Les Catégories du récit littéraire", *Communications*, no. 8, p. 118) et Rousset, *Narcisse romancier*, p. 10.

Au niveau le plus général, l'oeuvre littéraire a deux aspects: elle est en même temps une *histoire* et un *discours*. Elle est histoire dans ce sens qu'elle évoque une certaine réalité, des événements qui se seraient passés, des personnages qui, de ce point de vue, se confondent avec ceux de la vie réelle... Mais l'oeuvre est en même temps un discours: il existe *un narrateur* qui relate l'histoire, et il y a en face de lui *un lecteur* qui la perçoit. A ce niveau, ce ne sont plus des événements rapportés qui comptent mais la façon dont le narrateur nous les fait connaître.[3]

Parallèlement à la trame événementielle de l'histoire se tisse une autre trame intellectuelle ou émotionnelle où narrateur et lecteur participent à l'élaboration des divers niveaux de signification de l'oeuvre. J. Rousset distingue cependant avec G. Genette deux grands types de narration, celle où le narrateur participe à l'histoire (narrateur intra-diégétique) et celle où le narrateur est hors de l'histoire racontée (narrateur extra-diégétique)[4]. Le premier type de narration traduit souvent le primat de la vision subjective et caractérise la majorité des romans-mémoires ou monodie épistolaire du dix-huitième siècle, comme le roman lyrique ou personnel du dix-neuvième siècle. Le deuxième type de narration semble privilégier au contraire la présentation impersonnelle des faits, mais l'objectivité de la relation se trouve souvent mise en question par l'intervention, dans le discours impersonnel, du discours personnel du narrateur extra-diégétique.

Corinne est un roman écrit à la troisième personne, par un narrateur omniscient qui se situe hors de l'histoire et qui, par la convention de l'impersonnalité, exclut tout recours au pacte narratif explicite. Ce type de narrateur extra-diégétique se caractérise généralement par son caractère purement fonctionnel. En théorie, il ne saurait être assimilé à la personne de l'auteur, ou à toute autre idée de la personne et ne peut donc être analysé qu'en terme de point de vue et de personne narrative dans le sens purement grammatical qu'on peut donner à ce mot. La première façon d'envisager la qualité de la narration réside donc dans l'évaluation de la distance qui sépare la perspective du narrateur extra-diégétique de ses personnages. Ce faisant, nous verrons cependant se dégager peu à peu l'image d'un narrateur bien plus caractérisé que la technique impersonnelle semble tout d'abord le permettre.

[3] Todorov, "Les Catégories", p. 118.
[4] Rousset, *Narcisse romancier*, p. 8, et Genette, *Figures III*, p. 203.

Si nous avons omis jusqu'à maintenant de mentionner ce type de connaissance psychologique qui est gracieusement fournie par le narrateur, c'est qu'il nous a semblé que ce n'était qu'après avoir montré l'impossibilité de la connaissance de soi que l'on pourrait justifier cet autre mode d'approfondissement psychologique que constitue le commentaire éclairé du narrateur. Rappelons cette réflexion d'auteur attribuée indirectement à Oswald mais que l'on pourrait voir comme un des postulats de la psychologie romanesque:

> Connaître un autre parfaitement serait l'étude d'une vie entière, qu'est-ce donc qu'on entend par connaître les hommes? Les gouverner, cela se peut; mais les comprendre, Dieu seul le fait. (X.1)

L'incapacité introspective de l'héroïne, doublée de l'incapacité de l'autre masculin à la comprendre, explique la nécessité du choix de cette seule technique romanesque qui permet à l'auteur l'omniscience démiurgique. On ne s'étonnera pas cependant que ce type d'omniscience est variable selon le personnage envisagé.

Vision par derrière. Dès le premier livre, la présentation d'Oswald exige l'intervention d'un narrateur assez éclairé pour nous donner les informations utiles à la compréhension de son rôle dans l'histoire:

> Oswald, lord Nelvil, pair d'Ecosse, partit d'Edimbourg pour se rendre en Italie, pendant l'hiver de 1794 à 1795. Il avait une figure noble et belle, beaucoup d'esprit, un grand nom, une fortune indépendante; mais sa santé... (I.1)

Ce portrait qui situe tout d'abord le personnage d'après sa condition sociale, sa nationalité et son insertion historique, paraît tout d'abord rappeller les premières lignes d'un roman de Balzac. On s'aperçoit pourtant assez vite que l'intérêt du roman va rester plus sentimental que social lorsque l'auteur s'arrête longuement sur la raison de la tristesse intérieure du personnage:

> La plus intime des douleurs, *la perte d'un père*, était la cause de sa maladie, des circonstances cruelles, des remords inspirés par des scrupules délicats, augmentaient encore ses regrets et l'imagination y mêlait ses fantômes. (I.1)

Observateur très perspicace, capable de pénétrer dans l'attitude mélancolique du personnage et dans les détails de ses expressions, ses mouvements intérieurs, le narrateur est même apte à percer jusqu'aux pensées inconscientes et contradictoires de celui-ci: "Oswald était trop captivé par les charmes de Corinne pour se rappeler alors ses anciennes opinions sur l'obscurité qui convenait aux femmes, mais il se demandait..." (III.1). Le narrateur se trouve donc doué d'une conscience plus clairvoyante que le héros ou plutôt bénéficie du privilège de ce que Pouillon appelle peut-être improprement la "vision par derrière"[5].

Vision par derrière limitée, Corinne. La vision qui nous parvient de Corinne se trouve, nous l'avons vu, assez différente. Elle est tout d'abord présentée selon la perspective de l'amant. Les limitations du regard amoureux expliquent cependant les interventions du narrateur omniscient. Ces interventions sont cependant assez particulières, comme le montre l'exemple suivant:

> *On eût dit* que les défauts mêmes d'Oswald étaient faits pour relever ses agréments... Elle avait *une sorte de peur* d'Oswald qui l'asservissait à lui; il régnait sur son âme par une bonne et une mauvaise puissance; *peut-être* ne pouvait-elle aimer à ce point que celui qu'elle craignait de perdre. (VIII.4)

Malgré son caractère révélateur ce passage ne laisse pas moins le lecteur en attente. Questions et tours hypothétiques, ne peuvent conclure que sur l'inconséquence du caractère de l'héroïne et souligner la difficulté du narrateur à sonder la psychologie féminine. Ce mystère féminin n'est pas sans rappeler l'énigme dont est entourée la première héroïne de l'auteur, la "folle" de la forêt de Sénart. Il se trouve pourtant justifié ou "vraisemblabilisé" dans le roman par le caractère primaire du personnage que le narrateur ne cesse de rappeler[6]: "...c'était une personne plus passionnée que prévoyante, dominée par le présent" (VIII). Une des fonctions du narrateur est donc de ménager pour le lecteur une certaine distance qui s'institue ainsi l'espace ambigu de la mauvaise conscience sans que l'héroïne ne soit directement impliquée:

> Corinne néanmoins, ne pouvant se résoudre à rompre avec Oswald, voulut se persuader qu'elle pouvait le voir désormais, et lui cacher l'amour qu'elle ressentait pour lui. (VI.3)

Il faut pourtant ajouter que de tels passages ne vont pas sans commentaire explicatif de la part de l'auteur. Le passage que nous venons

---

[5] J. Pouillon, *Temps et roman* (Paris: Gallimard, 1946), p. 70.
[6] Pour une analyse des techniques de "vraisemblabilisation", nous renvoyons à l'étude de J. Culler, *Structuralist Poetics* (Ithaca: Cornell University Press, 1975), p. 210 et suiv.

de citer se poursuit, par exemple, ainsi par une justification de l'attitude de l'héroïne selon le recours à la psychologie féminine:

> *Peut-être* la meilleure manière dont *une femme d'un esprit supérieur* peut reprendre sa froideur et sa dignité, c'est lorsqu'elle se retranche dans la pensée comme dans un asile. (VI.3)

L'explication de la psychologie individuelle se fait ainsi par le recours à une connaissance plus générale du monde et des lois de comportement qui suppose que le narrateur ait non seulement une mémoire mais une connaissance approfondie du monde dans lequel vit son personnage[7]. L'instance narratrice qui nous est tout d'abord apparue comme une fonction se charge ainsi très vite, au cours du récit, de nouvelles caractéristiques difficilement compatibles avec l'image désincarnée qu'on s'était tout d'abord imaginée.

2. La voix de l'âme sensible

Le développement général que nous venons de citer est fréquent dans le roman et se conclut le plus souvent par des réflexions morales sur la conduite des hommes à partir desquelles on pourrait aisément constituer un recueil de maximes sur la connaissance du coeur humain. On peut cependant distinguer plusieurs types de commentaires selon les diverses attitudes du narrateur. Mentionnons tout d'abord le ton dégagé du moraliste capable par exemple de raisonner sur l'esprit humain:

> En vain Oswald aurait-il éclairé ses doutes: *nul* ne peut sortir de la région intellectuelle qui lui a été assignée, et les qualités sont plus indomptables encore que les défauts. (II.1)

Mais l'attitude qui semble de loin la plus fréquente est celle du sage au coeur sensible, seul susceptible de comprendre les âmes délicates des héros.

Dès le premier livre, le narrateur signale au lecteur que c'est ce genre de compréhension qui va caractériser le roman. Ayant mentionné la tristesse d'Oswald qui peut paraître tout d'abord excessive,

---

[7] G. Prince (*Introduction à l'étude du narrataire"*, *Poétique*, no. 14 [1973]) et T. Todorov ("La Lecture comme construction", *Poétique*, no. 24 [1976]) ont montré, après G. Genette, comment on pouvait identifier et relever les caractéristiques du narrateur. Dans *Figures III* (p. 270) Genette résume ainsi les diverses fonctions du narrateur: 1) la fonction narrative; 2) la fonction de régie; 3) la fonction de communication; 4) la fonction émotive ou d'attestation; et 5) la fonction idéologique. Ce sont ces cinq fonctions que nous analyserons tour à tour (Genette, *Figures III*, p. 261).

il ajoute ces mots qui établissent immédiatement le mode intellectuel de la compréhension romanesque: "Quand *on* souffre, on se persuade aisément que l'*on* est coupable, et les violents chagrins portent le trouble jusque dans la conscience" (I.1). Ainsi, avant même que soit prononcé le nom d' "âme sensible", le lecteur comprend à la fois quel type de personne est le narrateur et la solidarité qui va désormais le lier au personnage.

Ce sentiment de fraternité que le narrateur semble éprouver pour ses héros ne l'empêche pas de garder une certaine distance par rapport à lui: celle d'un ami dont le seul privilège est d'être plus âgé et donc plus éclairé:

> Peut-être, sans s'en rendre raison, Corinne désirait-elle de renvoyer le plus possible ce qu'*on* ne peut se dispenser de connaître à Rome: car *qui* l'a jamais quitté sans avoir contemplé l'Apollon du Belvédère?... Y a-t-il de la fierté dira-t-*on*, à vouloir retenir ce qu'on aime par un autre motif que celui du sentiment? *Je ne sais*; mais plus *on* aime, moins *on* se fie au sentiment que l'*on* inspire. Il y a souvent bien de la vanité dans un certain genre de fierté... (V.3)

Dans ce passage, le dévoilement des motivations profondes de l'héroïne est loin d'exclure le sentiment de solidarité, mais le ton calme et bienveillant du philosophe sensible n'accuse pas moins la distance temporelle qui le sépare de l'être passionné. Le mouvement d'assimilation héroïne-narrateur qui se trouve ici souligné par le glissement du pronom "il" au "je", par l'intermédiaire du pronom inclusif "on", se répète assez souvent dans le roman pour que l'on ait l'impression d'une communauté toujours plus grande entre eux. Mais si l'on ne peut véritablement conclure à l'identité, c'est que, séparé de sa créature par le temps, le narrateur se trouve réduit au rôle de conscience philosophique.

Notons ici l'opposition temporelle qui oppose le "présent" du narrateur philosophe au "passé" des événements et des sentiments vécus par les personnages. Le narrateur, capable de s'assimiler à ses héros par le jeu de pronoms et au lecteur par l'instance temporelle, joue aussi en quelque sorte le rôle d'intermédiaire entre deux mondes et deux temps vécus: celui des personnages et celui de son lecteur. La distance spatiale et intellectuelle se double ainsi de la distance temporelle qui accorde au narrateur, comme au lecteur, un certain recul, source de sagesse. Dans tous les passages de cette sorte, le narrateur nous apparaît alors comme une figure encore indistincte, mais qu'on devine plus âgée et plus sage que ses héros, et qui évoque ces conteurs philosophes éclairés mais sensibles des romans de l'époque[8].

Les qualités de dignité et de sagesse de ce personnage sont loin d'être indifférentes dans la mesure où elles ne peuvent qu'inciter le respect et la confiance du lecteur. Dans le commerce de la lecture, ce personnage invisible fait aussi "figure d'autorité" sans qu'on en prenne bien conscience. C'est à ce niveau qu'on peut parler de la fonction idéologique jouée par le narrateur qui impose peu à peu ses valeurs au lecteur par le biais de ses commentaires multiples[9]. Ajoutons pourtant que ce rôle intellectuel est loin d'être le seul qu'il assume. C'est lui aussi qui est chargé de la présentation du drame: le narrateur philosophe sensible se trouve ainsi jouer aussi un autre rôle bien particulier comme metteur-en-scène de ce petit théâtre romanesque ou à la voix du philosophe sensible se mêle vite la voix de la pitié.

3. *La voix maternelle de la pitié*

Le narrateur à l'âme sensible remplit aussi dans le roman, ce que Blin a classifié sous le terme de "fonction de régie"[10]. Ses interventions dans le récit se trouvent d'abord justifiées pour les besoins de la mise-en-scène. Il établit par exemple les transitions entre deux épisodes et prépare ainsi le lecteur à ce qui attend Oswald à Rome à la fin du livre I:

> Il était loin de penser que ce pays, dans lequel il entrait avec un tel sentiment d'abattement et de tristesse, serait bientôt pour lui la source de tant d'idées et de jouissances nouvelles. (I.5)

Il fournit par ailleurs les informations qui manquaient au lecteur pour comprendre le déroulement des faits: "Il était d'usage que le poète couronné au capitole improvisait ou récitait une pièce de vers..." (II.3). Mais son rôle le plus notable c'est que, fort de son omniscience temporelle, il peut évaluer les situations de l'héroïne selon la signification qu'elles prendront dans le dessin général de l'histoire.

> C'est ainsi que tout se *réunissait* pour renverser le bonheur de *Corinne absente* et qui n'avait pour se défendre que ses lettres... Elle avait à combattre la nature des choses, l'influence de la patrie... (XVI.8)

[8] Cf. *supra*, pp. 16, 38, 103.

[9] On retrouve ainsi une des caractéristiques du "roman à thèse" telle que l'a définie S. Suleiman ("La Structure d'apprentissage: Bildungsroman et roman à thèse", *Poétique*, no. 37 [février 1979]).

[10] Blin, p. 227.

La structure acteur-spectateur qui semble finalement ressortir de ces passages au niveau de la situation narrative est en fait non seulement particulièrement apte à la dramatisation occasionnelle mais globale du récit. Dans de tels passages le narrateur double la connaissance immédiate du coeur humain que nous avons repérée dans le roman, de cette vision prospective et rétrospective qui caractérise les narrateurs de mémoires et d'autobiographies[11]. Le narrateur ne peut ainsi mener à bien le rôle de metteur-en-scène que parce qu'il sait ce qui échappe au personnage: l'inéluctabilité et la spécificité de son destin. Il est en effet du rôle du metteur en scène de faire ressortir le thème général de l'histoire: une femme supérieure, une femme de lettres, ne peut se livrer à la passion sans être inévitablement vouée au malheur. Mais cette histoire est loin d'être observée en toute neutralité par son metteur en scène. Loin de cacher l'étroite solidarité qui le lie au personnage féminin, il se plait même souvent à entrer en scène pour y jouer son rôle.

Le rôle de metteur en scène et de spectateur se trouve en effet constamment remis en question par la confusion de l'instance impersonnelle et de l'instance personnelle. Cela est évident dans les descriptions durant toutes les visites de Rome. Nous avons déjà analysé la façon dont le narrateur se dérobait, cependant, le plus souvent derrière l'héroïne qui remplit officiellement le rôle de guide. Le relais entre le narrateur et l'héroïne se trouve en fait le plus souvent assuré par le glissement du récit impersonnel au récit personnel par l'intermédiaire du "on" inclusif qui réunit, dans la même marque grammaticale, le narrateur et l'héroïne. Toutes les promenades romaines se font ainsi commentées par la voix de cicerone qui peut être indifféremment tantôt celle du personnage, tantôt celle du spectateur narrateur: "Oswald et Corinne allèrent d'abord au Panthéon qu'on appelle aujourd'hui Sainte-Marie de la Rotonde... 'ce temple, continua Corinne, fut consacré...' " (IV.2). Dans les promenades à travers Rome qui constituent en effet un moment de bonheur privilégié, il semble, nous l'avons fait remarquer, que la distance spectateur-personnage soit parfois abolie. Narrateur, héros, lecteur partagent l'euphorie de l'extase amoureuse d'un présent intemporel, présent de la description touristique. La participation implicite du narrateur extradiégétique aux actes et aux émotions de l'héroïne n'est pas exclusivement revécue au présent. L'utilisation de l'imparfait—temps de

---

[11] Lejeune, *Le Pacte autobiographique*, p. 14.

l'inachevé — et de certaines constructions aspectuelles ("elle devait regretter"; "elle n'était plus"...) ont pour effet de renforcer l'idée d'une communauté étroite entre l'héroïne, le narrateur et le lecteur. Le recours au conditionnel — ce futur vu du passé — mode privilégié du romanesque staëlien, présente aussi toute la complexité de ce dédoublement temporel de l'expérience: "Ah! qui n'aurait pas eu pitié de ce spectacle, *si l'on avait su* que ce bonheur si confiant allait attirer la foudre" (XVI.2). Par le biais du mode conditionnel ("si l'on avait su") le narrateur peut tout à la fois faire partager au lecteur l'extase du bonheur innocent de l'héroïne et le prévenir du danger qu'elle court ("allait attirer"). L'équation narrateur-personnage-lecteur se trouve d'ailleurs ici encore suggérée par le flottement du pronom inclusif "on". Si le mot "spectacle" enraye immédiatement le processus d'assimilation ici esquissé, il est insuffisant à rétablir la situation narrative classique. Il est clair que la fréquence de ces brouillages temporels et référentiels parviennent peu à peu à remettre en question tout l'appareillage de la représentation romanesque traditionnelle. Après avoir miné les bases de la perspective androcentrique, le roman ébranle les bases du discours narratif: l'opposition présent/passé et l'attribution des référents personnels[12].

L'opposition simpliste entre discours personnel du narrateur et discours impersonnel de l'histoire ne rend pas compte, dans le roman staëlien, de la complexité du mécanisme narratif. Comme l'a très bien fait remarquer G. Genette, en définissant généralement la technique de la narration à la troisième personne comme mode de présentation impersonnel et omniscient, on confond deux aspects du récit en assumant la correspondance automatique de celui "qui parle" et de celui "qui voit"[13]. En d'autres termes, en associant trop souvent la catégorie de la "perspective" ou du "point de vue" à celle de l' "instance narrative", on est amené à manquer les nuances de ce jeu fascinant de dédoublement du narrateur qui peut, tout en gardant la responsabilité du récit sur le mode impersonnel, adhérer au personnage en se limitant à sa vision individuelle.

[12] On trouve ici un processus qui annonce ce que J. Kristeva définit, dans la littérature moderne, comme mise en question du langage logocentrique. Mise en question de la loi du père qui se fait dans le sens d'un retour au stade pré-narcissique, et à l'en-de-çà maternel: "cette relation présymbolique et transsymbolique à la mère introduit comme une *errance* dans l'identité du *sujet parlant*" (*Polylogue*, p. 163).

[13] Distinction soulignée par Genette, p. 203, et approfondie par M. Bal, "Narration et focalisation: pour une théorie des instances du récit", *Poétique*, no. 4 (1970).

La manipulation adroite de cette ambiguïté permet d'abord au narrateur lors des promenades romaines, le soutien discret de l'entreprise séductrice de Corinne. Cela peut se faire par l'inclusion subreptice d'adjectifs modalisateurs: "*l'aimable* adresse dont elle avait coutume de se servir" (VIII.2) ou "les *innocentes* ruses pour varier les amusements d'Oswald" (VI.1). Tout aussi révélateur à cet égard est le recours à la référence culturelle ou littéraire:

> Souvent même elle dirigeait *à dessein* son attention vers les objets extérieurs, comme cette *sultane des contes arabes*, qui cherchait à captiver par mille récits divers l'intérêt de celui qu'elle aimait, afin d'éloigner *la décision de son sort*, jusqu'au moment où les charmes de son esprit remportèrent la victoire. (V.1)

La justification du narrateur est ici ambiguë puisque, dévoilant les manoeuvres de séduction, il les excuse aussitôt par la référence à l'arbitraire qui décide de la vie ou de la mort de la femme asservie.

Il faut pourtant se garder de ne voir dans ce type d'intervention que la transmission au lecteur d'un parti-pris idéologique. Il est vrai que le narrateur ne craint pas, et nous l'avons souligné plus haut, de faire figure d'autorité et d'influencer par là son lecteur. C'est d'ailleurs dans ces moments où l'oeuvre tombe inévitablement dans le roman à thèse[14]. Notons cependant que la facilité et le ridicule du roman à thèse se trouve souvent évités précisément dans ces passages où se trouvent mises en question les données du mécanisme narratif classique. Dans ces moments, le narrateur, quittant le ton de l'analyse ou celui de l'organisateur du récit, laisse libre cours à ses émotions. Ce type d'intrusion est bien plus fréquent dans la deuxième partie et se manifeste tout d'abord par un parti pris affiché du narrateur pour cette catégorie des êtres qui apparaissent dans le roman comme les moins privilégiés: celle des femmes. Mais au ton neutre du philosophe se substitue peu à peu celui de l'âme sensible dont il devient vite difficile de localiser l'origine:

> Combien *elle* est malheureuse, *la femme délicate et sensible* qui commet une grande imprudence... *il est* si doux de se dévouer! *il y* a dans l'âme tant de délices quand on brave tous les périls pour sauver une vie qui *nous* est chère, pour soulager la douleur qui déchire un coeur *ami du nôtre*. Mais traverser ainsi *seule* des pays inconnus, arriver sans être *attendue*, rougir devant ce qu'*on* aime — quelle humiliation digne pourtant de *pitié*! (XVII.3)

---

[14] Cf. Suleiman, p. 27.

Il apparaît bien vite que derrière la généralité de la cause à défendre — celle de la femme sensible — se trahit le sujet personnel et la confidence autobiographique. Le glissement insensible du sujet extérieur — "elle: la femme sensible" — et des réflexions impersonnelles — "il est si doux", "il y a dans l'âme" — au sujet intime — "nous", "un coeur ami du nôtre" — et aux tours exclamatifs, marque de l'émotivité du narrateur, soulignent non seulement le soutien émotionnel que le narrateur apporte à l'héroïne, mais révèlent de façon troublante l'intimité secrète qui les lie. Le brouillage des pronoms — il-nous-on — qui, par le flottement de référents — la femme, le narrateur, Corinne — laisse entrevoir, l'espace d'un instant, la possibilité de l'équation — "Narrateur = héroïne" — caractéristique de la structure autobiographique, mais qui se trouve évidemment vite enrayée par l'exclamation finale. Par le biais du sentiment de la "pitié" se trouve en effet vite réintroduite la structure caractéristique du narrateur-spectateur et de l'héroïne-spectacle. Une fois établie, l'équivalence autobiographique reste pourtant en suspens dans l'esprit du lecteur, et lui permet d'interpréter chacune des interventions du narrateur comme le dédoublement de la personne qui se prend elle-même comme objet de pitié.

Le sentiment de la "pitié", sentiment-clé de l'éthique post-révolutionnaire dans *Des Passions*, semble devenir pierre de touche de l'écriture romanesque dans *Corinne ou l'Italie*. Elle se trouve par ailleurs, comme dans l'exemple précédent, presque exclusivement définie comme sentiment féminin. Dans le contexte romanesque, elle en vient évidemment à évoquer comme chez Rousseau le lien à la mère[15]. Le sentiment et la voix maternelle se trouve ainsi occuper, dans le mécanisme de l'écriture romanesque, une place stratégique qui a pour première fonction non seulement de contrebalancer la voix du père, mais de mettre en péril sa transmission. Sentiment de commisération humaine, elle est bien sûr, toujours "cette sympathie qui nous fait transporter dans la situation d'un autre"[16]. Mais cette définition de la "pitié" comme structure théâtrale de l'identification à l'autre, déjà trop restreinte pour Mme de Staël au temps *Des Passions*, se trouve, dans *Corinne ou l'Italie*, élargie. La "pitié" en vient, dans le dernier roman, à être associée à ces moments caractéristiques où la frontière entre le soi et l'autre et celle des différents indicateurs personnels, est véritablement suspendue. La possibilité d'un "retour sur soi-même", d'un retour aux intérêts égoïstes de la "personnalité" est exclue. Le

---

[15] Cf. Derrida, *De la grammatologie*, p. 243 et suiv.
[16] *Des Passions, OC*, p. 173 et supra pp. 38-40.

sentiment de pitié se trouve ainsi dans le deuxième roman, englobé par celui plus large qui est pour Mme de Staël, le sentiment romantique par excellence, "l'enthousiasme". Glorifié dans *De l'Allemagne*, l'enthousiasme donne à l'homme une vie "expansive" sans le sens d'être divisé "au dedans de lui-même"[17]. Il lui fait éprouver un bonheur sans pareil parce qu' "il réunit plus qu'aucun autre, toutes les forces de l'âme dans un même foyer"[18]. Le bonheur de la création littéraire se résume ainsi dans le sentiment de l'enthousiasme que Mme de Staël définit dans *De l'Allemagne*, dans son sens étymologique de "Dieu en nous..." L'oeuvre littéraire devient alors le théâtre privilégié d'un drame où chacun peut jouer le rôle de tous et tous le rôle de chacun, narrateur et lecteur inclus. Théâtre particulier donc qui n'est pas sans rappeler l'utopie enfantine où la parole littéraire fonctionnait comme lieu d'échange au sein d'une société unifiée.

4. De la voix à l'écoute: la société imaginaire

Dans ce jeu continuel d'échange de rôles, le narrateur joue évidemment la fonction stratégique de catalyseur. Personnage intermédiaire entre le monde des personnages et le monde de la lecture, il institue un commerce direct et familier avec cet autre personnage fictif qu'est le lecteur. Rappelons ces interventions où le narrateur, accourant au secours de son héroïne condamnée par l'amour masculin, propose au lecteur un nouveau mode de compréhension: "*Il fallait* juger Corinne en poète, en artiste, pour lui *pardonner* le sacrifice de son rang, de sa famille, de son nom, à l'enthousiasme des beaux-Arts" (XIII.3). Dans le dernier chapitre, où le parti pris affectif du narrateur ne fait plus de doute, s'il est prompt à souligner la culpabilité du héros, il ne le fait pas sans indiquer un autre type de "lecture" du dernier "Chant" de Corinne: "Ce fut à travers ses sanglots qu'il *entendit ce chant du cygne* que la femme envers laquelle il était *si coupable* lui adressait au fond du coeur" (XX.5). Dans les passages que nous venons d'analyser, l'intrusion du "je" du narrateur n'est donc plus nécessaire. Les exclamations, le ton, les réflexions, ne sont plus celles du narrateur impersonnel extérieur à l'histoire que nous avons tout d'abord décrit. Le caractère affectif de moins en moins discret de ces intrusions manifeste une présence bien vivante qui semble d'une part se mêler aux

[17] Staël, *De l'Allemagne*, "De l'enthousiasme", p. 251 et suiv.
[18] Staël, p. 253.

personnages de la scène romanesque, et d'autre part s'adresser directement au lecteur pour requérir son assentiment ou son soutien. Personnage intermédiaire entre le monde des personnages et le monde de la lecture, il institue un commerce direct et familier avec cet autre personnage fictif qu'est le lecteur. Témoin omniscient, mais aussi ami secret des héros, le narrateur nous fait partager avec eux les émotions de tous les instants comme les douleurs les plus profondes; car c'est bien là sa fonction suprême: nous faire entrer dans l'histoire et nous inciter, par la communication de ses réactions personnelles, à prendre parti.

> Oswald arriva le soir chez Corinne... Quel enchantement que cette première lueur d'intelligence avec ce qu'*on* aime... il y a dans ces premiers instants *je ne sais* quel vague, *je ne sais* quel mystère d'imagination, plus passager que le bonheur même, mais plus céleste encore que lui. (III.3)

Réflexions, confidences, exclamations, épithètes subjectives sont en effet autant d'appels au lecteur[19]. Il faut pourtant ajouter à cette liste une dernière marque de l'inclusion du lecteur dans le texte qui n'est autre que le recours à l'adresse directe du narrateur à l'interlocuteur-lecteur par le biais du pronom "vous". L'exemple le plus frappant à cet égard se trouve stratégiquement situé au début du roman, dans un passage où le narrateur invite insensiblement le lecteur à partager le voyage et à s'associer à la quête du héros:

> Voyager est quoiqu'*on* puisse en dire, un des plus tristes plaisirs de la vie. Lorsque *vous vous* trouvez bien dans une ville étrangère, c'est que *vous* commencez à vous y faire une patrie; mais traverser des pays inconnus... *cet* empressement, *cette* hâte pour arriver là où personne ne *vous* attend,... vous inspirent peu d'estime pour *vous*-mêmes... (I.2)

La fréquence du pronom "vous", particulièrement élevée dans les premiers livres, force ainsi le lecteur à contracter, bon gré mal gré, une sorte de contrat de lecture. On sait le parti que M. Butor a tiré de cette technique dans *La Modification*: représenté dans le texte par la marque grammaticale de l'interlocution, le lecteur devient le véritable "narrataire" de l'histoire[20]. Mais il faut ajouter que dans ce passage le "vous" du lecteur se trouve, dès le début, assimilé au narrateur par l'intermédiaire du "on" inclusif. Il s'ensuit que le lecteur-

---

[19] Cf. Kristeva, p. 488 et suiv. ("Noms de lieu").
[20] La "voix" du narrateur engage ainsi le lecteur-narrataire dans le texte par l'implication d'un véritable dialogue linguistique. Cf. E. Benveniste, *Problèmes*, p. 210 et suiv.

narrataire se trouve amené à partager le point de vue de ce témoin invisible et qui se cache sans cesse derrière les personnages, mais dont la voix constamment présente ne cesse de rappeler la communication ainsi engagée.

L'assimilation narrateur-lecteur se fait donc dans le texte parallèlement à l'assimilation personnage-narrateur que nous avons déjà soulignée. De ce point de vue, le pronom inclusif "on" a une importance stratégique dans le roman tout entier. Il permet, en effet, un premier jeu d'équivalence entre le héros et le narrateur, et se double le plus souvent de cet autre type d'équivalence qui inclut vite le lecteur dans le groupe privilégié des âmes sensibles:

> Mais les *gens du peuple* à qui *leurs supérieurs* se confient rarement, s'habituent à découvrir les sentiments autrement que par la parole: ils *vous* plaignent quand *vous* souffrez, quoiqu'ils ignorent la cause de *vos* chagrins... (I.1)

En opposant ainsi les gens du peuple aux hommes supérieurs et en utilisant le "vous" qui associe cette fois-ci le narrateur et le lecteur, on parvient à l'établissement du paradigme "Oswald-il-on-le narrateur-vous-le lecteur" qui couvre toutes les variations personnelles de l'homme sensible dans la première partie[21]. Le terme d' "homme sensible" et le pronom d'inclusion totale du groupe "nous" compléteront bientôt la série. On peut ainsi conclure que par l'alternance des explications de la conduite des héros selon le code des âmes sensibles et par la succession adroite des "on", "vous", "nous", le mode de lecture se trouve mis en place. Il ne sera même plus nécessaire au narrateur, au bout de quelques pages, de dire "vous, âmes sensibles" pour que l'équation "on-vous-nous" se déclenche. Le lecteur sait dorénavant de quel côté il doit se ranger, c'est-à-dire du côté du narrateur et des héros.

Il faut pourtant ajouter que si Oswald bénéficie plus particulièrement du soutien des âmes sensibles dans la première partie, c'est à Corinne qu'il revient dans la deuxième. Si les amants apparaissent ainsi tour à tour "dignes de pitié", il reste au lecteur-narrataire, cet autre à qui s'adresse si souvent le narrateur, de décider, à partir de

---

[21] Nous utiliserons le mot "paradigme" dans le sens de la linguistique; un paradigme étant l'ensemble des mots qui peuvent se substituer à tout mot d'un contexte donné. Mais l'existence de ce paradigme, une fois reconnue, ne peut que souligner l'incorrection du mécanisme de substitution dans le cas envisagé. Par définition, les pronoms ne peuvent normalement renvoyer dans un contexte qu'à un seul référent: le héros, ou le narrateur, ou le lecteur. Le flottement des référents que permet l'utilisation occasionnelle du "on" constitue un écart par rapport à la norme grammaticale.

l'histoire, qui absoudre et qui condamner ou plutôt à décider pour une autre lecture de l'histoire.

Le statut même de l'histoire de Corinne est, nous l'avons vu, problématique: il y a celle que perçoivent les tenants du père d'Oswald, il y a celle que raconte Corinne à son amant et à Lucile, il y a celle qu'on peut lire dans les ruines romaines et les paysages italiens. Il y a aussi et enfin celle que nous "souffle" la voix du narrateur[22]. Qu'elle soit vue, écrite, parlée ou murmurée, l'histoire féminine donne matière à l'interprétation. L'interprétation traditionnelle, celle de la culpabilité féminine, n'est plus à démontrer. Mais puisqu'il y a jugement final, encore fallait-il, pour que le procès fut équitable, réunir suffisamment de "jurés" susceptibles de parvenir à une autre interprétation. Par le jeu des pronoms, le mécanisme narratif semble vouloir reformer autour de l'héroïne une nouvelle société d'amis, d'âmes sensibles qui assurent une écoute favorable. La société d'admirateurs dont Corinne était entourée dans son salon au début du roman se trouve ainsi reconstituée, dans l'espace de la lecture, par cette nouvelle société narrateur et lecteur — narrataire qui se penche sur cette histoire avec "pitié".

5. *L'écriture et ses doubles*

Le roman de *Corinne* est donc à la fois l'histoire d'Oswald conscience-spectatrice, de Corinne objet de la quête et d'observation; mais c'est aussi, nous venons de le voir, celle de cette voix que l'on ne cesse d'entendre du début à la fin du roman. Voix blanche du narrateur impersonnel ou voix bienveillante du moraliste, voix neutre du metteur en scène ou voix brisée de l'âme sensible, et même, voix intempestive de l'âme passionnée, autant de timbres de cette même voix qui devient si familière dans l'intimité de la lecture qu'on finit par la prendre pour celle d'un personnage du roman. Et pourtant qui pourrait mettre un nom sous les "je" du narrateur? Le mystère reste ouvert, la quête romanesque est à recommencer lorsqu'en fermant le livre on se trouve tout à coup confronté à ce personnage qui ne craint pas de dire le dernier mot de l'histoire: "...je l'ignore, je ne veux à cet égard ni le blâmer ni l'absoudre" (XX.5).

La tentation est grande cependant, à la fin du roman, de conclure à l'identité du narrateur et de l'héroïne et d'envisager rétrospectivement le roman comme une oeuvre de fiction autobiographique[23]. Il

---

[22] Rappelons que ce phénomène de la voix staëlienne est un de ceux qui ont toujours frappé tous les critiques, *supra*, préface, p. viii.

[23] P. Lejeune, *Le Pacte autobiographique*, p. 41.

est en effet possible d'isoler, dans *Corinne ou l'Italie*, les deux critères principaux de l'autobiographie selon Lejeune: l'identité narrateur-héros et la rétrospectivité du récit. Nous avons en effet montré comment, dans chacun des types d'intrusion analysés, il arrivait toujours un moment où le "je" du narrateur et le "elle" de l'héroïne semblait se confondre. La qualité rétrospective du récit nous est apparue de façon tout aussi évidente dans les interventions du narrateur philosophe ou metteur en scène. On ne peut cependant parler véritablement d'auto-biographie pour deux raisons. D'une part si le "je" narrateur semble pouvoir remplir toutes le fonctions de l'autobiographie, il est rare-ment capable de les assumer en même temps; la rétrospectivité du récit ne va pratiquement jamais de pair avec l'identité de la voix nar-rative et de l'héroïne. Et même lorsque la combinaison de ces deux éléments est possible par le jeu de substitution des pronoms, elle reste vague et fragmentaire, puisque dans le roman le narrateur peut aussi bien s'assimiler aux autres personnages, ou affirmer son individua-lité comme narrateur extradiégétique[24]. Par le jeu de substitution des pronoms le narrateur peut ainsi passer d'un personnage à un autre tout en gardant, quand nécessité s'en fait sentir, le droit d'intervenir comme narrateur extérieur à l'histoire et doté d'une identité propre.

Le narrateur joue donc plusieurs rôles dans l'histoire dont il est aussi le spectateur. Cette capacité de dédoublement de la personne narra-trice selon les différents rôles d'un drame intime rappelle la structure du psychodrame. Mais à prendre cette métaphore théâtrale trop au pied de la lettre on risquerait de laisser échapper la spécificité de la création ou plutôt de l'écriture romanesque puisqu'il nous est apparu finalement que le véritable drame, c'est celui des divers jeux de l'écri-ture. Si dans notre première partie nous avons dû considérer les héros du roman comme des entités dramatiques, l'analyse de la narration nous rappelle à temps qu'il n'est jamais de personnage que ceux que recrée l'écriture. Que sont à la limite Corinne et Oswald si ce n'est l'ensemble des images qui se fixent, dans le procès de la lecture, autour de chacun des pronoms personnels ou des noms propres chargés de les désigner? L'analyse attentive des stratégies de l'écriture romanes-que nous permet finalement de dépasser l'illusion de réalité qui pré-side à la représentation des personnages, et de lire le roman comme

---

[24] A rapprocher de la fréquence caractéristique de la technique de "fragment" dans les romans. Cf. *supra*, pp. 15, 87, 158.

le drame du sujet écrivant qui se disperse au gré des différentes marques grammaticales de la personne[25]. Le drame de l'écriture semble en effet être celui d'un sujet qui ne peut s'assumer comme tel, accusant à chaque détour du texte l'impossibilité de se saisir comme personne unifiée[26].

L'écriture romanesque se définit ainsi par la mise en question de la notion même d'identité. Dans le processus de la lecture l'histoire de Corinne se trouve en effet constamment en passe d'être réinterprétée selon les glissements de la référence personnelle. Les jeux de l'écriture rendent la lecture univoque impossible. On est alors tenté de reconnaître dans ce langage où les marques de soi sont indistinguables des marques de l'autre, certains des traits de ce que les psychanalystes décrivent comme le stade psychique de l'imaginaire[27]. Ce stade qui précéderait la constitution du soi comme entité autonome, correspond dans le développement de la personne, à l'époque archaïque de la relation duelle à la mère[28]. Pour la psychanalyse traditionnelle, il n'y aurait à ce stade pas de langage tel qu'on l'entend dans le sens commun de la communication sociale ou langage symbolique[29]. Tout au plus pourrait-on parler de langage maternel, c'est-à-dire de ce langage privé qui s'institue entre l'enfant et sa mère[30]. Ce langage personnel et apte à la création poétique semble pourtant bien proche de

[25] Les résultats de notre analyse nous semblent infirmer ici l'intérêt que présenteraient ces nouvelles techniques de lecture que constituent la méthode psychanalytique et la grammatologie: "Le sujet de l'écriture n'existe pas si l'on entend par là quelque solitude souveraine de l'écrivain. Le sujet de l'écriture est un système de rapports entre les couches: du bloc magique, du psychique, de la société, du monde. A l'intérieur de cette scène, la simplicité ponctuelle du sujet classique est introuvable... Et la sociologie de la littérature ne perçoit rien de la guerre et des ruses de l'auteur qui lit et le premier lecteur qui dicte: la socialité de l'écriture comme drame requiert une tout autre discipline" (J. Derrida, *L'Ecriture et la différence* [Paris: Seuil, 1967], p. 335).
[26] La dépendance de la femme est illustrée dans tous les écrits de Mme de Staël.
[27] Pour la compréhension de la distinction imaginaire/symbolique voir Lacan, pp. 11-70.
[28] J. Kristeva, *Polylogue* (Paris: Seuil, 1977), pp. 467-80. Fauchery a d'ailleurs montré que le silence et le lyrisme envahissent le roman à la fin du dix-huitième siècle et que c'est là un danger pour la fiction romanesque: "Un des drames qui sous-tendent dans le roman la fable manifeste c'est donc l'affrontement du *verbe* et de *l'ineffable*, du cérémonial et de cette vérité des profondeurs en-de-çà et au-delà de la nomination" (p. 643).
[29] L. Luccioni, *Le Partage des femmes*, pp. 80-88.
[30] Kristeva, pp. 467-90.

celui que nous avons identifié dans le roman de *Corinne*. Mme de Staël ne cesse d'ailleurs de parler dans tous ses écrits, du traité *Des Passions* à *De l'Allemagne*, de ce langage privilégié de l'âme sensible. Langage secret que le lecteur se doit d'interpréter. Tout comme le roman de *Delphine*, le roman de *Corinne ou l'Italie* est "une confession dérobée". Le secret de la romancière nécessite un langage spécial car elle ne semble pouvoir livrer son histoire par les paroles de la communication ordinaire qui "lui donnerait un sens qu'il n'a pas" (*DP* 173). C'est un langage pour ainsi dire silencieux qui se trouve inscrit au fond de chaque âme sensible et ne peut se lire que selon le mode de la fiction. La romancière se voit donc obligée de l'évoquer par les moyens les plus détournés: par allusions, par substitution des référents personnels, par des métaphores. Ce recours au langage métaphorique et fragmentaire se trouve d'ailleurs finalement légimité, dans *De l'Allemagne*, comme le langage de cette autre mère des romantiques qu'est la nature:

> La nature n'est pour l'homme que les *feuilles éparses* de la *Sibylle* dont nul, jusqu'à ce jour, n'a pu faire un livre. (*De l'All.*, ch. XI, 3ème partie)

Ce langage familier aux "âmes sensibles", c'est donc celui de la fiction féminine qui, indirect mais éloquent, ne peut être compris que "de ceux qui se ressemblent"[31].

---

[31] Derniers mots de la "note" qu'il faut lire avant le chapitre de l'amour: "en écrivant celui-ci je me suis laissé aller à mes seules impressions; j'ai rêvé plutôt qu'observé: que ceux qui se ressemblent se comprennent" (*Des Passions*, I.4).

CONCLUSION:
LES VOIX DE LA SIBYLLE

Refusant tout à la fois la pratique répressive de l'autobiographie personnelle comme de l'autobiographie romanesque, Germaine de Staël écrit son roman le plus célèbre, *Corinne ou l'Italie*, à la troisième personne. Elle présente de plus sa deuxième fiction, non comme un roman féminin, mais comme un guide de voyage. Double retrait de la voix et par ailleurs subversion de la notion de genre dans ses deux acceptions: celle du genre sexuel, comme du genre littéraire. C'est comme guide de voyage que la Bibliothèque Nationale a classé *Corinne ou l'Italie* jusqu'à la fin du dix-neuvième siècle[1]. Excentricité ou décentrement du sujet romanesque dont la femme auteur est bien consciente dès la genèse de son oeuvre. Si par un curieux renversement de la hiérarchie classique, le voyage en Italie se trouve présenté comme le "sujet" privilégié de l'écrit romanesque, ce n'est que pour mieux servir la fiction personnelle[2].

C'est l'Italie comme double métaphorique de l'héroïne qui se présente vite au héros voyageur. Oswald, pair d'Ecosse, découvre en Italie une femme mystérieuse qu'il se met en quête d'aimer et de connaître, alors qu'elle lui découvre l'Italie. Cette clé romanesque lui avait d'ailleurs été suggérée par le confident sigisbée de Corinne, le Prince de Castel-Forte: "Regardez-la, *c'est l'image de notre belle Italie*" (*Corinne ou l'Italie*, II.2). Clé mystérieuse pourtant qu'il n'est pas donné à tous de comprendre puisque, comme le dit le Prince de Castel Forte,

[1] Voir S. Balayé, *Les Carnets de voyage de Mme de Staël* (Genève: Droz, 1971), p. 16.
[2] R. de Luppé, *Mme de Staël et J.B.A. Suard, Correspondance inédite* (Genève: Droz, 1970), lettre du 9 avril 1805.

Corinne est une personne dont "il est impossible d'avoir l'idée quand on ne l'a pas *entendue*" (II.20).

Le mot "entendu" doit être pris ici dans son double sens; au sens d'écoute mais aussi d'interprétation, de déchiffrement[3]. Il s'agit de lire l'histoire de Corinne dans celle de l'Italie. C'est une substitution d'histoire qui s'opère par une délégation de discours: au discours personnel de Corinne, discours autobiographique, se substitue le discours touristique. Dans les descriptions italiennes, ce n'est plus l'héroïne, ce sont les "pierres qui parlent à l'âme par une véritable grandeur" (IV.3).

La voix perdue de l'héroïne est inscrite dans son double de pierres: voix fossile prête à vivre. La substitution Corinne-monument est d'ailleurs poétiquement implicite dès la première apparition de Corinne qui, au Capitole, présente tous les charmes d'une statue antique. Mi-déesse, mi-femme, la statue sous le regard admirateur et amoureux se met pourtant à vivre:

> Elle donnait à la fois l'idée d'une prêtresse d'Apollon qui s'avançait vers le temple du soleil, et d'une femme parfaitement simple. (II.1)

Le voyage touristique se transforme alors en idylle. La statue devient femme. Lieu commun, dira-t-on, de la littérature romanesque de l'époque, dont Freud, dans sa lecture de *Gradiva* de Jensen, a noté l'importance dans l'imaginaire romantique[4]. Dans *Corinne ou l'Italie*, cependant, le voyage touristique ou la quête archéologique de la femme-statue n'a pas l'heureuse résolution familiale de *Gradiva*: il n'y a pas de mariage. Les ruines romantiques y restent monuments et palais, à jamais perdus, sans que s'y profile le refuge d'un toit familial. L'Italie reste un lieu ouvert que Corinne a sciemment choisi comme le seul d'où elle peut parler: "Vous m'avez permis la gloire, ô vous, nation libérale, qui ne bannissez point les femmes de son temple!" (*C* XX.5).

Cette exaltation du talent féminin paraît curieuse cependant quand, dans le roman, la poétesse se trouve en situation d'être réduite au silence pour laisser parler les pierres. Le roman staëlien exhiberait, comme à plaisir, tous les dangers de cette stratégie de substitution métaphorique de la fiction féminine. Cette délégation de pouvoir de la parole ne va pas en effet sans risques, car en assignant au décor des ruines de réfracter son image et sa présence, comme de parler

---

[3] Notons que nous avons identifié la nécessité du déchiffrement pour comprendre les descriptions scéniques de Delphine, *supra*, pp. 95-102.

[4] S. Freud, *Délire et rêves dans la "Gradiva" de Jensen* (Paris: Gallimard, 1949).

en son nom, l'héroïne s'efface non seulement en tant que sujet du discours, mais s'y met finalement en position d'objet sous le regard masculin. Le détour de l'écriture touristique, ruse de la stratégie féminine, reviendrait-il à retomber dans le piège de la représentation phallocentrique où la femme ne peut s'inscrire que comme objet en ruines, objet mutilé?

La ruine, objet brisé, fragmentaire, ne permet-elle pas, dans cette perspective, le culte alibi du corps féminin à jamais perdu, que dans la mesure où s'y trouve en même temps célébrée sa mutilation? Stratégie androcentrique du goût ruiniste qui, tout en maintenant la fascination de l'objet d'amour — et par delà la différence sexuelle — la nie cependant en déplaçant son culte sur celui de l'objet fétiche: monuments, fresques, statues[5]. Cette nouvelle religion mélancolique, si sécurisante de l'appropriation esthétique du monde des formes, ne pourrait que révéler l'investissement narcissique du poète et du touriste ou du critique romantique. C'est le trajet obligé de tout descripteur romantique qui ne peut retrouver, tout au fond de l'exil, que le double spéculaire de sa propre image. Le romanesque épisode de la Fontaine de Trevi, qui incite les amants à reprendre leur quête romaine, cachait à peine cette dimension narcissique de la relation amoureuse. Le dédoublement introspectif de la personne selon les deux héros comme moi et conscience du moi, autre caractéristique de l'imagination moderne selon Mme de Staël, ne rend pourtant que partiellement compte du roman, de ce roman des doubles qu'est *Corinne ou l'Italie*. L'histoire de Corinne n'est finalement pas réductible à celle d'Oswald et la quête abandonnée par le héros masculin est, on l'a vu à la fin du roman, reprise par son épouse, Lucile, autre double anglais de Corinne mais aussi sa sœur. L'énigme romanesque réside bien,

---

[5] R. Mortier, dans *La Poétique des ruines en France* (Genève: Droz, 1974), a brillamment analysé les variations thématiques de motif des ruines. Nous réinterprétons ici son travail dans une perspective psychanalytique. C'est dans cet esprit que l'attitude mélancolique de l'observateur des ruines s'est trouvé révéler la potentialité d'une relation au "fétichisme" (cf. S. Freud, "Fetichism", *Standard Edition* XXI.152-59). L'objet "perdu" est en effet décrit dans "Fetichism", de façon contradictoire comme, à la fois, le "pénis de la mère" et la marque du manque de pénis. Le fétiche se présente ainsi comme une sorte de "mémorial", "substitut" ambigu. L'indécidabilité du "mémorial mélancolique", quant à l'identité sexuelle, implicite dans le texte de Freud, se trouve pleinement exploitée dans le roman staëlien. L'analyse du fétichisme des ruines se trouve, par ailleurs, éclairée par l'étude de J. Baudrillard, "Fétichisme et idéologie: la réduction sémiologique in *Pour une critique de l'économie politique du signe* (Paris: Gallimard, 1982).

comme en témoigne la prolifération des doubles, dans un problème d'identité, véritable "objet perdu"[6].

Le roman de *Corinne ou l'Italie* est en effet l'histoire d'un double voyage, le voyage d'exil du héros occultant pendant la première partie du roman celui du retour à la patrie maternelle de l'héroïne. Si c'est la présence et la Voix du père qu'Oswald semble devoir désigner comme but de son voyage italien, c'est, pour Corinne, celles de la mère. L'Italie est pour l'héroïne le pays de la terre ou plutôt "du sein maternel". Ou encore, Corinne est et n'est pas l'Italie, qui est aussi sa mère. Nous sommes en présence d'une nouvelle définition d'une identité polymorphe ou stratégie d'évasion au schéma romantique. En d'autres termes, la fiction romanesque staëlienne devient le lieu d'une perte, celle de la relation d'identité liée au nom du père. Mais elle se révèle, du même coup, être le lieu d'un autre type de relation privilegiée plus enfouie dans les mémoires des civilisations, comme dans la mémoire individuelle. Autre narcissisme, le narcissisme primaire qui, faisant fi des oppositions entre la personne et le pays, le sujet ou l'objet, le soi et l'autre, s'inscrit, par le détour de l'écriture, comme le rapport archaïque à la mère[7].

Ce retour à l'origine et ce goût de l'archaïsme sont évidents, par ailleurs, dans le retour à la nomination spatiale — la mère comme "nom de lieu" dont Julia Kristeva a montré tout le pouvoir évocatoire — et au privilège de l'oralité et du chant dans les descriptions[8]. La description touristique ne remplit, en effet, les trous de l'histoire féminine adulte — celle de Corinne — que pour ménager, on l'a vu, l'espace euphorique d'une autre histoire qui serait comme celle des amours

---

[6] Notre analyse aboutit à une redéfinition du schéma mélancolique freudien par la fiction féminine.

[7] Voir Freud, "L'Inquiétante Etrangeté" (Paris: Gallimard, 1933), pp. 186-87: "Il s'agit d'un retour à certaines phases dans l'histoire évolutive du sentiment du *Moi*, d'une régression à l'époque d'où le Moi n'était pas encore nettement délimité par rapport au monde extérieur et à autrui". Par ailleurs la relation régression infantile-relation à la mère-mélancolie est développée par M. Klein dans "Mourning and Its Relations to Manic-Depressive States", in *Love, Guilt and Other Works* (New York: Delta Books, 1975).

[8] Voir J. Kristeva, "Noms de lieux", in *Polylogue* (Paris: Seuil, 1977), pp. 467-90, où la mise en question de nom propre ou patronyme, se trouve ainsi présenté: "On attachera à cette archéologie de la nomination (repère spatial, démonstratifs, 'topic', nom de personne) et à l'indécidable de la relation sujet-objet qui l'accompagne sur le plan psychanalytique (espace potentiel, narcissisme primaire, auto-érotisme, sado-masochisme) les considérations embarrassées des logiciens sur la sémantique des noms propres".

enfantines, ou plus particulièrement de l'enfant ou "in-fans": celui qui ne parle pas mais qui "montre" et appelle de la voix. Perspective infantile, d'autres diront poétique. Les descriptions sont dans ce sens "évocation" non seulement dans le sens traditionnel du terme mais aussi dans le sens étymologique de l'"é-vocation" comme "appel" ou même de l'"in-vocation".

C'est de cette faculté étrangement évocatoire de la désignation touristique — désignation archaïque de nom de lieu — que les descriptions de *Corinne ou l'Italie* tirent finalement leur vrai pouvoir. Cette évocation des morts se termine par celle troublante de l'éternelle absente de l'intrigue: la mère. La toute puissance rhétorique du discours touristique viendrait, en effet, du fait qu'il fonctionne finalement comme prosopopée: c'est-à-dire comme évocation d'un mort — ou plutôt d'une morte — que le discours fait pourtant parler et agir. Premier double, le double maternel rassemble et réconcilie tous les doubles de l'écriture.

C'est bien ce double maternel que la poétesse Corinne ne cesse d'invoquer par la série d'apostrophes qui ouvre la première improvisation: "Italie, empire du soleil, Italie, maîtresse du monde: Italie, berceau des lettres, je te salue!" Invocations à la patrie maternelle où l'évocation du passé joue moins le rôle de signifiant que d'alibi à l'appel, à la vocalise, au cri. Mais si dans ce voyage de retour au passé mythologique des civilisations, les cris de détresse de Corinne rappellent ceux de "Choré" à sa mère, ils ne restent pas dans le roman, comme dans la légende, tout à fait sans réponse. A l'invocation maternelle se substitue d'ailleurs, on l'a vu, l'invocation à cette autre figure mi-réelle mi-imaginaire, qu'est tout lecteur du roman ou du guide de voyage. Double de la mère, mais aussi de l'amant, le lecteur appelé par les voix de l'écriture reçoit en dernière analyse, ce don ultime de la romancière: l'histoire de Corinne. A nous donc, lecteurs, de relire et/ou de recommencer l'histoire féminine, au risque même qu'on la dise "imaginaire": "Si Corinne m'était contée..."[9].

Le roman de *Corinne ou l'Italie* se trouve mettre en scène, dans le théâtre littéraire romantique des ruines, les diverses mascarades du mythe de la voix: la voix pouvant être entendue dans ses différents

---

[9] Nous établissons un parallélisme entre les stratégies de l'écriture staëlienne et celles que J. Kristeva identifie chez Mallarmé. Cf. *Polylogue*, p. 479, "qu'en est-il de la sémiosis paradoxale du nouveau-né, de cette 'chora sémiotique', de cet 'espace' avant le signe, agencement archaïque du narcissisme primaire que le poète exhume pour défier la clôture de sens".

sens. C'est tout d'abord dans son sens grammatical, mais cela pour mettre en question l'appropriation du discours par le "Je", embrayeur de l'autobiographie. C'est aussi dans le sens plus métaphorique de la Voix du Père, et de la culture, voix du nom propre ou plutôt du patronyme sans laquelle Delphyne et la Sibylle ne pourraient parler — voix abstraite qui inspire et incite — comme la Voix de Dieu ou de la conscience[10]. Le roman féminin staëlien serait écrit alors dans cet autre sens grammatical de la Voix passive: la femme se parlant, étant parlée par le discours de l'Autre. Mais enfin, et surtout, dans le sens de la Voix comme E-vocation, appel au souffle à la vocalise. Corinne la Sibylle, corps en transe, s'appliquant à émettre les oracles d'Apollon, dieu des hommes, ne cesserait, en ce sens, d'utiliser ces chants divins pour sa propre cause, celle de la femme. La littérature féminine exhiberait dans les voix sibyllines, le secret de sa dimension oraculaire. Littérature où plutôt que de jouir de maîtrise et de fétichisme, il s'agirait de jouir du vol et de la Voix. Jouissance de proférer ou d'engloutir, de voler, de faire sienne la parole de l'Autre. L'écriture du roman touristique staëlien relève bien, il faut en convenir — et la critique en a convenu depuis longtemps — de la perversion féminine de la kléptomanie[11]. Et l'artefact littéraire obtenu, *Corinne ou l'Italie*, tient, on l'a fait remarquer, avant la lettre, de l'esthétique du "Ready-Made". Pratique fictionnelle d'un vol imaginaire qui pourrait rendre au moins autant qu'il ne dérobe. La littérature, dans ce sens, découvrirait les voiles de sa fiction — fiction où il ne pourrait s'agir imaginairement parlant, que d'un vol de robes, un vol qui dévoilerait, sous les travestis de l'imaginaire, le rien d'une voix qui n'en finirait pas de rire[12].

[10]   Nous reprenons ici la notion de "voix" dans les différents sens qu'en a énoncé G. Rosolato dans "la Voix", in *Essais sur le symbolique* (Paris: Gallimard, 1964), p. 304, "la voix littéraire dans le sens linguistique reliée au système des pronoms ou au système du verbe (voix passive, active, pronominale), ou encore la voix "relative" liée à la question du "Nom du père", et enfin la voix comme origine et qui en ce sens soutient les fantasmes d'une unité, d'une ambisexualité et devient alors "l'objet non-perdu". H. Cixous souligne le rapport particulier à la voix dans ce qu'elle décrit comme "écriture féminine", cf. *La Jeune née*, p. 170.

[11]   La vol et la kleptomanie étant définis dans la théorie féministe comme caractéristique féminine, cf. Clément/Cixoux, *La Jeune née*, p. 178.

[12]   Cf. H. Cixous, "Le Rire de la Méduse", *L'Arc* (1975), pp. 39-54. Voir aussi le rire de Démeter devant Bôbô in S. Kofman, *L'Enigme de la femme*, p. 66. En ce qui concerne la métaphore du voile que nous avons utilisée tout au long de notre analyse des stratégies romanesques staëliennes, nous renvoyons à l'étude d'Eugénie Lemoine-Luccioni, *La Robe: essai psychanalytique sur le vêtement* (Paris: Seuil, 1983).

BIBLIOGRAPHIE

Etudes bibliographiques

Schazmann, P. *Bibliographie des oeuvres de Mme de Staël*, et description d'après les exemplaires originaux des éditions françaises publiées de son vivant et des inédits posthumes. Publication de la Société des Etudes Staëliennes. Paris: Attinger, 1938.

Lonchamp, F.C. *L'Oeuvre imprimé de Mme de Staël*, description bibliographique raisonnée et annotée de tous les ouvrages publiés par ses soins ou ceux de ses héritiers (1786-1821). Genève: Cailler, 1949.

Cahiers Staëliens, bibliographie détaillée, périodiquement mise à jour.

Bibliographie annotée des oeuvres de Mme de Staël et de sa correspondance

Oeuvres complètes de Madame la baronne de Staël-Holstein. Paris: Firmin Didot Frères, libraires, rue Jacob, numéro 56; et Treutel et Wurtz, libraires, rue de Lille, numéro 17 (1836), 2 vols. in 8-a 2 col. Cette dernière édition est celle que nous avons principalement consultée.

Oeuvres romanesques, dramatiques et poétiques (par ordre de composition)

La Folle de la Forêt de Sénart, publié dans la *Correspondance Littéraire* de Grimm, juin 1786, vol. XIV. Ce court récit constitue, avec de petits écrits sur des synonymes, les premiers essais littéraires de Mme de Staël, selon son premier biographe, Mme Necker de Saussure, et selon Schazmann.

Sophie ou les Sentiments secrets pièce en trois actes et en vers, écrite en 1786, publiée en 1790 avec les autres comédies et tragédies, en un très petit nombre d'exemplaires.

Jane Gray, tragédie en cinq actes et en vers, composée en 1878. Paris: Desenne, 1790.

189

Zulma. Fragment d'un ouvrage. Londres, 1794. Schazmann et Lonchamp ne
précisent pas la date de composition; ils rappellent seulement que l'Avertissement est daté de Nyon en Suisse, le 10 mars 1794 et présente ainsi
cet écrit: "Cette courte épisode est extraite d'un chapitre sur l'amour
qui fait partie de cet ouvrage..." Il s'agit de *L'Influence des passions*, sujet
que Mme de Staël s'était proposé de traiter et qu'elle publiera en 1796.
Nous insérons cette pièce ici en nous référant aux récents travaux de
Georges Solovieff (cité plus loin).

Recueil de morceaux détachés. Lausanne: Durand; Paris: Fuchs, 1795,
comprenant:

Epitre au malheur, ou Adèle et Edouard en vers, composé en 1786,

Essai sur les Fictions, composé en 1793;

et trois nouvelles:

Mirza, ou Lettre d'un voyageur (1786),

Adelaide et Théodore (1786),

Histoire de Pauline (1786).

Delphine, texte des *Oeuvres complètes*. Paris: Treuttel et Wurtz, 1836. Cette
édition contient le texte définitif reproduit pour la première fois dans
les *OC* de 1820; c'est-à-dire qu'elle comporte *Le Nouveau Dénouement de
Delphine, Quelques Réflexions sur le but moral de Delphine*, composé en 1803
et resté inédit jusqu'à la publication des *OC* en 1820, ainsi qu'un "Avertissement de l'auteur pour cette nouvelle édition", composé pour la quatrième édition de 1818, bien qu'il n'ait paru que dans les *OC*. Suivant
l'exemple de Simone Balayé dans son étude des *Carnets de voyage*, nous
prenons le parti de citer non le tome et la page, mais la partie et le
numéro de la lettre, les éditions de *Delphine* étant nombreuses.

Epître sur Naples en vers, composé en 1805, publié pour la première fois en
1820, *OC*.

Agar dans le désert, scène lyrique, composée en 1806, publiée en 1820, *OC*.

Corinne ou l'Italie, texte des *Oeuvres complètes*. Paris: Treuttel et Wurtz, 1836.
Cette édition contient le texte complet et définitif comprenant les notes
ajoutées en 1817. Simone Balayé vient de publier une excellente édition critique de ce roman (Paris: Gallimard, 1985). Les éditions de
Corinne étant assez nombreuses, et la première édition ou celle des *OC*
de 1820, n'étant pas, de loin, la plus répandue, nous prenons le partie
de citer non le tome et la page, mais le livre et les chapitres.

Geneviève de Brabant, drame en trois actes et en prose, composé en 1808, publié
en 1820, *OC*.

La Sunamite, drame en trois actes et en prose, composé en 1808, publié en
1820, *OC*.

Le Capitaine Kernadec, comédie en trois actes et en prose, composée en 1811,
publiée en 1820, *OC*.

Le Mannequin, proverbe dramatique en deux actes et en prose, composé en 1811, publié en 1820, *OC*.

La Signora Fantastici, proverbe dramatique en prose, composé en 1811, publié en 1820, *OC*.

Sapho, drame en cinq actes et en prose, composé en 1811, publié en 1820, *OC*.

Autres oeuvres théoriques et personnelles

Lettres sur les ouvrages et le caractère de J.J. Rousseau, texte des *OC* de 1836. Cet écrit paraît pour la première fois sans lieu et sans nom d'auteur en 1788. Les réponses à la comtesse de Vassy (1789) et au marquis de Champcenetz, d'abord compris dans les premières éditions ne sont pas reprises dans les *OC*.

De l'influence des passions sur le bonheur des individus et des nations, texte des *OC* de 1836. Publié pour la première fois en 1796, la seconde partie n'a jamais été composée.

De la littérature considérée dans ses rapports avec les institutions sociales, texte des *OC* de 1836 complété par l'édition critique par Paul Van Tieghem. Genève: Droz, 1959. Publié pour la première fois à Paris chez Maradan en 1800.

"Des signes et de l'art de penser", article de Mme de Staël dans le premier numéro de la bibliothèque de C. Pougens publié en 1800. Compte-rendu de l'ouvrage de M. Dégérando portant ce titre.

Mémoires sur la vie privée de mon père, texte des *OC* de 1836. Publié pour la première fois à Genève et à Paris en 1804, et suivis des *Manuscrits de M. Necker*, publiés par sa fille.

De l'Allemagne, texte des *OC* de 1836 complété par la nouvelle édition, publiée d'après les manuscrits et les éditions originales... par la Comtesse Jean de Pange, avec le concours de S. Balayé. Paris: Hachette (1960), 5 vols. Mis au pilon en 1810 et publié en 1813.

Réflexions sur le suicide, texte des *OC* de 1836. Composé en 1810, selon Lonchamp, et publié pour la première fois en 1813.

Dix années d'exil, texte présenté par P. Gautier. Paris: Plon, 1904, et repris dans 10-18, 1966. Avec introduction et notes de S. Balayé.

Correspondance, Journaux, Carnets de voyage

(Les recueils de lettres que nous avons utilisés sont donnés dans les notes. Pour une bibliographie complète de la correspondance, nous renvoyons à l'excellente bibliographie de S. Balayé dans *Les Carnets de voyage*.)

Journal de jeunesse, *Cahiers Staëliens*. *Occident* (octobre 1930), pp. 76, 81, 157, 160.

Les Carnets de voyage de Madame de Staël, contribution à la genèse des ses oeuvres, présentés par S. Balayé. Genève: Droz, 1971.

Correspondance générale, présentée par B. Jasinski. Paris: J.J. Pauvert, 1960 et ss.

Bibliographie générale

Albistur, M., et D. Armogathe. *Histoire du féminisme français du moyen-âge à nos jours*. Paris: Des Femmes, 1978.

Althusser, L. *Positions*. Paris: Editions Sociales, 1970.

Andlau, B. d'. *La Jeunesse Mme de Staël*. Genève: Droz, 1970.

Auerbach, E. *Mimésis*. Paris: Gallimard, 1968.

Bal, M. "Narration et focalisation: pour une théorie des instances du récit". *Poétique*, no. 4 (1970).

Balayé, S. *Mme de Staël: lumières et liberté*. Paris: Klincksieck, 1978.

Baldensperger, F. *Le Mouvement des idées dans l'émigration française*. Paris: 1925.

Bardèche, M. *Balzac romancier, la formation de l'art du roman chez Balzac jusqu'au 'Père Goriot'*. Paris: Plon, 1940.

Barthes, R. *Le Degré zéro de l'écriture*. Paris: Seuil, 1953.

_____. *Essais critiques*. Paris: Seuil, 1964.

_____. *S/Z*. Paris: Seuil, 1970.

Beaujour, M. "Autobiographie et autoportrait". *Poétique*, no. 22 (1977).

Bénichou, P. *Le Sacré de l'écrivain, 1750-1830*. Paris: Corti, 1973.

Benveniste, E. *Problèmes de linguistique générale*. Paris: Gallimard, 1966.

Blin, G. *Stendhal et les problèmes du roman*. Paris: Corti, 1954.

Booth, W. *The Rhetoric of Fiction*. Chicago: University of Chicago Press, 1961.

Brooks, P. *The Novel of Worldliness*. Princeton: Princeton University Press, 1969.

_____. *The Melodramatic Imagination, Balzac, H. James: Melodrama and the Mode of Excess*. New Haven: Yale University Press, 1976.

Brunot, F. *Histoire de la langue française*. Paris, 1930-1932.

Chabrol, C. *Le Récit féminin*. Paris: Mouton, 1971.

Charrière, Mme de. *Caliste*. Paris, 1786 (nouvelle édition, Paris, 1907).

Chateaubriand, R. de. *Oeuvres complètes*. Paris: Pléiade-Gallimard, 1969.

Chklovski, V. *Sur la théorie de la prose*. Tr. G. Verret. Lausanne: L'Age d'Homme, 1973.

Clément, C., et H. Cixous. *La Jeune née*. Paris: 10/18, 1975.

Colloque de Coppet: Madame de Staël et l'Europe. Paris: Klincksieck, 1970.

Constant, Benjamin. *Oeuvres complètes*. Paris: Pléiade-Gallimard, 1964.

Cottin, Mme. *Claire d'Albe, Oeuvres complètes*. Paris, 1799.

Culler, J. *Flaubert, the Uses of Uncertainty*. Ithaca: Cornell University Press, 1974.

_____. *Structuralist Poetics: Structuralism, Linguistics and the Study of Literature*. Ithaca: Cornell University Press, 1975.

Dampmartin, A. *Des Romans*. Paris, 1803.

Danahy, M. "Le roman est-il chose femelle?" *Poétique*, no. 25 (1976).

Delbouille, P. *Genèse, structure et destin d'Adolphe.* Paris: Les Belles Lettres, 1971.

Démoris, R. *Le Récit à la première personne 1680-1728.* Paris: Armand Colin, 1975.

Descottignies, J. "Roman et revendication féminine d'après les *Mémoires du comte de Comminges* de Mme de Tencin". *Roman et lumières au 18ème siècle.* Paris, 1970.

Derrida, J. *De la grammatologie.* Paris: Minuit, 1967.

————. *L'Ecriture et la différence.* Paris: Seuil, 1967.

Diderot, D. *Oeuvres complètes.* Paris: Garnier, 1875-1877.

Durand, G. *Le Décor mythique dans la Chartreuse de Parme.* Paris: Corti, 1961.

Etienne, S. *Le Genre romanesque en France.* Paris: Armand Colin, 1922.

Fauchery, P. *La Destinée féminine dans le roman féminin du XVIIIème siècle 1713-1807. Essai de gynécomythie romanesque.* Paris: Armand Colin, 1972.

Felman, S. *La Folie dans l'oeuvre romanesque de Stendhal.* Paris: Corti, 1971.

————. *La Folie et la chose littéraire.* Paris: Corti, 1975.

Foucault, M. *Histoire de la folie à l'âge classique.* Paris: Gallimard, 1966.

Freud, S. *The Complete Works.* Standard Edition. London: The Hogarth Press, 1959.

Gallop, J. *The Daughter's Seduction.* London: The Macmillan Press, 1982.

Gaulnier, J. "Sophie et ses malheurs ou le romantisme du pathétique". *Romantisme*, no. 3 (1972).

Genette, G. *Figures*, I, II, III. Paris: Seuil, 1966, 1969, et 1972.

Genlis, C. *De l'influence des femmes sur la littérature française, comme protectrices des lettres et comme auteurs, ou précis de l'histoire des femmes françaises les plus célèbres.* Paris, 1811.

Gennari, G. *Le Premier Voyage de Mme de Staël en Italie et la genèse de Corinne.* Paris: Boivin, 1947.

Gilbert, S., et S. Gubar. *The Madwoman in the Attic: The Woman Writer in the Nineteenth-Century Literary Imagination.* New Haven: Yale University Press, 1979.

Girard, A. *Le Journal intime.* Paris: PUF, 1963.

Girard, R. *Mensonge romantique et vérité romanesque.* Paris: Grasset, 1971.

Goncourt, E.J. *La Femme au 18ème siècle.* Paris, 1856.

Greimas, A.J. *La Sémantique structurale.* Paris: Larousse, 1966.

Gusdorf, G. "De l'autobiographie initiatique à l'autobiographie genre littéraire". *RHLF*, no. 6 (nov.-déc. 1975).

Gutwirth, M. *Mme de Staël Novelist: The Emergence of the Artist as Woman.* Chicago: University of Illinois Press, 1978.

————. "La Delphine de Mme de Staël: femme, révolution et mode épistolaire". *Cahiers Staëliens* (1982).

Gwynne, G.E. *Mme de Staël et la Révolution Française, politique, philosophie, littérature.* Paris: Nizet, 1969.

Herold, G. *Germaine Necker de Staël*. Traduction. Paris: Plon, 1962.

Herrmann, C. *Les Voleuses de langues*. Paris: Des Femmes, 1978.

Huet, M.H. *Rehearsing the Revolution: The Staging of Marat's Death (1793-1797)*. Berkeley: University of California Press, 1982.

Intime, intimité, intimisme. Société d'Etudes Romantiques, Université de Lille, III, éd. univ. 1976.

Irigaray, L. *Speculum de l'autre femme*. Paris: Minuit, 1974.

_____. *Ethique de la différence sexuelle*. Paris: Minuit, 1984.

Jameson, F. *The Political Unconscious: Narrative as a Socially Symbolic Act*. Ithaca: Cornell University Press, 1981.

Jauss, J. "Literary History as a Challenge to Literary Theory". *New Literary History*, no. 1 (Autumn 1971).

Jost, P. "Le Roman épistolaire et la technique narrative au XVIII siècle". *Comparative Literature Studies*, no. 3 (1966), pp. 397-427.

_____. "Un inventaire: essai de bibliographie du roman épistolaire". *Essais de Littérature Comparée*, (1968), pp. 380-402.

Juden, B. *Traditions orphiques et tendances mystiques dans le romantisme français. 1800-1855*. Paris: Klincksieck, 1971.

Kamuf, P. *Fictions of Feminine Desire: Disclosures of Héloïse*. Lincoln: University of Nebraska Press, 1982.

Klein, M. *Love, Guilt and Reparation and Other Works*. New York: Delta Books, 1975.

Kofman, S. *L'Enigme de la femme*. Paris: Galilée, 1980.

Kohler, P. *Mme de Staël et la Suisse: étude biographique et littéraire*. Paris: Payot, 1916.

Kristeva, J. *Polylogue*. Paris: Seuil, 1977.

Krudener, Mme de. *Valérie*. Paris, 1804.

Lacan, J. *Ecrits*. Paris: Seuil, 1966.

Laclos, C. de. *Oeuvres complètes*. Paris: Gallimard, 1951.

Lacoue-Labarthe, P., et J.-L. Nancy. *L'Absolu littéraire: théorie de la littérature du romantisme allemand*. Paris: Seuil, 1978.

La Description. Nodier, Sue, Flaubert, Hugo, Verne, Zola, Alexis, Fencon. Centre de Recherche Spécialisée, 19ème siècle. Université de Lille, III, éd. univ. 1974.

La Lecture sociocritique de texte romanesque. Ed. Mitterand, Toronto; Editions Falconet, 1975.

La Production chez Flaubert. Colloque de Cerisy 10-18, 1975.

Larnac, J. *Histoire de la littérature féminine française*. Paris, 1929.

Laufer, R. *Style rococo, style des lumières*. Paris: Corti, 1963.

Le Breton, A. *Le Roman français au 19ème siècle avant Balzac*. Paris: Boivin, 1901.

_____. *Le Roman au 18ème siècle*. Paris: Boivin, 1925.

Lecercle, J.L. *Rousseau et l'art du roman*. Paris: Armand Colin, 1969.

Lejeune, P. *L'Autobiographie en France*. Paris: Armand Colin, 1970.

_____. *Le Pacte autobiographique*. Paris: Seuil, 1975.

Lemoine-Luccioni, E. *Partage des femmes*. Paris: Seuil, 1976.

_____. *La Robe*. Paris: Seuil, 1983.

Le Réel et le texte. Centre de Recherches de Lille, III. Paris: Colin, 1974.

Lethonen, M. "Les Avatars de moi. Réflexions sur la technique de trois romans, rédigés à la première personne". *Neuphilologische Mitteilungen*, no. 74 (1973).

Lipking, L. "Aristotle's Sister: A Poetics of Abandonment". *Critical Inquiry* (septembre 1983).

Lukács, G. *La Signification présente du réalisme critique*. Tr. M. de Gondillac. Paris: Gallimard, 1960.

_____. *Théorie du roman*. Paris, 1963.

Luppé, R. de. *Les Idées littéraires de Mme de Staël*. Paris: Vrin, 1969.

MacCannel, J.F. "The Post-Fictional Self: Authorial Consciousness in Three Texts by Rousseau". *MLN*, no. 4 (mai 1974).

Man, P. de. *Allegories of Reading: Figural Language in Rousseau, Neitzsche, Rilke and Proust*. New Haven: Yale University Press, 1979.

Martino, P. *Le Débat romantique 1813-1830*. Paris: Les Belles Lettres, 1933.

May, G. *Le Dilemme du roman au XVIIIème siècle. 1715-1762*. Paris: PUF, 1963.

Mercier, M. *Le Roman féminin*. Paris: PUF, 1976.

Merlant, J. *Le Roman personnel de Rousseau à Fromentin*. Paris: Hachette, 1905.

Michaud, G. *L'Oeuvre et ses techniques*. Paris: Nizet, 1957.

Miller, N. *The Heroine's Text: Readings in the French and English Novel. 1722-1782*. New York: Columbia University Press, 1980.

_____. "Women's Autobiography in France: For a Dialectics of Identification". *Women and Language in Literature and Society*. Ed. McConnell-Ginet, Borker, Furman. New York: Praeger, 1980.

Mitchell, J., et J. Rose. *Feminine Sexuality*. London: Pantheon Books, 1982.

Moers, E. *Literary Women*. New York: Anchor Books, 1977, pp. 263-321.

_____. "Mme de Staël and the Woman of Genius". *American Scholar* (1975).

Montrelay, M. *L'Ombre et le nom: sur la féminité*. Paris: Minuit, 1977.

Mornet, D. *Rousseau, l'homme et l'oeuvre*. Paris: Hatier, 1950.

Mortier, R. *La Poétique des ruines en France*. Paris: Minard, 1947.

Mylne, V. *The Eighteenth-Century Novel: Techniques of Illusion*. New York: Barnes and Noble, 1965.

Necker, Mme S. *Nouveaux Mélanges*. Paris: Pougens, 1801.

Pingaud, B. "L'Ecriture et la cure". *NRF* (octobre 1970).

_____. "Je-Vous-Il". *Esprit* (juillet-août 1958), pp. 91-99.

Pouillon, J. *Temps et roman*. Paris: Gallimard, 1946.

Poulet, G. *Etudes sur le temps humain*. Paris: Plon, 1961.

_____. *La Distance intérieure*. Paris: Plon, 1952.

Pouvey, M. *The Proper Lady and the Woman Writer*. Chicago: University of Chicago Press, 1984.

Ricardou, J. "Problèmes de la description". *Problèmes du nouveau roman*. Paris: Seuil, 1967, pp. 91-121.

Riccoboni, Mme de. *Oeuvres complètes*. Neuchâtel, 1780.

Richard, J.P. *Etudes sur le romantisme*. Paris: Seuil, 1971.

Robert, M. *Roman des origines et origines des romans*. Paris: Gallimard, 1972.

Romans et lumières au XVIIIème siècle. Colloque. Paris: Editions Sociales, 1970.

Rosbottom, R. *Choderlos de Laclos*. Boston: Twayne, 1978.

Rosolato, G. *Essais sur le symbolique*. Paris: Gallimard, 1969.

Rougemont, D. de. *L'Amour et l'Occident*. Paris: 10/18, 1939.

Rousseau, J.J. *Julie ou la Nouvelle Héloïse*. Paris: Classique Garnier, 1960.

Rousset, J. *Narcisse romancier. Essai sur le roman à la première personne*. Paris: Corti, 1973.

_____. *Forme et signification*. Paris: Corti, 1962.

Sade, A.D. de. *Idée sur les romans*. Paris: Pléiade-Gallimard, 1978.

Sainte-Beuve. *Oeuvres complètes*. Paris: Pléiade-Gallimard, 1960.

Sartre, J.-P. *Qu'est-ce que la littérature*. Paris: Gallimard, 1948.

Showalter, E. *The Evolution of the French Novel (1641-1782)*. Princeton: Princeton University Press, 1972.

Souriau, E. *Les 200.000 situations dramatiques*. Paris: Flammarion, 1950.

Souriau, M. *Histoire du romantisme en France*. Genève: Slatkine Reprints, 1973.

Souza, Mme de. *Oeuvres complètes*. Londres, 1822.

Spitzer, L. "A propos de *La Vie de Marianne*". *The Romanic Review*, 44 (1953).

Starobinski, J. *Jean-Jacques Rousseau: la transparence et l'obstacle*. Paris: Gallimard, 1958.

_____. *L'Oeil vivant*. Paris: Gallimard, 1960.

_____. *La Relation critique*. Paris: Gallimard, 1971.

Stewart, P. *Le Masque et la parole: le langage de l'amour au 18ème siècle*. Paris: Corti, 1973.

Todd, J. *Women's Friendships in Literature*. New York: Columbia University Press, 1980.

Todorov, T. *Littérature et signification*. Paris: Larousse, 1967.

_____. *Introduction à la littérature fantastique*. Paris: Seuil, 1970.

_____. *Poétique de la prose*. Paris: Seuil, 1971.

Ubersfeld, A. *Lire le théâtre*. Paris: Editions Sociales, 1978.

Van Russum-Guyon, F. "Point de vue ou perspective narrative". *Poétique*, no. 4 (1970).

Volney. *Les Ruines ou Méditations sur les révolutions des Empires*. Paris: Desenne, 1791.

Welshinger, H. *La Censure sous le 1er Empire*. Paris, 1882.

Zéraffa, M. *Personne et personnage: le romanesque des années 1920 aux années 1950*. Paris: Klincksieck, 1971.

19610 3